深圳职业技术大学课程思政建设系列丛书

（第二辑）

课程思政优秀教学案例选编

理工篇

深圳职业技术大学课程思政教学研究中心 ◎ 主编

同济大学 出版社
TONGJI UNIVERSITY PRESS
·上海·

图书在版编目（CIP）数据

课程思政优秀教学案例选编. 理工篇. 第二辑 / 深圳职业技术大学课程思政教学研究中心主编. -- 上海：同济大学出版社，2024.8. --（深圳职业技术大学课程思政教学研究系列丛书）. -- ISBN 978-7-5765-1269-4

Ⅰ. G711

中国国家版本馆 CIP 数据核字第 2024D6W052 号

深圳职业技术大学课程思政教学研究系列丛书

课程思政优秀教学案例选编・理工篇（第二辑）

深圳职业技术大学课程思政教学研究中心◎主编

出 品 人	金英伟
责任编辑	任学敏
助理编辑	竺奕辰
责任校对	徐春莲
封面设计	陈益平

出版发行　同济大学出版社　www.tongjipress.com.cn
　　　　　（地址：上海市四平路1239号　邮编：200092　电话：021-65985622）

经　　销	全国各地新华书店
印　　刷	上海安枫印务有限公司
开　　本	710mm × 1000mm　1/16
印　　张	18.75
字　　数	296 000
版　　次	2024年8月第1版
印　　次	2024年8月第1次印刷
书　　号	ISBN 978-7-5765-1269-4
定　　价	89.80元

本书若有印装质量问题，请向本社发行部调换　　版权所有　侵权必究

编委会名单

主　　编　深圳职业技术大学

执行主编　深圳职业技术大学课程思政教学研究中心

编委会　　王　莹　石　强　刘　冬　刘红燕　江　涛　李卓梅
　　　　　　李绍峰　何颂华　宋　荣　邵　郁　范新灿　赵继政
　　　　　　梁召峰　董铸荣　覃晓燕　曾亚纯　谢利娟

本册参编　马德粮　王　欢　王金林　王　娟（李卓梅）
　　　　　　牛　茂（白倩茹）　史学敏（马纯华、杜艳丽）
　　　　　　刘西京　刘　杰　刘学军　汤伟杰
　　　　　　杜艳丽（易玲、何彬）　杨光辉　杨玮民
　　　　　　杨　黎（孙光）　何可人　宋鹤然　张正伟　张丽君
　　　　　　易成博　周丽丽　袁佳佳　黄　强　喻圻亮　黎良田
　　　　　　潘　浩（张强）

本册编辑　王　俊　宁启扬　刘云龙　钟慈方　赖学良

注：以上姓名按姓氏笔画排序，括号内的作者系案例的共同完成人。

总 序

全面推进课程思政建设,是落实立德树人根本任务,培养德智体美劳全面发展的社会主义建设者和接班人,维护国家长治久安,推进民族复兴和国家崛起的重大举措。党的十八大以来,习近平总书记高度重视思想政治教育工作,发表了一系列重要讲话、重要论述,为我们开展新时代的课程思政建设提供了理论指导和根本遵循。2020年,教育部印发了《高等学校课程思政建设指导纲要》,从战略价值、目标要求、内容重点、教学体系、教师素养等方面,对课程思政建设提出了明确要求。如何精准领会国家政策精神、科学把握课程思政规律、着重突显职业教育类型特色,个性鲜明又富于创造性地做好课程思政,是当前职业教育战线面临的重大教育课题。

作为中国高职教育的一面旗帜,深圳职业技术大学始终坚持落实立德树人根本任务,以习近平新时代中国特色社会主义思想为指导,以培养德技并修、全面发展的高素质技术技能人才为根本要求,以社会主义核心价值观为核心内容,以深圳案例与"十全育人"为资源特色,以校企联动联建为实施路径,着力构建全员、全过程、全方位的课程思政建设体系,重点抓实五个方面的工作。一是抓制度建设,完善运行机制。制定学校《深入推进"课程思政"建设实施方案》《课程思政教学研究中心建设方案》等系列制度文件,推进了课程思政的全过程管理。二是抓课程建设,夯实育人基础。实施"金课"建设工程和课程思政示范课程建设工程,有效推进了课程思政的示范引领。三是抓实践研究,深挖思政内涵。组织开展课程思政理论与实践创新研究,研制了通识课程、不同专业大类课程思政教学指南、教学案例集。四是抓队伍建设,提升育德能力。

组建了由党委书记牵头，教务处、党委宣传部、马克思主义学院负责人及部门工作专员组成的课程思政管理队伍；组建了由清华大学等院校专家担任顾问，由学校思政课、专业课一线教师组成的校级研究团队。五是抓资源建设，建好思政平台。搭建了集课程思政研究资源、教学资源、师资培训、成果展示于一体的课程思政数字化平台，丰富了课程思政的平台资源。

在全校师生的共同努力下，学校探索构建了"六双并进"的示范课程建设模式，开辟了"校企六联"的课程思政建设路径，打造了具有"深圳特色"的课程思政资源体系，形成了理论研究和实践改革相互促进的持续向好机制。为了进一步总结学校课程思政建设的经验与不足，探索未来课程思政改革的逻辑与路径，学校组织一线教师、理论研究人员、教学管理人员等，开展了"深圳职业技术大学课程思政建设系列丛书"的编写工作，系统呈现深圳职业技术大学在课程思政教育教学改革中的一系列探索，以期为职业教育战线推进课程思政类型化创新、为高等教育系统深化课程思政个性化改革提供深职思考、深职样例。

当然，课程思政建设工作是历时与共时的结合体，既要体现"红色底蕴"教育在不同阶段的持之以恒，又要突显教学方法和手段在不同阶段的延展嬗进。在未来的实践探索中，要持之以恒地推进习近平新时代中国特色社会主义思想入心入脑、培育和践行社会主义核心价值观、加强中华优秀传统文化教育、深入开展宪法法治教育、深化职业理想和职业道德教育。同时，也要根据未来社会发展形势，根据数字经济时代社会生产方式和生活方式的变化，根据不同阶段教育对象的思维逻辑、价值喜好、时代话语等开展教学设计的优化与革新。

我们正处于全面建设社会主义现代化国家的关键阶段。传承红色基因，赓续红色血脉，需要持续抓好后继有人这个根本大计。今天的青年一代，将是未来推进和见证第二个百年奋斗目标的核心生力军。做好今天青年一代的思想政治教育工作责任重大、意义深远。希望通过理论凝练推进实践改革，不断提升课程思政建设实效，不断提升高校育人水平，为实现中华民族伟大复兴提供坚实的思想保障。

深圳职业技术大学
课程思政教学研究中心

前 言

教育不仅是文化传承与创新的重要载体,更是塑造未来社会风貌和民族精神的关键力量。作为新时代高等教育体系中的独特一环,课程思政承载着引导学生坚定理想信念、厚植爱国情怀、强化品德修养、增长知识见识、培养奋斗精神、增强综合素质的重要使命,在提升教育质量、促进学生全面发展方面发挥着不可替代的作用。

近年来,深圳职业技术大学以习近平总书记关于思想政治教育的重要指示为根本遵循,以《高等学校课程思政建设指导纲要》为价值导向,立足职业教育类型定位和学校教育教学特色,在课程思政建设方面进行了一系列探索,提炼出了"六双并进"的课程建设模式,即:知识技能目标与思想教育目标"双目统整",专业内容与思政内容"双线互构","专思双师"和"校企双师"的"双师联袂",课内外、校内外场域"内外双融",正面案例与反面案例"正反双促",显性评价和隐性评价"显隐双评"。通过"六双并进"模式与实践探索的双向互动,形成了专业教育与思想政治教育相互融通、同向同行的特色范式。

在构建校本范式的同时,学校还特别强调激发教师的自主创新。学校构建了以课程思政示范课程建设为载体,以课程思政专家领航、数字化资源建设、校内教师集体教研、深圳特区教育素材搜集和职教课程思政特色凝练为主要手段的教师砥砺促学模式——"内涵九问"模式,主要包括:如何突显职业教育课程思政的类型特色、如何明确不同专业课程思政的价值导向、如何确定教学单元课程思政教学目标、如何设计课堂教学任务、如何依托专业知识和深圳区域特色挖掘思政要素、如何构建课程思政知识图谱、如何依据思政图谱重构知识技能内容体系、如何提升教学内容和思政要素的耦合度、如何有效设计课程思政教学评价体系。通过"内涵九问",引导教师在各类课程的教学任务、教学设计、教学实施、教学评价、创新反思等维度锐意创新,形成门门有思政、人人讲育人的协同效应,构建了"三全育人"大格局。

为进一步总结工作经验,学校组织遴选了一批优秀教学案例。案例覆盖了不同学科的教学实践,或立足于思政要素的深入挖掘,或着眼于现实问题的深刻剖析,或着力于创新教学方法的探索实践,不仅是对课程思政教学理念与方法的生动诠释,更是对高等职业教育改革与发展趋势的深刻洞察,展现了课程思政教学的独特魅力和广阔前景。

本书不仅适用于职业教育工作者,也适合普通教育工作者、教育管理者以及对课程思政感兴趣的社会各界人士阅读参考。它为我们提供了一个观察和思考课程思政教学的独特视角,也为我们提供了一个探索和实践课程思政教学的有力工具。

由于时间和水平有限,本书还存在一些不完善之处,敬请广大读者批评指正。我们期待通过本书的出版,能够进一步推动课程思政教学的深入发展,促进高等职业教育内涵式提升,为培养担当民族复兴大任的时代新人贡献智慧和力量。同时,我们也期待更多的教育工作者能够加入课程思政教学的实践,共同谱写高等职业教育事业发展的新篇章。

编　者

2024 年 5 月

目 录

总 序
前 言
"物理之美欣赏"课程思政教学案例……………………………………001
"金工基本技能实训"课程思政教学案例………………………………013
"工程应用数学（计算机类）"课程思政教学案例……………………023
"食品保藏技术"课程思政教学案例……………………………………035
"天然药物化学"课程思政教学案例……………………………………045
"药物分析"课程思政教学案例…………………………………………057
"生物制品工艺"课程思政教学案例……………………………………068
"建筑施工图设计"课程思政教学案例…………………………………081
"园林建筑设计"课程思政教学案例……………………………………093
"智能装备 PLC 综合实训"课程思政教学案例…………………………103
"数控机床应用"课程思政教学案例……………………………………114
"生活中的化学"课程思政教学案例……………………………………126
"给水排水工程概预算"课程思政教学案例……………………………137
"水务信息化及应用"课程思政教学案例………………………………148
"GIS 理论与软件实操"课程思政教学案例……………………………164
"急救护理"课程思政教学案例…………………………………………174

"护理学基础"课程思政教学案例……185
"孝道文化与服务伦理"课程思政教学案例……196
"产科技术"课程思政教学案例……207
"身边的急救"课程思政教学案例……219
"汽车电气与电子技术"课程思政教学案例……231
"城市轨道交通运营组织"课程思政教学案例……242
"驱动电机及控制技术"课程思政教学案例……255
"电动汽车综合性能检测与评价"课程思政教学案例……269
"嵌入式实时操作系统"课程思政教学案例……281

"物理之美欣赏"
课程思政教学案例

一、课程定位

本课程为对高职院校文科艺术类大学生进行科学文化素养教育的校级公共选修通识课。培养和成就认知全面、文理兼通、科艺交融的社会中的健全人是本课程的目标，课程旨在全面提高学生的综合科学素养和科学思维，培养学生科技报国、爱岗敬业、勇于创新、实事求是、助人为乐、遵纪守法的精神、工匠精神和文化自信等思想政治素养与职业素养，并引导学生掌握力学、电磁学、光学、热学等物理学的基础知识及其发现过程和应用场景。

通过本课程的学习，学生可以做到：既把多年来学习的科学知识上升到观点、方法、思想、精神的层次，又从文化和哲学的角度反观科学发展中的规律；既学习历史上的重大科学事件，又学习科学家的优秀品德和价值观；既了解社会进步对科学的推动作用，又了解科学发展对社会文明的推动作用。

二、课程思政整体设计思路

（一）课程思政整体设计理念

本课程在人才培养方案中属于通识教育课程中的自然科学类核心课程，通过物理生活之美、物理原理之美、物理实验之美和物理发现之美四个模块，在传授自然科学知识点和方法论的同时，引导学生逐步建立对于人类自身和世界的科学态度，提高学生科学素养。

课程教学将知识传授、能力培养、价值塑造相结合，以"把马克思主义哲学作为看家本领，成为德智体美劳全面发展的社会主义建设者和接班人"为课程思政建设核心目标，主要方法为：通过把中国科技发展的案例引入教学，带领学生探索其中的物理知识，围绕知识教学，开展马克思主义思想方法的教育，培养学生的科学素养；通过带领学生应用所学知识思考问题、解决问题，训练学生的能力，培养学生的科学思维；以案例中的主人翁为榜样，开展"中国梦""家国情怀""宪法法治""道德修养"以及"职业理想和职业道德"教育，培养学生的科学精神和道德品质。

（二）课程思政整体设计框架

课程聚焦培养学生的科学素养、科学思维和科学精神，同时致力于在潜移默化中使学生坚定理想信念、厚植爱国主义情怀、加强品德修养、增长知识见识、培养奋斗精神，从而提升学生综合素质。

课程思政教学内容设计如图1所示。

在授课过程中，应重视对学生知识、能力和价值三方面的培养，帮助学生树立正确的世界观、人生观和价值观。课程思政设计主要围绕"一条主线，五条支线"开展。

其中一条主线指以习近平新时代中国特色社会主义思想为指导，通过科学素养、科学思维和科学精神的培养，开展马克思主义思想方法的教育，尤其是辩证唯物主义和科学思维的教育，以提高学生正确认识问题、分析问题和解决问题的能力，使学生可以把马克思主义哲学作为看家本领。

本课程每一个项目对应的思政主线重点如下：

项目一 "物理生活之美"对应"1. 物质与意识；2. 科学思维的建立"；项目二 "物理原理之美"对应"1. 马克思主义科学观；2. 科学精神的建立"；项目三 "物理实验之美"对应"1. 实践与认识；2. 工匠精神的建立"；项目四 "物理发现之美"对应"1. 抓主要矛盾的主要方面；2. 创新思维的建立"。

五条支线指在对思政素材和教学内容进行整合时，围绕每个项目的主线重点和具体的任务内容，选择吻合的教学案例引入课程，并启发学生针对其中的物理问题开展讨论，带领学生掌握对应的物理知识及其背后的科学思维和科学

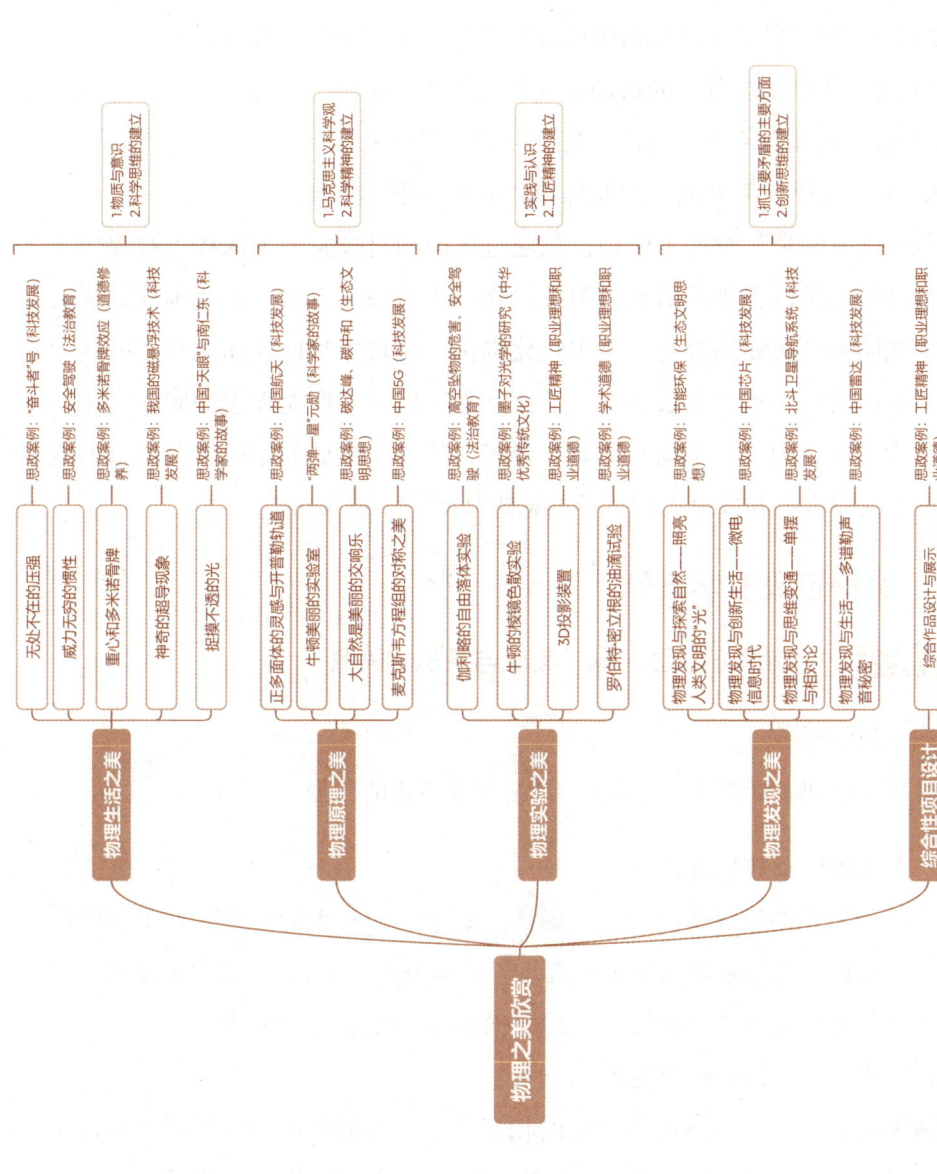

图1 "物理之美欣赏"基于课程思政的教学内容设计

注：①5G：第五代移动通信技术（5th-Generation Mobile Communication Technology）。②3D：三维（three dimensions）。

精神，并潜移默化地开展"中国梦""家国情怀""宪法法治""道德修养"以及"职业理想和职业道德"五大教育。实现方法如下：

（1）通过我国近年来科技的发展开展"中国梦"教育；

（2）通过我国科学家建设祖国的故事开展"家国情怀"教育；

（3）通过法律法规背后的物理原理开展"宪法法治"教育；

（4）通过物理现象类比的哲学智慧开展"道德修养"教育；

（5）通过实操任务开展"职业理想和职业道德"教育。

其中，"中国梦"教育为核心，既通过我国的科技发展为课程主线提供了鲜活的案例，又是课程培养的最终目标，让学生可以立志接下把我国建设成为富强民主文明和谐美丽的社会主义现代化强国，实现中华民族伟大复兴的接力棒。而"家国情怀""宪法法治""道德修养"以及"职业理想和职业道德"四大教育为支撑，围绕"中国梦"教育开展，培养学生成为德智体美劳全面发展的社会主义建设者和接班人应具备的思想品德。

三、课程思政教学案例

教学案例一 从"液体的压强"谈"物质与意识的关系"

（一）教学任务

项目一"物理生活之美"之任务1.1：无处不在的压强。

（二）课程思政教学设计

本次教学任务的思政主线为：正确地理解物质与意识的关系，即了解物质决定意识，意识反作用于物质这个观点。思政案例为：（1）通过"奋斗者"号载人潜水器了解我国科技的发展；（2）汽车浸水时的自救与救人。

思政主线：物质与意识的关系

压强无处不在，是一种物质之间的相互作用，力的作用面积不同，其作用效果也不同。所以，科学家使用 $p=F/S$ 来描述力的作用效果。这说明科学理论是从观察自然界客观存在的现象中总结出来的，也就是物质决定意识。而有了压强的相关理论后，我们又可以使用这套理论预测未发生的情况，并对潜在的危险加以防范,这就是意识反作用于物质。

(三)教学实施

1. 教学目标

(1)价值目标:理解物质与意识的关系;了解载人深潜领域的发展现状,树立民族自豪感;培养互相关心、互相帮助的价值观。

(2)知识目标:掌握压强的定义;掌握通过压强计算受力的方法;了解大气压强的测试方法。

(3)能力目标:能计算大气对人体的压力;能计算浸水汽车车门受到的压力;能分析生活中压强的相关问题。

2. 教学方法

采用线上线下混合式教学,以任务驱动为核心,主要运用启发教学法、问题教学法和小组教学法,并辅以官方网站、视频资源、案例等多种资料。

3. 教学过程

第一步:任务引入——提出问题。

思政案例1:"奋斗者"号载人潜水器

2020年11月10日8时12分,中国"奋斗者"号载人潜水器在马里亚纳海沟成功坐底,坐底深度10 909米,创造了中国载人深潜的新纪录,也使我国位列世界载人深潜领域的第一梯队。提出问题:载人深潜器在水下最大的威胁是什么?

第二步:案例探究——小组讨论。

通过案例对比(如在木板上按压菜刀、钉子等),带领学生学习压强的定义:$p=F/S$。不同大小的力作用在相同的面积上,力的作用效果不同;相同的力作用在不同面积上,力的作用效果也不同。

然后介绍液体压强公式:$p=\rho g h$,即液体压强与液体的密度、重力加速度和液体的深度有关。依据这个理论回答第一步中的问题:载人深潜器在水下最大的威胁是液体的压强。

思政点睛:介绍"奋斗者"号实现了96.5%的部件国产化率,核心部件主要为我国自主研发,增强学生的民族自豪感和科技报国的决心。

第三步：总结理论——思政升华。

首先，总结第二步的内容，提出一种科学思维：所有科学理论都是人类为解释自然现象而提出的，是人对自然界的描述，属于意识的范畴。而客观存在的规律属于物质的范畴，因此物质决定意识。判断一个理论是否合适，要考虑这个理论与现实是否吻合。

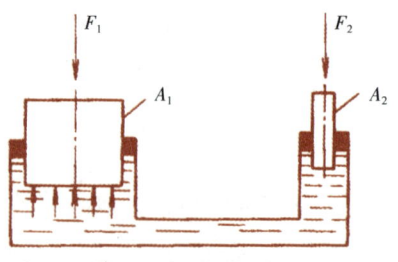

图2　液压机原理

随后，介绍帕斯卡裂桶实验和帕斯卡定律，然后带领学生讨论这个理论可以如何应用。最后引导学生了解，通过帕斯卡定律可以设计一种系统，在这个流体系统中有大小两个活塞，在小活塞上施以小推力，通过流体中的压力传递，在大活塞上就会产生较大的推力（图2）。这种系统可以被用在液压机上，也可以被用在汽车的刹车系统上。

思政升华：人类提出科学理论解释世界的规律后，还可以进一步使用这些理论设计一些自然界中不存在的东西，从而改造世界，这就是意识反作用于物质。

价值引领：基础科学的理论是前人留下的宝贵财富，也是我们了解世界、改造世界的有力抓手。习近平总书记非常重视我们国家基础科学的发展和人才培养，因此学生不仅要学好专业技能，更要学好基础学科的基础理论，这样才能更好地为今后科技报国打下基础。

第四步：聚焦实际——知行合一。

思政案例2：汽车浸水时的自救与救人

播放视频：2021年福龙路大雨后涵洞淹水现场。

提出任务：深圳有很多涵洞，在下雨天会淹水，用课程所学的知识分析：汽车如果在涵洞中被水浸泡，车上的人能否从车内推开车门逃生？

带领学生使用第二步所介绍的公式计算分析，并得出结论：汽车浸水后，除非车内灌满水，否则车内的人无法打开车门逃生。逃生的最佳时机为车外水位不高时。

总结升华：本案例中有一名本校毕业生，在完成自救后，还帮助别人逃生。可鼓励学生使用所学知识帮助他人。

第五步：课后作业——巩固提升。

课后布置拓展任务，要求学生依据课程所学的压强原理，自行设计一个小发明、小制作，或绘制一张科普海报。

4. 教学资源

（1）基本教学资源："奋斗者"号载人潜水器的相关新闻、2021年福龙路大雨的相关新闻；托里拆利实验、帕斯卡裂桶实验资料；线上教学平台全部微课视频；本次课教案、本次课教学课件、作业及测验题目等。

（2）拓展教学资源：压强的相关科学知识等。

（四）教学评价

评价采用显隐结合的方式，以知识、能力、价值构建三位一体评价目标体系，从课前、课中、课后构建全流程评价体系。

1. 显性评价方式

在线上教学平台布置课前测试、课后作业，重点考核知识点的掌握与理解；课中侧重根据学习任务完成的情况对知识运用能力进行考核，以教师评价为主。本次任务的考核重点为计算浸水汽车车门的受力。依据学生的计算过程（微积分、建模等使用情况），对学生精益求精的工匠精神体认进行评估。

2. 隐性评价方式

根据学生课后制作的作品，评价学生通过本次课在科学思维和思想道德层面的收获。

（五）创新与反思

结合课程教学内容选择思政素材引入话题，并将专业知识与唯物主义辩证法相结合，将理论和实践相结合，不仅使学生掌握了相关知识，更培养了学生的科学素养，同时激发了学生的爱国情怀。通过案例分析，促进学生理解并运用知识，在实践过程中，鼓励学生使用更加复杂、全面的方法研究问题，培养学生的工匠精神。

然而，大部分学生还是会选择用已有知识解决问题，而不是尝试使用新的知识。教师需进一步努力，更好地引导学生使用新知识。此外，如何将思政知识点更加润物无声地融入教学，也需要进一步思考。

教学案例二　从"人类对天体运行的描述"谈"马克思主义科学观"

（一）教学任务

项目二"物理原理之美"之任务 2.1：正多面体的灵感与开普勒轨道。

（二）课程思政教学设计

本次教学任务的思政主线为：树立正确的马克思主义科学观。思政案例为：（1）中国的航天事业；（2）科学家对真理的追求。

思政主线：马克思主义科学观

人类自古以来就对太空充满了好奇，关于天体运行的理论不断发展。不同历史阶段的研究印证了马克思主义科学观，真理是客观的、具体的，也是有条件的。例如，牛顿的经典力学在处理地球上大部分问题时都很符合现实，但是在处理微观（量子尺度）或高速（接近光速）等领域的问题时，经典力学则不再适用。

（三）教学实施

1. 教学目标

（1）价值目标：了解宇宙的和谐；了解我国航天领域的发展现状，树立民族自豪感；树立马克思主义科学观。

（2）知识目标：了解开普勒的生平；理解正多面体的特点；理解"地心说"和"日心说"；了解卵形轨道。

（3）能力目标：会描绘椭圆轨道；会计算轨道周期；会分析航天器的变轨。

2. 教学方法

采用线上线下混合式教学，以任务驱动为核心，主要运用启发教学法、课堂练习法和小组教学法，并辅以纪录片、新闻报道、应用案例等多种资料。

3. 教学过程

第一步：任务引入——提出问题。

思政案例 1：中国的航天事业

通过纪录片引入，介绍中国载人航天、"天宫"空间站、中国探月工程、中国火星探测计划等。提出问题：如何精确计算航天器的轨道？

第二步：案例分享——小组讨论。

交流分享：请学生各抒己见，探讨如何确定航天器的轨道。引导学生思考行星轨道的确定方法，介绍行星运动定律等相关知识。

（1）卫星如何绕地球转？利用万有引力公式推导出第一宇宙速度（图3），解释其物理意义。

（2）"嫦娥"系列卫星如何奔月？推导出第二宇宙速度，解释其物理意义。

（3）航天器如何摆脱太阳？推导出第三宇宙速度，解释其物理意义。

（4）航天器如何摆脱银河系？推导出第四宇宙速度，解释其物理意义。

思政点睛：介绍我国在航天领域的重大突破以及在世界的地位，增强学生的民族自豪感和科技报国的决心。

第三步：总结理论——思政升华。

首先，总结第二步的内容，然后引导学生讨论天体运行的学说是怎么发展的，引出"地心说"和"日心说"的争论。

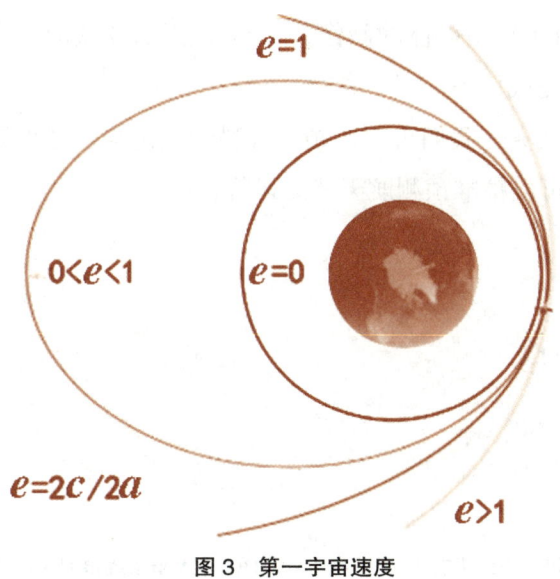

图3　第一宇宙速度

思政案例 2：科学家对真理的追求

介绍哥白尼、布鲁诺、伽利略等科学家尊崇真理，不畏教廷强权，支持"日心说"。引导学生培养科学思维和科学素养，在研究问题时要尊重实验结果，有不畏强权、敢于质疑权威的精神。

随后指出，"地心说"和"日心说"只是参考系有不同，使用"地心说"描述的天体轨道复杂，如图 4 右侧，而"日心说"描述的天体轨迹则更加有规律、优美，如图 4 左侧。再进一步介绍，"日心说"提出之初使用了圆形轨道，计算出的行星运行轨迹与行星实际运行轨迹的吻合程度不如"地心说"，而使用了椭圆轨道修正后，"日心说"的轨道才更加准确。最后介绍开普勒定律：开普勒第一定律——椭圆定律；开普勒第二定律——面积定律；开普勒第三定律——调和定律。

思政升华：引出马克思主义科学观，所有的科学理论都是研究自然的结果，科学理论只有在一定的范围内和适用条件下才是正确的。

宇宙中其实没有绝对静止的物体，如果以银河系的中心为参考系，太阳系则是在银河系中螺旋式旋转（图 5），这符合辩证唯物主义关于运动的观点：既承认运动具有绝对性，又承认事物具有相对静止的状态。

第四步：聚焦任务——知行合一。

布置任务：（1）正多面体的制作；（2）航天器变轨的计算。鼓励学生协作学习，互相帮助完成任务。

总结升华：本任务让我们再一次领略到科学理论与自然世界的关系，运用合适的公式，我们可以精准预测航天器的运行轨迹。

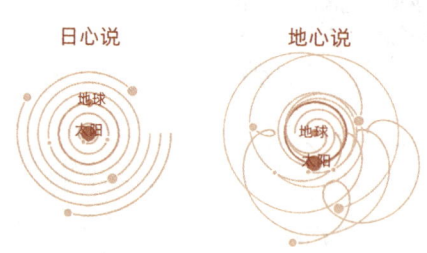

图 4　日心说（左）和地心说（右）

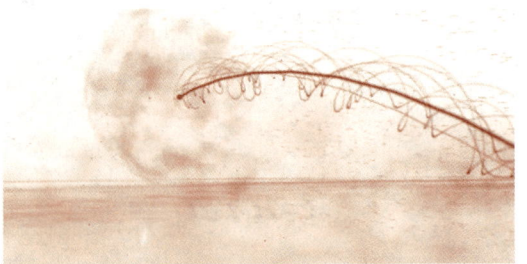

图 5　太阳系绕银河系中心的运动轨迹

第五步：课后作业——巩固提升。

课后布置拓展任务，依据课程所学的星体运行原理或航天器运行原理，自行设计一个小发明、小制作，或绘制一张科普海报。

4. 教学资源

（1）基本教学资源：中国航天相关新闻和视频；哥白尼、伽利略、开普勒等科学家的生平；线上教学平台全部微课视频；本次课教案、本次课教学课件、作业及测验题目等。

（2）拓展教学资源：星体运行、航天器运动的相关科学知识等。

（四）教学评价

评价采用显隐结合的方式，以知识、能力、价值构建三位一体评价目标体系，从课前、课中、课后构建全流程评价体系。

1. 显性评价方式

在线上教学平台布置课前测试、课后作业，重点考核知识点的掌握与理解；课中侧重根据学习任务完成的情况对知识运用能力进行考核，以教师评价为主。本次任务的考核重点为计算航天器的变轨。依据学生的计算过程和结果，对学生精益求精的工匠精神体认进行评估。

2. 隐性评价方式

根据学生课后制作的作品，评价学生通过本次课在科学思维和思想道德层面的收获。

（五）创新与反思

本课程的思政素材与教学内容契合度高，能激发学生的民族自豪感，培养学生的职业素养和工匠精神，做到润物无声、如盐在水。

科学思维部分的教学素材可以与时俱进，引入最新研究成果，如太阳系在银河系中的三维运动状态等，引导学生进一步理解马克思主义科学观。

四、选用教材与参考资料

（一）选用教材

田红梅. 物理学之美 [M]. 北京：商务印书馆，2016.

（二）参考资料

1. 杨建邺. 物理学之美 [M]. 北京：北京大学出版社，2019.

2. 施大宁. 文化物理 [M]. 北京：高等教育出版社，2011.

3. 赵峥. 物理学与人类文明十六讲 [M]. 北京：高等教育出版社，2008.

4. 盛正卯，叶高翔. 物理学与人类文明 [M]. 杭州：浙江大学出版社，2006.

5. 倪光炯，王炎森，钱景华，等. 改变世界的物理学 [M]. 上海：复旦大学出版社，2007.

6. 宋峰. 文科物理——生活中的物理学 [M]. 北京：科学出版社，2013.

案例编写人：杨玮民（工业训练中心）

"金工基本技能实训"课程思政教学案例

一、课程定位

本课程是为学校理工类专业学生开设的集中实践课。本课程以学生的职业技能和综合素质培养为主线，以创新实践为核心，以产教融合为宗旨，以模块化、项目化教学为基本特色。本课程分为钳工和焊接两大模块，通过介绍钳工及焊接的基本知识使学生了解常见金属加工的主要工艺方法和工艺过程，掌握钳工及焊接的各种设备和工具的安全操作方法；通过钳工及焊接基本技能实训，锻炼学生的实际动手能力，培养学生遵守纪律、团结协作的职业素质，培养学生勤俭节约、物尽其用的环保意识和精益求精的工匠精神；通过相关工种大国工匠的事迹介绍，培养学生爱党、爱国、爱岗的情怀。

二、课程思政整体设计思路

（一）课程思政整体设计理念

通过对本课程在各专业培养计划中的地位及学生的学情进行分析，本文将本课程的课程思政目标明确为以下五点：

（1）培养学生爱党爱国、爱岗敬业的家国情怀；

（2）培养学生脚踏实地、严谨细致、执着专注、精益求精的工匠精神；

（3）培养学生热爱劳动、勇于挑战、攻坚克难、吃苦耐劳的劳动精神；

（4）培养学生勤俭节约、物尽其用的环保意识；

（5）培养学生遵守纪律、团结协作、注重质量、安全操作的职业素质。

课程从企业的典型工作任务出发，以产品制作为载体实施项目化教学。根据每一个任务的特点设计典型的思政案例，并通过对思政案例的深度挖掘进一步细化课程思政点，力求将课程思政与实践教学的每一个环节有机融合，润物无声地完成思政教育。

（二）课程思政整体设计框架

本课程聚焦材料加工领域，以家国情怀、劳动精神、工匠精神、职业素养、环保意识等为教育核心，落实立德树人根本任务，将思政教育渗透实践教学的每一个环节，如图 1 所示。

项目一主要围绕常见金属材料的加工方法，讲解"什么是金工""金工与现代工业生产"等知识点，融入近年来我国在材料加工领域飞速发展的案例，重点培养学生爱党爱国、爱岗敬业的家国情怀。项目二和项目三选取了金属材料加工中两个典型工作模块（钳工、焊接），由浅入深，逐层递进，分别设计了基础训练项目、产品训练项目、拓展训练项目。通过"文墨精度"思政案例培养学生脚踏实地、严谨细致、执着专注、精益求精的工匠精神；通过"大国工匠"方文墨、管延安的先进事迹和"鸟巢"焊接攻关案例培养学生热爱劳动、勇于挑战、攻坚克难、吃苦耐劳的劳动精神；通过让学生分组协作完成产品制作任务和介绍焊接产品缺陷导致的事故案例，培养学生遵守纪律、团结协作、注重质量、安全操作的职业素质。教师在整个实训过程中以身作则、言传身教，培养学生勤俭节约、物尽其用的环保意识。

三、课程思政教学案例

教学案例一 "文墨精度"，从 0.003 毫米到 0.00068 毫米——用手工诠释中国战机新精度

（一）教学任务

项目二"钳工基本知识及技能"之任务二：开瓶器的创意制作。

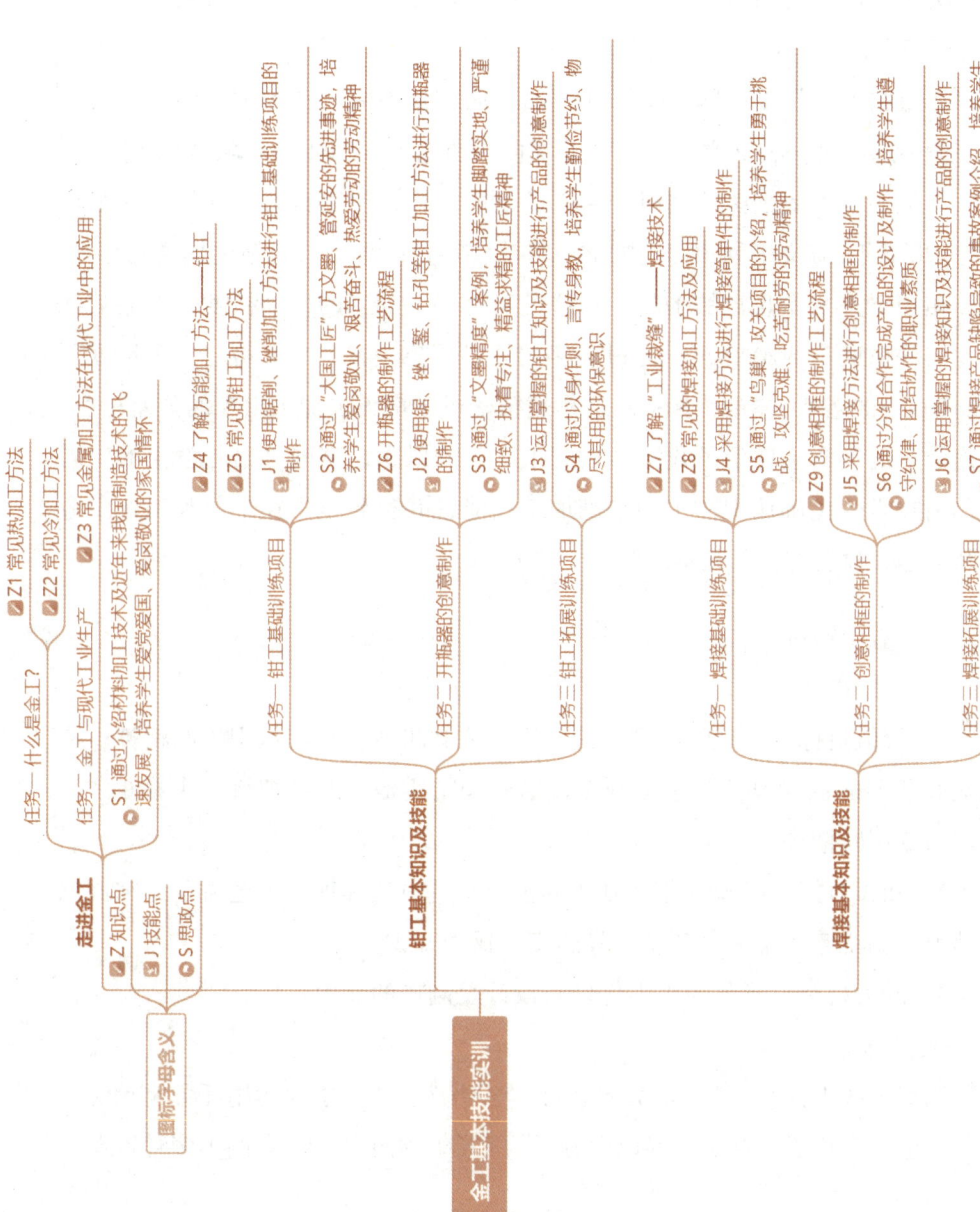

图 1 "金工基本技能实训"基于课程思政教学内容设计

（二）课程思政教学设计

本次教学任务是用钳工基本知识及技能完成创意产品——开瓶器，在介绍"公差精度"时引入课程思政案例。

"文墨精度"是以中国航空工业集团首席技能专家、"大国工匠"方文墨的名字命名的精度。方文墨是中航工业沈阳飞机工业（集团）有限公司14厂高级钳工，他参与了我国国产战机歼–15的研发工作，手工打磨了战机的多个核心部件。2016年，方文墨利用锉削的加工方法将零件的加工公差精度提高到0.003毫米（相当于头发丝直径的1/25），这是当时手工加工的最高精度，因而被命名为"文墨精度"。2022年，通过多年的技术积累，方文墨又将"文墨精度"提高到0.00068毫米（即680纳米），这是高精密机床都无法加工出来的公差精度。

这个案例为学生展示了我国"大国工匠"的风采，有助于培养学生的工匠精神，引导学生正确认识钳工的基础加工技能，并教导学生在学习和工作中应该脚踏实地、执着专注、精益求精。

（三）教学实施

1. 教学目标

（1）价值目标：通过学习"大国工匠"人物事迹，正确认识工匠精神；通过完成开瓶器的创意设计及手工制作，培养脚踏实地、严谨细致、执着专注、精益求精的工匠精神。

（2）知识目标：了解开瓶器制作的主要工艺方法和加工工艺流程；掌握锯弓、锉刀、钻铣床等常见设备及工具的安全操作知识。

（3）能力目标：具备钳工零件创新设计及制作的能力。

2. 教学方法

采用线上线下混合式教学，以产品生产实践为主线，主要运用任务驱动法、启发教学法和案例教学法，并辅以课程学习平台、视频资源、案例等多种资源。

3. 教学过程

第一步：引入任务。

向学生展示往届学生完成的优秀作品，明确本阶段的最终实训任务——开瓶器的制作。

第二步：任务分析。

为学生介绍本次任务的原材料，引导学生思考并讨论：采用什么加工方法可以将一块长方形黄铜板制作成开瓶器？什么是钳工？钳工可以制作哪些产品？

第三步：任务准备。

针对讨论结果，教师进行集中讲解及示范，利用教学课件及"深职i学习"一体化网络教学大平台上的网课资源为学生讲授完成本次实训任务所需具备的钳工相关知识，并为学生示范钳工的基本操作技能。重点强调产品制作过程中的"公差精度"。

思政点睛：在零件的机械制造过程中，"公差精度"是衡量一个零件好坏的重要评价标准，同时也是一个零件的核心竞争力所在。国际上通常将公差精度划分为20个等级，从IT01、IT0、IT1到IT18，等级依次降低，公差值依次增大。目前我国在机械加工领域与工业发达国家相比还有一定的差距，零件的加工精度就是其中的重要影响因素之一。

价值引领：教师要引导学生以本次教学任务为落脚点，脚踏实地、严谨细致、执着专注、精益求精，从易到难逐渐掌握课程中的知识与技能，为今后的学习及工作打下坚实的基础。

第四步：任务实施。

指导学生根据制订的工艺流程完成开瓶器的加工制作。

知行合一：在教师的示范和指导下，学生将前面课程中学习到的钳工基本知识及掌握的钳工基本技能应用到实际产品——开瓶器的制作过程中。

第五步：产品检测。

产品检测采用的是学生互评的方式。学生参照评分标准，利用合理的工具、量具对产品的尺寸、形状或位置精度进行正确的检测，并将检测结果记录在评分表中。

第六步：评价总结。

教师检查并校正学生互评的结果，引导学生进行质量分析，总结加工制作过程中的经验及不足，并提出改进措施。

总结升华：在实际生产中没有99分的产品，只有合格的产品和不合格的产品。学生只有脚踏实地、严谨细致、执着专注、精益求精地完成每一个加工步骤，才能收获一个合格的产品。

4. 教学资源

（1）基本教学资源："深职 i 学习"一体化网络教学平台微课视频；课程教案、教学课件、测试习题等。

（2）拓展教学资源：视频《"大国工匠"——方文墨》《"大国工匠"走进深职院为学子秀绝活》。

（四）教学评价

按照"考核内容综合化、考核形式多样化、考核过程全程化"的思路，课程采用多维度考核方式，结合课程知识、技能、素质要求，探索形成了教师评价和学生互评相结合，线上线下相结合的形成性考核方式。考核方式包括过程性考核和增值性评价两个部分。具体课程考核评价方案参照表1，满分为100分，超过100分以100分计算。

表1 课程考核评价方案

	过程性考核（100分）			增值性评价（60分）
	平时成绩	项目成绩	网课学习	大赛获奖、职业资格证书获得情况等
分值设定	20	60	20	可替代过程性考核中的对应项目成绩
评价主体	教师	教师、学生	教师、学生	相应机构
评价方式	线上线下结合	线下	线上线下结合	成绩替代

（五）创新与反思

本次课以实际产品的钳工制作为主线，挖掘与课程息息相关的思政素材，其中"大国工匠"方文墨的思政案例与教学内容的契合度比较高，能够激发学生的民族自豪感和培养学生脚踏实地、严谨细致、执着专注、精益求精的工匠精神。

教师在本节课思政教学中发挥重要作用。教师只有自身拥有扎实的思政理论知识,才能在实践过程中身体力行,在传授技能的同时培养学生的职业素养和情操。因而教师应该与时俱进,不断提高自身的思政素质。

教学案例二 "鸟巢"攻关——从国家体育场焊接攻关看"中国建造"

(一)教学任务

项目三"焊接基本知识及技能"之任务一:焊接基础训练项目。

(二)课程思政教学设计

本次教学任务是用焊接基本知识及技能完成焊接基本训练项目,在介绍手工电弧焊时引入课程思政案例。

"鸟巢"是2008年北京奥运会的主体育场,同时也是2022年北京冬奥会开幕式和闭幕式的举办场所,2014年"鸟巢"获评"中国当代十大建筑"。"鸟巢"的外形结构主要由巨大的门式钢架组成,其钢铁身躯上没有一颗螺栓和螺母,均由10~110毫米的钢板焊接而成,焊缝全长30万米。"鸟巢"在建造过程中面临着工期紧、焊接量大、焊接难度大(首次在国内建筑结构上使用Q460E-Z35钢材)和安装精度控制难等焊接难题,但是我国组建了一支焊接队伍攻坚克难,提前半年完成了"鸟巢"的焊接工程,为北京奥运会的顺利召开保驾护航。

"鸟巢"的设计理念源于大自然的鸟巢,学生可以从设计师的身上学习创新思维;同时"鸟巢"的建设离不开焊接工程师和1000多名高级焊工的努力,学生可以从他们身上看到中国焊接工程师和焊接工人勇于挑战、攻坚克难、吃苦耐劳的劳动精神。

(三)教学实施

1. 教学目标

(1)价值目标:通过"鸟巢"攻关项目的学习,了解我国在工程建设领域的强大实力,增强民族自豪感;通过焊接基础训练项目的学习,培养勇于挑战、攻坚克难、吃苦耐劳的劳动精神。

(2)知识目标:了解焊接的基本常识、主要应用领域和发展现状;掌握常见焊接方法的基本原理、常见设备和工具及其安全操作知识。

（3）能力目标：具备熟练操作常用焊接设备进行产品制作的能力。

2. 教学方法

采用线上线下混合式教学，以产品生产实践为主线，主要运用任务驱动法、启发教学法和案例教学法，并辅以课程学习平台、视频资源、案例等多种资源。

3. 教学过程

第一步：引入任务。

下发给学生本次实训的项目单，明确本阶段的最终实训任务——创意相框的制作。

第二步：任务分析。

为学生介绍本次任务的原材料，引导学生思考并讨论：采用什么加工方法可以完成这个创意相框的制作？什么是焊接？焊接可以完成哪些产品的制作？

第三步：任务准备。

针对讨论结果，教师进行集中讲解及示范，利用教学课件及"深职 i 学习"一体化网络教学大平台上的网课资源为学生讲授完成本次实训任务所需具备的焊接相关知识，并为学生示范焊接的基本操作技能。

思政点睛："鸟巢"作为 2008 年北京奥运会的主体育场和 2022 年冬奥会举办开幕式和闭幕式的场馆，是我国的标志性建筑之一。教师带领学生了解"鸟巢"结构的相关资料，观看"鸟巢"焊接攻关的相关视频。配合视频画面，教师讲解"鸟巢"建设过程中我国的焊接专家和焊接工人面临的困难，以及他们克服困难、顺利攻坚项目背后的故事。

价值引领：2000 年以来，我国在工程建设领域飞速发展，学生可以看到我国的建设团队不断创新，将"中国建造"推广到全世界。从这些焊接专家和焊接工人身上，学生可以感受到他们勇于挑战、攻坚克难、吃苦耐劳的劳动精神。以此案例鼓励学生不怕苦、不怕累，认真上好每一门课程，为今后报效祖国打下坚实的基础。

第四步：任务实施。

指导学生完成创意相框的加工制作。

知行合一：在教师的示范和指导下，学生将前面课程中学习到的焊接基本知识及掌握的焊接基本技能应用到实际产品——创意相框的制作过程中。

第五步：产品检测。

产品检测采用的是学生互评的方式。学生参照评分标准，利用合理的工具、量具对产品的形状和焊缝质量进行正确的检测，并将检测结果记录在评分表中。

第六步：评价总结。

教师检查并校正学生互评的结果，引导学生进行质量分析，总结焊接制作过程中的经验及不足，并提出改进措施。

4. 教学资源

（1）基本教学资源："深职i学习"一体化网络教学平台微课视频；课程教案、教学课件、测试习题等。

（2）拓展教学资源：视频《国家体育场"鸟巢"的建造过程》。

（四）教学评价

按照"考核内容综合化、考核形式多样化、考核过程全程化"的思路，课程采用多维度考核方式，结合课程知识、技能、素质要求，探索形成了教师评价和学生互评相结合，线上线下相结合的形成性考核方式。考核方式包括过程性考核和增值性评价两个部分。具体课程考核评价方案参照教学案例一中的表1，满分为100分，超过100分以100分计算。

（五）创新与反思

本次课以创意相框的焊接制作为主线，挖掘与课程息息相关的思政素材，其中"'鸟巢'的焊接攻关"这一思政案例与教学内容的契合度比较高，能够激发学生的民族自豪感和培养学生勇于挑战、攻坚克难、吃苦耐劳的工匠精神。

虽然"'鸟巢'焊接攻关"案例与课程内容的契合度很高，但是从最近几年的教学效果来看，这个案例的认知度逐渐降低，究其原因是思政素材的时效性。"鸟巢"位于北京市且距离其完工已过去10多年，学生对该案例的认同感较低。之后课程组准备从身边的热点事件出发，探索认知度更高的课程思政案例。

四、选用教材与参考资料

（一）选用教材

1. 莫守形，彭彦. 现代钳工实用实训 [M]. 2 版. 西安：西安电子科技大学出版社，2018.

2. 王红英，汤伟杰，杨延滨. 现代焊接实用实训 [M]. 2 版. 西安：西安电子科技大学出版社，2019.

（二）参考资料

1. 以"文墨精度"成就"大国工匠"

https://mp.weixin.qq.com/s?__biz=MzA5NzU1NTkwMg==&mid=2650241573&idx=1&sn=c75ed35b1da7aae232d73bb436741a75&chksm=889cdef4bfeb57e2d9a26c3cb616d59cec9990f2b2493cf62ce9d3630592b8a9e6a07abba6b4&scene=27

2. "大国工匠"走进深职院为学子秀绝活

https://www.szpu.edu.cn/old/info/1025/1277.htm

案例编写人：汤伟杰（工业训练中心）

"工程应用数学（计算机类）"课程思政教学案例

一、课程定位

本课程是面向计算机软件、大数据、计算机应用技术和云计算等专业学生开设的通识教育基础课程，旨在使学生掌握一元微积分、代数和图论的基本概念和基本方法，培养学生严谨求实、勇于创新的思想政治素养和职业素养，增强学生的民族自豪感。鉴于计算机各专业职业技术教育的特点，本课程教学中以分析和运算方法的掌握为重点，并注重与专业的实际应用相结合，使学生具备学习计算机、大数据等相关专业课程的扎实数学能力。

二、课程思政整体设计思路

（一）课程思政整体设计理念

"工程应用数学（计算机类）"通识基础课程坚持为专业赋能和为专业人才培养方案服务的定位，确立符合科技时代人工智能产业底层原理的人才培养模式，为人工智能领域输送成长型人才。本课程结合高等数学与计算机专业知识，深挖思政与专业知识的融合点，让学生真正体会到课程思政的内涵，引导学生领悟数学真谛，感受数学之美；在培养学生逻辑推理能力的同时，注重介绍高等数学知识的实际应用案例，培养学生崇尚科学、追求真理的精神。

课程以培养学生爱国主义情怀为思政目标，利用我国魏晋时期首创的"割圆术"辅助说明定积分建立的过程，以此引出璀璨的中华优秀传统文化，增强学生的文化自信；将定积分解题的关键"化整为零、逐一击破"引申到面对困难可以将"大困难"分解成"小困难"，鼓励学生探寻破解难题的方法、树立破解难题的信心。本课程旨在增强学生对数学学科的兴趣，树立学生的文化自信，达到"学知识、长技能、提自信"的课程思政建设目标。

课程采用多种教学方法，小组学习与个体学习相结合，小组展示与个体展示相结合，课堂讲解与上机操作相结合，理论教学与实践活动案例相结合，课堂练习与撰写数学建模报告相结合，实行全程式、多样化的发展性考试评定模式，全方位提高学生的综合能力。

（二）课程思政整体设计框架

在新工科背景下，5G通信和数据科学等前沿科技领域的数学问题不断出现，"工程应用数学（计算机类）"这一基础性课程就显得尤为重要。本课程以理解知识、掌握运算方法为教学目标，以分析数学问题和提升、运用数学能力为培养目标，以提升思想品德、素质和无私服务、奉献社会为思政建设目标。

本课程主要由微积分、线性代数以及图论三部分内容构成，分别从以下七个方面的思想政治教育角度进行充分挖掘，发挥高等数学课程的育人功能。

（1）融入人文素养，感受数学之美。在定积分几何应用的教学中，引导学生欣赏我国古代建筑赵州桥、现代建筑凤凰国际传媒中心等的图片，在授课过程中使学生感受我国建筑之美；理解建筑中蕴含的定积分知识，享受数学美的熏陶。

（2）结合数学发展史，感受数学发展的魅力。引用魏晋时期数学家刘徽的"割圆术"，不仅促进学生对定积分这一抽象概念的理解，而且使学生增强文化自信和对我国文化的认同感，学生的爱国热情与民族自豪感也得到了激发和激励。

（3）融入数学家的成就，激发兴趣与爱国情感。用数学家刻苦钻研、百折不挠、坚持真理的精神激励学生，让学生树立积极乐观的生活态度和战胜困难的决心，增强学生对数学家们严谨的学术态度、重大的数学成就以及乐于奉献的伟大精神的认同感。

（4）结合人生哲理，感悟做人与做事的道理。告诉学生：要解决一个复杂问题，不要畏惧，要冷静、理性地去对待，首先明确问题，其次从简单处、小处入手，循序渐进，化繁为简，逐步解决问题，最后向着目标一直努力，就会有所成就。

（5）切入唯物辩证法，培养数学情操。启发学生用发展的眼光看待问题，人生并不是一帆风顺的，有高峰也有低谷，有顺境也有逆境，顺境中则谨慎处事，逆境中也不悲观、不动摇。

（6）解决社会问题，培养社会责任感。通过让学生运用知识解决社会问题，使学生不仅对数学产生浓厚的兴趣，还学会如何用数学思维来观察世界、提出问题并解决问题，如此有助于实现理论和实际的完美结合，也培养学生强烈的社会责任感与使命感。

（7）展现教师人格魅力，培养学生的高尚情操。在教学过程中，教师以自身的人格魅力和学术态度感染学生。通过教师的言行和教学，潜移默化地影响学生的品德和情操，激励他们追求真理。

本课程的各个章节巧妙地结合了数学历史、文化、哲理等元素，使学生不仅能够掌握数学知识，还能够体会到数学的美与实际应用的价值。教师通过实际案例和历史故事，激发学生的学习兴趣和爱国热情；通过哲理和思维方式的引导，培养学生理性思考和解决问题的能力；通过展示数学在实际生活中的应用，增强学生的社会责任感与使命感。课程思政教学内容设计如图1所示。

三、课程思政教学案例

教学案例一 "定积分"——化整为零、破解难题，化繁为简、突破困难

（一）教学任务

第三章"不定积分与定积分"之"应用定积分求面积"——西丽水库面积计算。

（二）课程思政教学设计

本次教学任务以深圳西丽水库水域面积为引子，引出要计算不规则图形的面积，就要从最简单的"求解曲边梯形面积"出发。通过魏晋时期数学家刘徽首创的"割圆术"凝练"分割、近似、求和、取极限"四个步骤，从而使问题

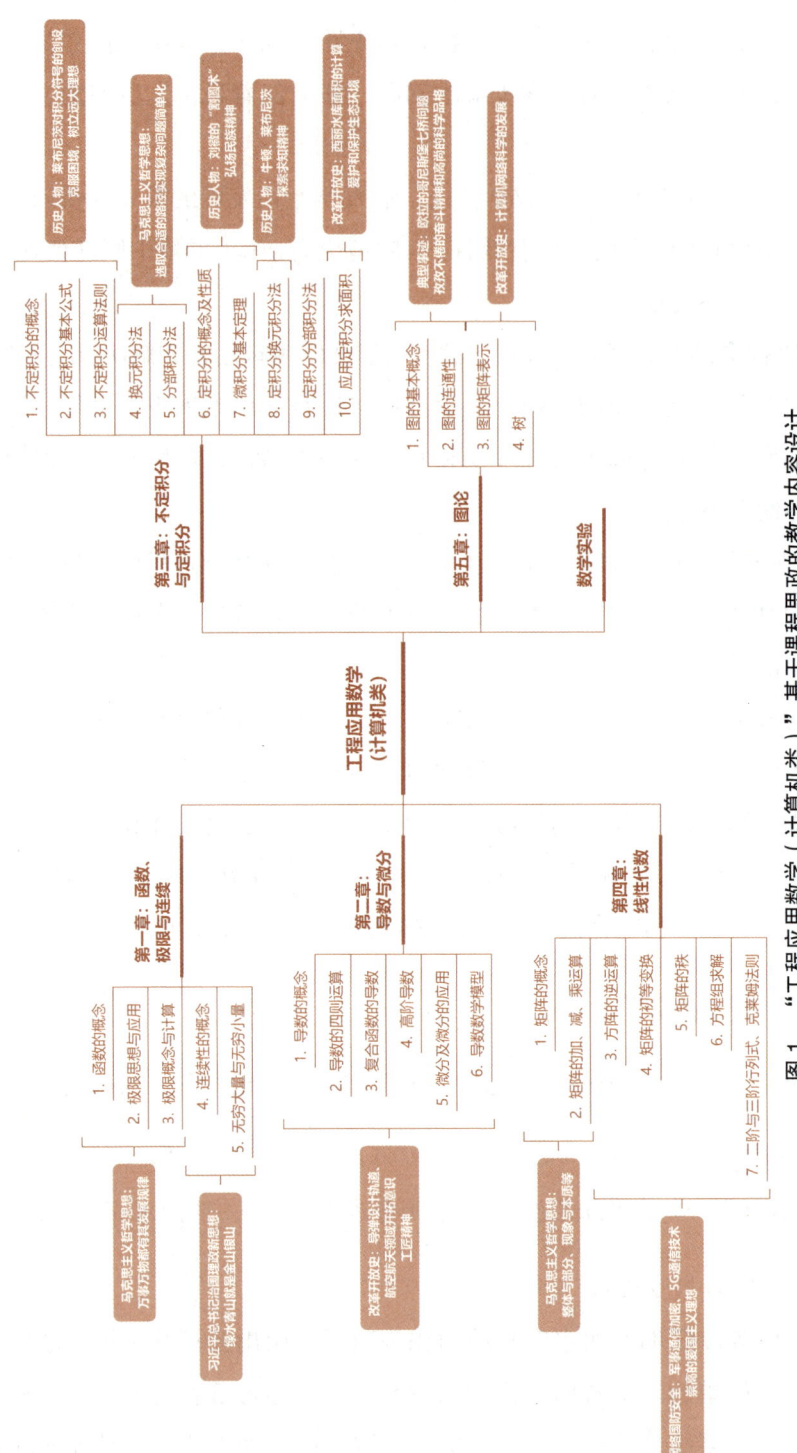

图 1 "工程应用数学（计算机类）"基于课程思政的教学内容设计

得到解决。同时，教师引领学生探讨定积分在航天及相关科技发展前沿问题中的应用，激发学生的爱国情怀，增强学生的民族自信，培养学生勇于探索的科学精神。

这个案例借鉴"割圆术"，倡导学生树立文化自信。由于"割圆术"首创者刘徽是我国魏晋时期的数学家，可自然而然地引出我国在历史上科学水平曾领先于世界，以此增强学生的文化自信，激发学生的爱国精神。

（二）教学实施

1. 教学目标

（1）价值目标：通过回顾我国古代数学家刘徽的"割圆术"，增强民族自豪感和文化自信；通过计算深圳西丽水库水域面积，增强爱护和保护生态环境的意识；通过探讨定积分在航天及相关科技发展前沿问题中的应用，激发爱国情怀，培养勇于探索的科学精神。

（2）知识目标：能够利用"分割、近似、求和、取极限"四个步骤，归纳出定积分的概念；能够利用定积分的概念完成相关题目的计算。

（3）能力目标：通过探讨定积分概念的形成过程，培养数学抽象能力和辩证思维能力；通过分析解决实际案例问题，培养数学建模能力。

2. 教学方法

采用线上线下混合式教学，以任务驱动为核心，主要运用启发教学法、问题教学法和小组教学法，并辅以网站、视频资源、案例等多种资料。

3. 教学过程

第一步：温故知新——前测。

请学生分享"割圆术"蕴含的数学思想和方法。

故事资料：早在公元3世纪，魏晋时期数学家刘徽利用"割圆术"，以圆内接六边形起算，令边数加倍，以圆内接正 $3 \times 2n$ 边形的面积为圆面积的近似值，再利用公式：圆周率＝圆面积/半径²，来得到圆周率 π 的近似值。

他在著作《九章算术注》中描述："割之弥细，所失弥少，割之又割，以至于不可割，则与圆合体而无所失矣。"他是中国最早明确主张用逻辑推理的方式来论证数学命题的人。刘徽的一生是为数学刻苦探求的一生。他人格高尚，不是沽名钓誉的庸人，而是学而不厌的伟人，给我们留下了宝贵的思想财富。

思政点睛：中国古代数学家的人格魅力和科学探索精神为世人敬仰，他们是中华民族的骄傲，是我们坚持道路自信和文化自信的源泉。学生可通过回顾古代数学家的故事，增强民族自豪感和文化自信。

第二步：案例探究——小组讨论。

引入"深圳西丽水库水域面积"问题，创设问题情境，激发学生的学习兴趣。

思政点睛：通过创设"深圳西丽水库水域面积"问题情境，增强学生爱护和保护生态环境的意识。

第三步：教师讲评——方法引入。

教师基于"割圆术"的极限思想，引导学生思考探究"不规则问题"的解决办法。由于计算曲边梯形面积没有公式，教师可引导学生思考何种思想、何种方法可以作为解题的思路，进而指出魏晋时期数学家刘徽首创的"割圆术"可以解决问题。"割之弥细，所失弥少，割之又割，以至于不可割，则与圆合体而无所失矣"对应"求曲边梯形面积"的解题步骤：分割、近似、求和、取极限。在此基础上，学生可进一步思考水库面积问题的解决思路。

思政点睛：我们可以把"求曲边梯形面积"比喻成我们会碰到的困难或难题，可以用"分割"的方法，将一个难题切分成许多小问题，这样"化整为零"，使"大困难"变成"小困难"，会减弱我们的畏难情绪；同时在解决问题时我们可以用"近似"的方法，把"复杂问题"转化为"简单问题"，这样逐一击破就可以破解难题。

第四步：解决问题——培养能力。

问题1：计算由直线 $y=x$ 及直线 $y=0$，$x=0$，$x=1$ 围成的平面图形的面积。学生分组讨论，探讨求解平面图形面积的不同方法。

问题2：发射火箭需要计算克服地球引力所做的功，设火箭的质量为 m，将火箭垂直地向上发射，到离地面距离为 H 时，需做多少功？由此计算初速度至少为多少时，方可使火箭脱离地球的引力范围。

学生分组讨论，探讨解决问题的方案，并派出小组代表对所设计的解决方案进行展示，培养学生分析解决问题的能力和团队协作能力。

思政点睛：通过探讨定积分在航天及相关科技前沿发展问题中的应用，激发学生的爱国情怀，培养学生勇于探索的科学精神。

第五步：归纳小结——巩固提升。

总结定积分的实质，定积分的思想可概括为"化整为零，以直代曲，积零为整，取精确值"。教师布置课后拓展任务，让学生查阅更多资料，以小组为单位讨论水库面积的其他计算方法，激发学生对数学的兴趣，提升学生的自学能力。

4. 教学资源

（1）基本教学资源：线上教学平台全部微课视频；本次课教案、本次课教学课件、作业及测验题目等。

（2）拓展教学资源：相关网站、教学案例、数学素材库等。

（四）教学评价

评价采用显隐结合的方式，以知识、能力、价值构建三位一体评价目标体系，从课前、课中、课后构建全流程评价体系。

1. 显性评价方式

课程实行过程性评价和终结性评价相结合的综合性评价方式。教师、学生、小组、平台构成多元评价共同体，围绕课程知识、能力、素质目标，开展课前预习、课中学习和课后巩固的全过程教学评价，保证了教学评价的客观性和科学性。

2. 隐性评价方式

从学生对中国古代数学家的故事、"割圆术"思想和定积分知识的兴趣，观察学生对于数学家精神、"割圆术"思想、定积分知识的认识态度以及学生体现的民族自豪感，评价学生通过本次课的学习在思想意识上潜移默化的改变和收获。

（五）创新与反思

由于现代数学教学内容多为直接引入西方的定义、定理，部分学生会误认为数学就是西方的知识。但针对"割圆术""圆周率"这些数学领域的经典理论和重要概念的探究，我国在历史上领先于西方。本课以此加深了学生对数学学科的兴趣，增强学生的文化自信，达到"学知识、长技能、提自信"的多重效果。数学课程思政应打破传统数学教学模式，让学生在课程学习中真正体会到数学的内涵、领略数学的美,提高学生看待问题的广度、高度和深度,从而激发学生的好奇心和求知欲。

在这个教学案例中,虽然教师成功地将数学知识与思政教育相结合,通过实际问题和历史背景引导学生学习和思考,但在课程实施过程中也存在一些不足。首先,教学内容和目标的匹配度需要进一步提高,以确保内容的连贯性和完整性。其次,多样的教学方法虽然得到了应用,但在教学过程中需要更加充分地利用这些方法,提高学生的参与度和积极性。最后,要更充分利用教学资源,完善教学评价,以提升教学效果和学生的学习体验。因此,教师需要在教学设计和实施中不断反思和调整,以优化教学过程和提高教学效果。

教学案例二 "网络亦是战场"——从国防安全中感悟爱国情怀

(一)教学任务

第四章"线性代数"之"逆矩阵"——军事通信加密和5G通信技术。

(二)课程思政教学设计

本次教学任务是介绍逆矩阵的定义和基本运算,完成军事通信中信息的加密任务,在介绍逆矩阵概念时引入课程思政案例。

逆矩阵既是矩阵理论中的教学重点,又是教学难点。恰当地使用逆矩阵的运算性质可以简化运算,逆矩阵在求解线性方程组以及矩阵的对角化等方面具有举足轻重的作用。利用初等变换法求逆矩阵,即通过对可逆矩阵进行初等行变换或者初等列变换,使 A 经过初等变换转化为 E,则 E 变为 A^{-1},这一过程体现马克思主义哲学中对立统一的思想。逆矩阵的初等变换法展现数学式的统一美和形式美,变换过程中形式不变,矩阵的秩不变。逆矩阵的初等变换法的整个过程展现数学思想,也展现了求解方式中的逻辑美。本课通过实际案例,即军事通信加密以及5G通信技术应用,加深学生对逆矩阵的理解,将理论与应用相结合,体现国家前途与科技发展之间的紧密联系,强调学习强国、科技强军。

（三）教学实施

1. 教学目标

（1）价值目标：通过学习军事通信加密和 5G 通信技术应用案例，培养科学素养、探索精神和家国情怀；通过探讨矩阵是否可逆，体会"对立与统一"的马克思主义哲学思想。

（2）知识目标：掌握逆矩阵的概念，掌握矩阵可逆的判定条件，掌握用伴随矩阵法求逆矩阵，了解逆矩阵的应用。

（3）能力目标：了解逆矩阵的基本理论，掌握必要的数学运算技能，具备矩阵求逆的计算能力；培养数学思维能力，即归纳思维和类比思维；通过课外研究课题使运用逆矩阵分析和解决实际问题的能力得到进一步的培养、训练和提高。

2. 教学方法

采用线上线下混合式教学，以任务驱动为核心，主要运用启发教学法、课堂练习法和小组教学法，并辅以纪录片、新闻报道、应用案例等多种资料。

3. 教学过程

第一步：任务引入——提出问题。

借助网络国防安全的案例——军事通信加密，引出矩阵的求逆运算。引导学生将注意力聚焦到本节课的主题，激发学生的学习兴趣和探索欲，培养学生的爱国情怀。

第二步：温故知新——类比归纳。

基于数 b 为数 a 的逆元或倒数，记作 a^{-1} 或 $\frac{1}{a}$。

提问：$\forall$ 矩阵 $A \neq 0$，是否 $\exists$ 矩阵 B，使得 $AB=BA=E$？

将实数内的倒数运算推广到矩阵，是否有类似运算？将抽象陌生的逆矩阵概念与熟悉的实数内倒数运算类比讲解，将陌生的问题转化为熟悉的问题，降低学生的理解难度。

第三步：定义引入——启发教学。

定义：设 A 为 n 阶方阵，若存在一个 n 阶方阵 B，使得 $AB=BA=E$，则称方阵 A 可逆，并称方阵 B 为 A 的逆矩阵，记作 $A^{-1}=B$。

进一步提出问题：（1）如何判断矩阵可逆？（2）如何求逆矩阵？（3）逆矩阵是否唯一？

第四步：问题解决——师生互动。

设计问题：军事通信中，如何实现密码的加密过程，从而保证信息的安全？

师生并进：军事通信中，需要将字符转化成数字，这就需要将字符与数字一一对应，如：

a	b	c	d	……	x	y	z
1	2	3	4	……	24	25	26

are 对应的矩阵 B=[1 18 5]，如果直接按这种方式传输，则很容易被敌人破译而造成巨大的损失，所以需要加密。通常的做法是用一个约定的加密矩阵 A 乘原信号矩阵 B，传输信号时，不是传输矩阵 B，而是传输转换后的矩阵 $C=AB^T$；收到信号时，再将信号还原。敌人如果不知道加密矩阵，就很难弄明白传输的信号的含义。设收到的信号为 C=[21 27 31]^T，并且已知加密矩阵是 A，问原信号 B 是什么？显然，在实际应用中，生成解密密钥只需要再次利用生成加密密钥时的变换矩阵对单位矩阵做一系列的初等变换即可。

第四步：应用拓展——学以致用。

华为 5G 通信技术使中国率先步入 5G 时代，在这个万物互联的时代，人们体会到了前所未有的超快网速。5G 之所以快，是因为其中一个关键技术为多输入多输出技术，这要求布置大规模的天线阵列。在大规模多输入多输出技术中，矩阵求逆运算在信道检测算法与预编码算法中占据重要地位。高阶方阵的求逆运算复杂度相对较高，硬件资源的消耗也较大，选择一个好的高阶方阵求逆算法至关重要。

思政点睛：通过讲解 5G 通信技术中的高阶方阵求逆，调动学生的学习积极性与探求新知的意愿，培养学生探索未知、勇攀科学高峰的责任感和使命感。

第五步：课后作业——巩固提升。

课后布置线上作业和线下实践活动，进一步练习 5G 通信技术的分解算法涉及的矩阵求逆运算。

当代大学生生逢其时，也重任在肩，是追梦者，也是圆梦人。教师要引导学生学以致用，心怀家国，为实现中华民族伟大复兴的中国梦书写出无愧于时代、无愧于人民、无愧于历史的绚丽篇章。

4. 教学资源

（1）基本教学资源：线上教学平台全部微课视频；本次课教案、本次课教学课件、作业及测验题目等。

（2）拓展教学资源：相关网站、教学案例、数学素材库等。

（四）教学评价

评价采用显隐结合的方式，以知识、能力、价值构建三位一体评价目标体系，从课前、课中、课后构建全流程评价体系。

1. 显性评价方式

课程实行过程性评价和终结性评价相结合的综合性评价方式。教师、学生、小组、平台构成多元评价共同体，围绕课程知识、能力、素质目标，开展课前预习、课中学习和课后巩固的全过程教学评价，保证了教学评价的客观性和科学性。

2. 隐性评价方式

从学生对军事通信加密技术的学习、对 5G 通信技术的应用拓展，观察学生对于网络国防安全与科学技术的发展的认识态度，评价学生通过本次课的学习在思想意识上潜移默化的改变和收获。

（五）创新与反思

本课挖掘课程内容中的思政元素，抓住课堂实际，将课程思政和教学内容巧妙结合，自然地将学生带入情境，润物无声地进行课程思政教学。教学设计中强调了数学知识与实际应用的结合，关注国家前途和科技发展，这是很值得称赞的。

然而，教学内容的复杂性可能增加了学生的学习负担，教师需要提供更多的辅助资源和讲解来帮助学生理解。在未来的教学中，可以考虑对内容进行适当的简化，或者分阶段教学，以确保学生能够更好地理解和消化所学知识。教师要积极学习，拓展自己的知识面，并且积极与其他专业教师沟通交流，了解不同专业对线性代数教学的需求；积极探索挖掘符合不同专业特色的应用案例，让学生充分意识到线性代数的重要性与应用价值，进一步提高学生应用数学的能力。

四、选用教材与参考资料

（一）选用教材

郑红，梁兵. 计算机数学与数学文化 [M]. 北京：电子工业出版社，2018.

（二）参考资料

1. 赵树嫄. 微积分 [M]. 北京：中国人民大学出版社，1988.

2. 同济大学数学教研室. 工程数学 线性代数 [M]. 6 版. 北京：高等教育出版社，2014.

案例编写人：易成博（工业训练中心）

"食品保藏技术"
课程思政教学案例

一、课程定位

本课程是食品质量与安全专业的一门基础课,旨在培养"德技并举的食品安全守护者",使学生掌握食品保藏的基本理论和应用方法,掌握常见食品的保藏技术,具备独立完成食品保藏技术的选择、应用与分析的职业能力和职业素养。

二、课程思政整体设计思路

(一)课程思政整体设计理念

食品质量与安全专业坚持职业教育产教融合的办学特色和为深圳经济社会发展服务的定位,确立"岗课赛证"融通的培养模式,为食品领域输送关键人才。"食品保藏技术"课程重点培养学生掌握防止食品腐烂变质与食品保藏技术的基本知识,使学生具备农产品与食品加工技术及管理相关岗位的职业能力,提升学生"为人民创造幸福生活"的职业使命感,引导学生树立创新精神,培养学生低碳环保的理念。

课程以培养"德技并举的食品安全守护者"为课程思政建设的总目标,充分挖掘与项目紧密相关的思政元素,将"为人民创造幸福生活""创新精神""低碳环保"作为主要思政元素,贯穿整个课程。此外还将"劳动精神""吃苦耐劳""文化自信"等作为次要思政元素融入课程。

为优化课程思政内容供给，课程进行项目化重构，并精心设计融合方式，使课程思政内容润物无声地融入课程。此外，课程为学生构建可以躬身实践从而升华课程思政的"第二课堂"，让学生在知识与技能应用过程中得到思政教育，成长为"具有创新精神和低碳环保意识，愿意为人民幸福生活不懈奋斗"的高素质技术技能型人才。

（二）课程思政整体设计框架

本课程采用项目化教学设计思想对课程内容进行重构，将课程内容分为四个项目（图1）。拟深挖与食品保藏技术密切相关的思政元素，使每一个项目都能够挖掘出与知识和技能密切相关的思政元素，再充分讨论并设计思政元素的融入方案，为每一个项目都制订思政融入点、授课方式及预期效果等。食品保藏技术的最终目的是杜绝因保藏不当导致的食物浪费，提高人们的生活水平，而想要达成这一目的需要科技的不断创新，因此拟将职业使命感、创新精神和低碳环保意识作为课程的主要思政元素。此外，食品保藏技术的源头一般是食物收获，因此吃苦耐劳的劳动精神也是本课程需要融入的思政元素；我国具有悠久的食品保藏历史，因此开发出了多种食品保藏技术，这些可以作为课程导入案例，提升学生的民族自豪感和文化自信；保藏方法不当可能导致食物中毒等问题，因此可以通过案例向学生传授崇尚科学的精神、食品安全责任意识和健康理念。以上内容都可以作为本课程的次要思政元素。

三、课程思政教学案例

教学案例一 "科技让生活更美好"——领略低温冷藏技术如何彻底改变人类饮食结构，激发"为人民创造幸福生活"的职业使命感

（一）教学任务

项目一"低温气调草莓"之任务：认识低温气调。

（二）课程思政教学设计

本次教学任务是让学生理解并掌握低温保藏技术与气调保鲜技术的原理和应用，在介绍"低温保藏技术发展历程"时引入课程思政案例。

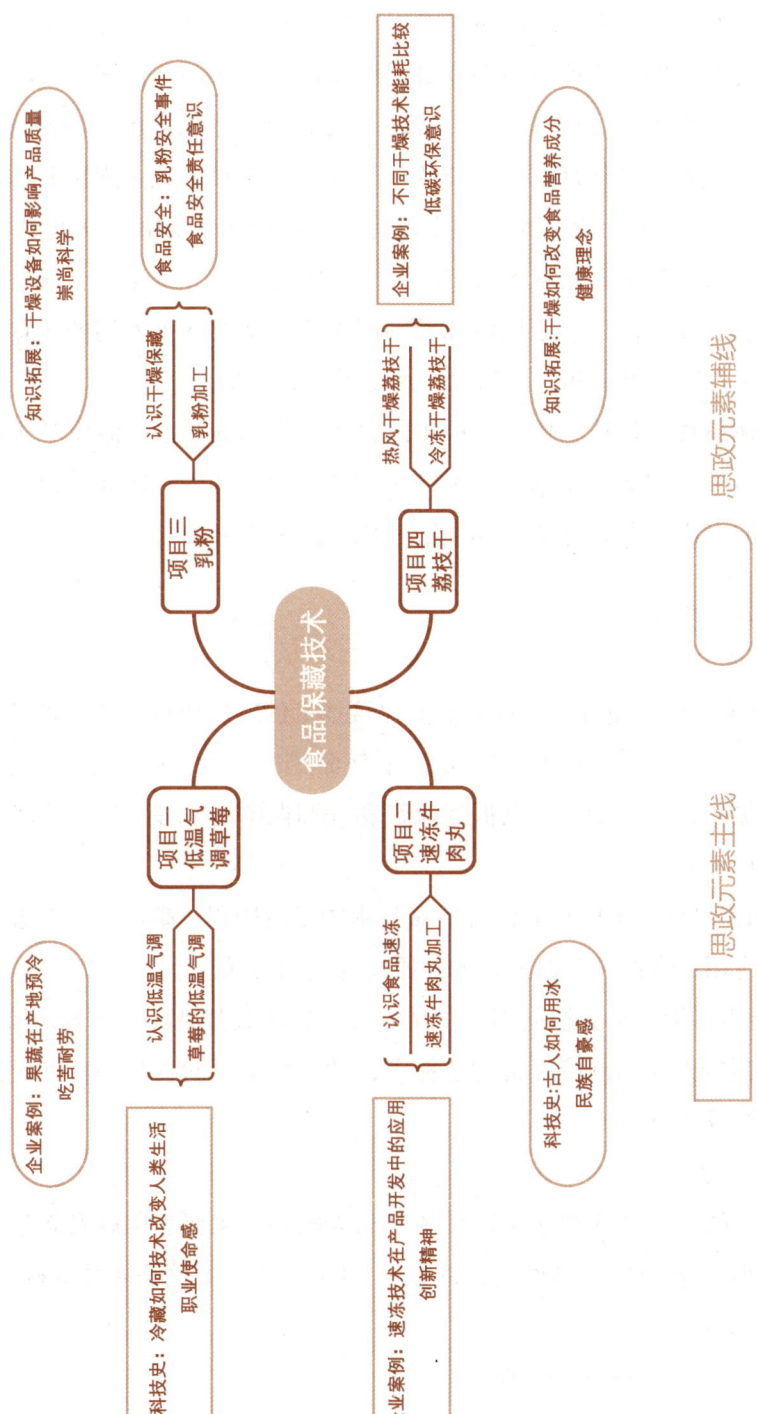

图 1 "食品保藏技术"基于课程思政的教学内容设计

"二之日凿冰冲冲，三之日纳于凌阴"出自成书于约公元前 11 世纪至前 6 世纪的《诗经》，即收集冰块并保存到夏天使用。公元前 9 世纪，古罗马人已经在用冰雪保藏龙虾。这些古老的方法都是低温保藏技术的雏形。随着科技发展，制冷技术逐渐成熟。1755 年，爱丁堡大学化学专业教授威廉·库伦利用乙醚蒸发使水结冰，他的学生布莱克从本质上解释了融化和气化现象。19 世纪上半叶，制冷机出现，人工冷源开始取代天然冷源。1910 年，世界上第一台压缩式制冷的家用电冰箱在美国问世。家用电冰箱的问世极大地改变了人们的饮食结构，有力地改善了食物的卫生和营养状况，推动了人类进步。

这个案例呈现了科技如何一步一步改善人们生活的脉络，激发学生崇尚科学的精神，进一步引导学生树立"为人民创造幸福生活"的职业使命感，激励学生将自己的事业与人类的福祉相融合，进而展其骥足。

（三）教学实施

1. 教学目标

（1）价值目标：通过了解食品低温保藏技术的发展历程，树立崇尚科学的精神，激发"为人民创造幸福生活"的职业使命感；了解中国古代人民的智慧，激发民族自豪感；通过学习食品低温保藏和气调保鲜的原理，进一步激发科学精神和创新精神。

（2）知识目标：了解食品低温保藏技术的发展历程；掌握食品低温保藏技术的原理与应用；掌握气调保鲜技术的原理与应用方法。

（3）能力目标：学会根据不同食品的特性设计低温保藏的方案，其中包括贮藏温度、制冷方法和制冷设备的选择等；学会根据不同食品的特性设计气调保鲜的气体组成比例。

2. 教学方法

采用线上线下混合式教学，以任务驱动为核心，主要运用启发教学法、问题教学法和小组教学法，并辅以官方网站、视频资源、案例等多种资料。

3. 教学过程

第一步：任务引入——提出问题。

利用日常保藏食物的方法引导学生思考如何充分利用冰箱实现食物的低温

贮藏，为什么低温可以延长食物的保藏期，是不是所有的食物都应该放在冰箱冷藏区保藏，等等。通过这些问题将本节课的任务，即认识低温气调引入课堂。

第二步：问题探究——小组讨论。

针对上述问题发起小组讨论，讨论的主题可以设置为：购买哪些食物可以实现较长的保藏期？如何利用冰箱实现更长的食物保藏期？引导学生从低温保藏技术与人们生活的关系、温度对不同食物保藏期的影响和不同食物低温下保藏特性的差异等角度进行讨论。

第三步：教师讲评——思政点睛。

针对讨论结果，教师进行集中讲解，利用食品低温保藏技术发展时间树带领学生了解食品低温保藏技术的发展历程，介绍哪些重大的科学发现推动了这一历程的进展；引导学生思考低温保藏技术是如何改变人们的饮食结构的，进而继续拓展，让学生思考不同食物低温下保藏特性的差异，为下一个学习步骤埋下伏笔。

思政点睛：食品的低温保藏技术经历了漫长的发展历程，从古人的生活经验积累，到现代科学对制冷技术发展的推动，再到相关科研成果的应用，食品低温保藏技术进入千家万户，渗透并极大改变了人们的生活，让人类生活变得更加便利，饮食更加卫生健康。

价值引领：学生应如何秉持科学精神，为人类的美好生活而奋斗？教师引导学生落脚到当下的教学任务，脚踏实地、一丝不苟地学习，从易到难逐渐掌握课程知识与技能，为今后从事食品行业工作打下坚实基础。

第四步：聚焦任务——知行合一。

动手实践：在教师的示范带领下，学生学会利用学到的低温保藏技术和气调保鲜技术对草莓进行低温保藏，并进行小组比赛，比较哪一组能够实现更长的保藏期。其中涉及的技能点主要有保藏温度的设计、气体组成成分的设计等，能锻炼学生的职业技能，提升学生的职业认同感与使命感。

总结升华：教师总结食品低温保藏技术和气调保鲜技术的原理与应用方法，使学生体验学习获得感。学生掌握低温保藏和气调保鲜的设计与操作技能，树立崇尚科学的精神和勇于创新的信念，认识到每一次产品和技术的创新都有可能推动人类生活的进步，从而激发职业使命感与自豪感。

第五步：课后作业——巩固提升。

课后布置拓展任务，让学生查阅相关文献资料，了解不同食品在低温下的品质变化，并自行选择另一种食品进行低温保藏和气调保鲜的设计。思考总结如何根据不同食品的保藏特性来设计合适的低温保藏条件和气调保鲜条件。

4. 教学资源

（1）基本教学资源：食品低温保藏技术的发展时间树、低温保藏技术的原理动画；关于食物保藏的新闻、食物腐败变质的延时摄影视频；线上教学平台全部相关微课视频；本次课教案、本次课教学课件、作业及测验题目等。

（2）拓展教学资源：不同食品的低温贮藏操作指南和低温贮藏设备说明书。

（四）教学评价

评价采用显隐结合的方式，以知识、能力、价值构建三位一体评价目标体系，从课前、课中、课后构建全流程评价体系。

1. 显性评价方式

在线上教学平台布置课前测试、课后作业，重点考核学生对知识点的掌握与理解；课中侧重根据教学任务完成的情况进行实践能力的考核，小组互评与教师评价结合。本次任务的考核重点为针对不同食品的特性进行食品低温保藏条件和气调条件的设计。设计针对主要思政元素认同程度的调查问卷，在课中进行问卷调查，在后续课堂上持续跟踪，最终形成学生态度发展轨迹报告。

2. 隐性评价方式

从学生对改善人类饮食水平的食品保藏技术的关注度与认可度等方面，观察学生对于食品科学技术的认识和态度，评价学生通过本次课学习在思想意识上潜移默化的改变和收获。

（五）创新与反思

本门课程和生活的联系非常紧密，由于这一优势，本课结合教学项目这一载体，融入与课程息息相关的技术应用话题，激发学生学习兴趣，不仅拓宽学生的专业视野，而且激发学生的科学精神与为人类幸福生活而奋斗的职业信念。

本课通过任务驱动教学法，强化学生对知识的理解运用，让学生在动手实践中体验从想法到产品的成就感，做到知行合一，将价值塑造与知识传授、能力培养有机统一。

另外，影响人们饮食水平的食品科学技术种类繁多，因此在拓展学习过程中呈现多样化趋势。但部分学生在拓展学习时出现偏差，学习的内容超出食品科技范畴，因此需要适时对这些学生进行引导。

教学案例二　"低碳环保从我做起"——在食品保藏技术的选择中践行低碳环保理念

（一）教学任务

项目四"荔枝干"之任务：冷冻干燥荔枝干。

（二）课程思政教学设计

本次教学任务是让学生理解并掌握冷冻干燥技术的基本原理与应用，完成荔枝的冷冻干燥操作任务，在进行冷冻干燥技术与其他干燥技术的优劣势对比时引入课程思政案例。

教师在课堂上带领学生观看工厂流水线中对荔枝进行冷冻干燥的视频，重点展示冷冻干燥的相关重要设备的结构，结合冷冻干燥的技术原理讲解，使学生的认识具象化。介绍冷冻干燥技术的优缺点时与其他干燥技术进行产品质量、干燥效率、能耗等方面的对比，使学生认识到不应片面追求产品质量，而应兼顾经济性与低碳环保，综合设计冷冻干燥方案，增强学生节能减排，低碳环保从我做起的环保理念。

（三）教学实施

1. 教学目标

（1）价值目标：通过学习食品冷冻干燥技术的发展历程、技术原理、产品特性、优势与劣势等，体会科技进步如何推动食品产品的多样化，培养崇尚科学的精神；能够进行多维度评价，选择最符合目标的保藏方法，践行低碳环保理念。

（2）知识目标：了解食品冷冻干燥技术的发展历程；理解食品冷冻干燥技术的原理、产品特性、优势与劣势；掌握食品冷冻干燥技术的操作方法。

（3）能力目标：学会食品干燥保藏的方法选择，能进行不同食品的冷冻干燥方案设计。

2. 教学方法

采用线上线下混合式教学，以任务驱动为核心，主要运用启发教学法、课堂练习法和小组教学法，并辅以介绍原理的动画、食品工厂实拍视频、行业应用案例等多种资料。

3. 教学过程

第一步：任务引入——提出问题。

通过观看荔枝经冷冻干燥加工成荔枝干的视频，引导学生思考为什么要选择冷冻干燥技术生产荔枝干，而不是其他的干燥技术，从而引入本次课程的任务。

第二步：案例分享——思政融入。

交流分享：请学生各抒己见，找找生活中哪些产品用到了热风干燥技术，哪些产品用到了冷冻干燥技术，哪些产品用到了其他干燥技术；这些产品的异同点是什么；某一产品选择某种干燥技术的依据是什么。

思政融入：为达到干燥食品的目的，有多种食品干燥技术可供选择，如热风干燥、喷雾干燥、真空干燥和冷冻干燥等。要针对特定的食品选择合适的干燥技术，需要借助所学知识，从现有加工条件、成本控制、食品特性、能耗、环保性、产品质量等角度进行全面的衡量。培养学生热爱思考并能够全面理性分析问题的习惯。

第三步：教师讲解——师生互动。

设计问题：选择食品干燥技术的依据是什么？哪些因素应该重点考虑？低碳环保理念如何在技术选择中体现？教师需要针对这些问题一步步引导学生进行思考。

师生并进：学生学习食品冷冻干燥技术的工作原理及食品冷冻干燥技术对食品品质的影响，特别是需要与所学的其他干燥技术进行对比。教师讲解食品干燥技术选择的原则，并引出低碳环保理念。教师适当进行拓展，向学生介绍

2020年9月中国明确提出2030年"碳达峰"与2060年"碳中和"目标。

学生在食品冷冻干燥技术的选择上践行低碳环保理念，针对不同特性的食品制订具体方案，在能达成相同产品质量目标的情况下，尽量选用能耗较低的冷冻干燥技术，为实现"双碳"目标贡献自己的力量。

第四步：聚焦任务——知行合一。

动手实践：学生在教师的引导下操作，利用真空冷冻干燥机对新鲜荔枝果肉进行冷冻干燥，并计算能耗；对产品进行感官评分，与经过热风干燥加工的荔枝干进行生产能耗和质量对比，从而切实体会两种方法的优势和劣势，并提升低碳环保的理念。

总结升华：食品真空冷冻干燥机需要借助预冷系统、真空系统、制冷系统、加热系统和干燥室才能实现对食品的干燥。学生需要首先理解冷冻干燥设备的构造与原理，掌握设备操作要点，才能制作出符合要求的干燥产品。

第五步：课后作业——巩固提升。

课后布置拓展作业，在学生理解冷冻干燥技术优势和劣势的基础上，给定10种不同的食品原料。让学生分成10组，选择合适的食品干燥技术，并设计加工方案，同时说明选择技术的理由，呈现形式为课堂演示汇报。

4. 教学资源

（1）基本教学资源：荔枝干加工车间实拍视频、冷冻干燥食品图片与经其他干燥技术处理后的产品图片（须进行对比）、冷冻干燥机的内部结构示意图、冷冻干燥技术的能耗表；线上教学平台全部微课视频；本次课教案、本次课教学课件、作业及测验题目等。

（2）拓展教学资源：冷冻干燥技术的创新应用案例——市场中已有的冷冻干燥产品。

（四）教学评价

评价采用显隐结合的方式，以知识、能力、价值构建三位一体评价目标体系，从课前、课中、课后构建全流程评价体系。

1. 显性评价方式

在线上教学平台布置课前测试、课后作业，重点考核学生对知识点的掌握与理解；课中侧重实践能力的考核，小组互评与教师评价结合。本次任务的考核重点为食品冷冻干燥技术的原理与应用和食品干燥技术的选择原则。教师进行问卷调查，对学生的知识、能力和价值观进行跟踪记录。

2. 隐性评价方式

从学生的演示和汇报中观察学生对食品冷冻干燥技术选择原则的掌握程度，从学生对冷冻干燥技术应用案例的设计与可行性分析中观察学生的创新意识，从学生选择冷冻干燥技术时是否考虑能耗和对环境的影响评价学生的低碳环保意识。

（五）创新与反思

选择冷冻干燥技术需要考虑能耗，这与低碳环保理念是完全契合的，因此实际上本次课程不需要特意进行思政教育，只需要强调原本存在于课程中的知识点，真正做到了思政内容如盐在水。

冷冻干燥技术的选择涉及的因素很多，能耗及对环境的影响仅是其中之二。要对这些因素衡量与取舍，这即便在成熟的工厂体系中也是一个非常有挑战性的任务，因此不应对学生的选择结果过于关注，而应重点关注学生在选择时是否考虑了低碳环保因素。

四、选用教材与参考资料

（一）选用教材

初峰，孙丽萍.食品保藏技术[M].2版.北京：化学工业出版社，2019.

（二）参考资料

1. 夏文水.食品工艺学[M].北京：中国轻工业出版社，2022.

2. 张雪，高雪琴，郝修振，等.应用型本科"食品保藏学"课程思政建设的探索与实践[J].农产品加工，2020（21）：119-121.

3. 余腾飞，姜薇，李毅，等.课程思政视角下"食品工艺学"课程改革与建设[J].食品界，2022（5）：112-114.

案例编写人：张正伟（食品药品学院）

"天然药物化学"课程思政教学案例

一、课程定位

本课程是药学专业中药方向的专业核心课程之一。本课程旨在培养学生爱岗敬业、团结协作、勇于创新的精神和医者仁心的奉献精神,使学生掌握天然药物化学成分提取、分离和鉴定的基本技术与技能,具备独立进行中药调剂、中药制剂生产、药品质量控制的职业能力和职业素养。

二、课程思政整体设计思路

(一)课程思政整体设计理念

生物医药产业是全球新兴的高新技术产业,同时也是深圳市的支柱产业之一。药学专业依托深圳市生物医药产业迅速发展的背景,通过产教融合,挖掘医药传统文化精髓,为医药行业培养具备"匠心""匠情""匠技"的现代药学专业技能人才。药学专业重点培养为患者服务、守护生命健康、具备良好医药人文素养和发展潜质的高素质技术技能型医药卫生人才。学生除了须具备扎实的专业技能外,还须具备高尚的职业修养。因此,教师在知识传播的过程中应引导学生形成正确积极的心态,培养学生高尚的职业操守和医者仁心的职业素养,实现价值引领,培养德才兼修的医药人才。

"天然药学化学"课程重点培养学生掌握天然药物中化学成分的理化性质,使学生具备中西药物分析及生产相关岗位的职业能力,引导学生树立爱国主义精神和民族文化自信。"天然药物化学"课程是继承和发展中国传统中医药事业的重要载体，也是沟通中西药学的桥梁，兼具科学性与人文性双重特征，能够传播中国医药文化，弘扬民族精神。

本课程以习近平总书记关于卫生健康工作的重要论述为指引，以社会主义核心价值观为灵魂，以新时代医药卫生专业倡导的"德术双馨"职业精神为特色，以多元化教学要素为路径，立足于立德树人的教育理念，做到以课程为中心，打通德育场域，整合校内外各类资源，建立创新评价机制，构建完善的课程思政教育体系。同时本课程坚持教育者先受教育，教学实践有助于建设高素质思政教育队伍，教师将言传和身教相结合，注重因地制宜，发挥专业自身的学科优势，实现全员育人、全程育人和全方位育人。

（二）课程思政整体设计框架

药学专业有其特殊性，关乎人民的生命健康，学生不仅需要有扎实的专业知识与技能，更需要有良好的思想品德和职业素质。因此，本课程结合天然药物化学属性及其知识体系特点，强调在进行天然药物化学基本理论知识、基本技能传授和能力培养的同时，充分从化学、药学、中药学、植物学和资源学等角度挖掘课程思政素材，把社会主义核心价值观融入"天然药物化学"课程教学。本课程主要有三个方面的德育目标：第一，厚植学生的爱党爱国情怀，传承中医药文化，增强学生的民族自豪感和文化自信；第二，培养学生树立良好的职业道德规范，增强学生社会责任感；第三，培养学生坚韧不拔、勇于探索的科学精神，良好的团队合作精神等。同时，在思政教育的整个过程中，要注重加强安全教育和环保教育，将德育目标贯穿于整个教学过程中，服务于专业人才培养目标，为党和国家培养德智体美劳全面发展的社会主义建设者和接班人；同时体现医药卫生专业人员的核心价值——"仁、和、精、诚"，即以人为本、医乃仁术、天人合一、调和致中、大医精诚等。

本课程积极探索"价值塑造、知识传授和能力培养三者同频共振"的教学方法和路径，以线下教学、线上教学、实践教学等为载体，通过讲授专业知识点、确立问题导向、巧用案例引导等教学方法，开展基于案例的思政教学。课程思政的教学内容设计如图1所示。

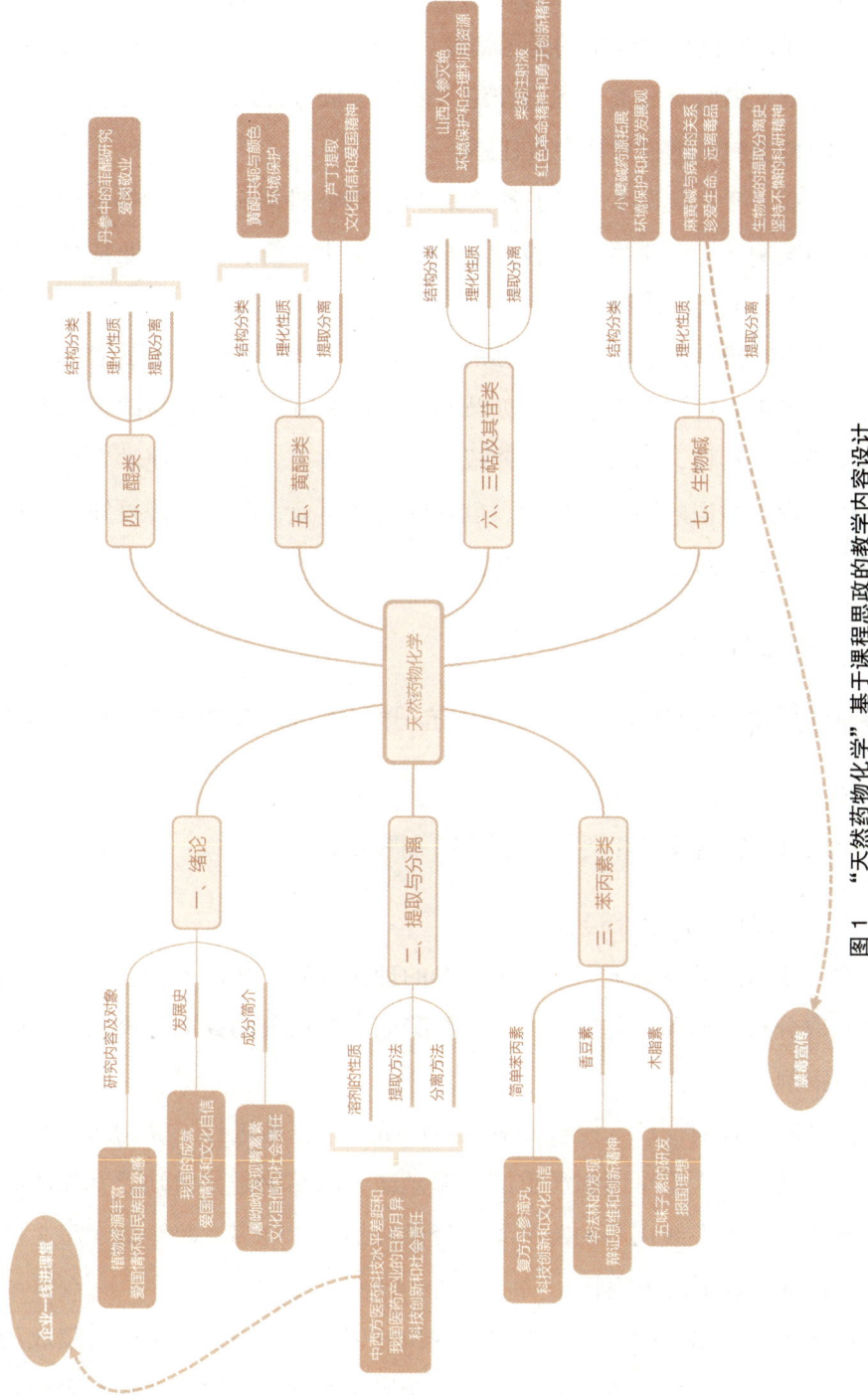

图 1 "天然药物化学"基于课程思政的教学内容设计

第一章《绪论》介绍天然药物化学的基本概念、发展史、意义和研究内容及方法,通过案例培养学生的爱国情怀、文化自信和民族自豪感。

第二章《提取与分离》通过介绍天然化学成分提取分离的方法、原理,培养学生的科技创新精神和社会责任感。

第三章至第七章具体介绍了各类成分的结构、性质和相应的提取分离方法,通过各种案例,培养学生的科技创新精神、文化自信、爱岗敬业精神、环境保护意识和爱国主义精神等。

教学中选择贴近学生专业实际的案例素材,如屠呦呦与青蒿素;选择内容积极、弘扬正能量的案例素材,如柴胡的提取和分离;选择与课程知识点具有较高关联性的素材,如丹参的有效成分与科技攻关。本课程使学生在掌握天然药物化学理论知识的同时,传承、创新中医药事业,既达到传授知识、培养能力的作用,又起到价值引领的作用。

三、课程思政教学案例

教学案例一 红色柴胡——在太行山抗日根据地诞生的第一支中药注射剂

(一)教学任务

第六章《三萜及其苷类》之第三节《提取分离》。

(二)课程思政教学设计

本次教学任务是基于三萜及其苷类的理化性质,掌握三萜及其苷类成分的一般提取分离原理和工艺流程。在介绍柴胡有效成分的提取分离工艺时引入课程思政案例。

抗日战争时期,日本侵略者对太行山抗日根据地进行了长期封锁和多次大规模"扫荡",八路军面临严重的资源短缺,药品更是异常缺乏,如磺胺、阿司匹林、奎宁等一线用药的购买渠道经常被掐断,许多八路军战士患上流感、疟疾,出现高烧不退等症状。

医务人员根据柴胡"解肌退热"的功效记载,上山采集柴胡,熬成汤药给战士服用,收到良好疗效。但汤药不便于服用和携带,时任八路军第一二九师卫生部部长钱信忠建议将柴胡蒸馏制成针剂。要制造针剂，首先要提取挥发油。由于当时没有专用的蒸馏设备，负责试制的韩刚带领研究人员经多次试验，先用白铁皮焊成水蒸气装置，把蒸汽通到放有柴胡的罐中，再连接焊接而成的冷却器装置收集蒸馏液。一开始蒸出的柴胡液是浑浊的，上面漂浮着一层油，经第二次蒸馏，终于蒸出了透明的柴胡液体。经过多次试验后，成品终于试制出来了。为检验成品的可靠性和疗效，韩刚用自己的身体做了试验，证明柴胡注射液没有毒性反应。随后，研究人员又在医院内进一步进行临床观察，反复做了退热试验，证明该药能治疗疟疾及一般热病，其镇痛退热效果显著，且没有明显的毒副作用。至此，中医药史上具有划时代意义的供肌肉注射的第一支中药注射液终于被研制出来，并被命名为"瀑澄利尔"。1941年，该药受到晋冀鲁豫边区大会的奖励，并被正式命名为"柴胡注射液"。在战火纷飞的年代，柴胡注射液的诞生为抗日军民的战地救治和身体健康作出了不可磨灭的贡献。

这个案例呈现了老一辈无产阶级革命家不畏艰难困苦、不屈不挠、艰苦创业、勇于创新、敢于实践、不怕牺牲的大无畏精神，能激发学生的文化自信和民族自豪感，引导学生敢于直面问题和困难，坚持不懈，能够因地制宜，打破固有思维。尤其是在当下，面对世界百年未有之大变局，新时代的青年学生应该继承和发扬老一辈革命家的宝贵精神财富，坚定信念，努力学习文化知识，肩负民族复兴和中华崛起之重任。

（三）教学实施

1. 教学目标

（1）价值目标：了解第一个中药注射剂——柴胡注射液的研发之路，传承和发扬红色文化和红色精神，激发文化自信和民族自豪感，树立正确的世界观、人生观和价值观；联系当下世界百年未有之大变局，培养社会责任感，以及不屈不挠、坚忍不拔的科学信念。

（2）知识目标：掌握三萜及其苷类的提取分离原理；掌握三萜及其苷类的一般分离工艺流程；了解三萜及其苷类提取分离的相关技术和设备。

（3）能力目标：学会用通用方法提取分离三萜及其苷类成分；学会用溶剂沉淀法、碱溶酸沉法、重金属盐沉淀法提取分离三萜及其苷类成分，培养根据成分的理化性质进行工艺流程设计和完善的综合应用能力。

2. 教学方法

采用线上线下混合式教学，以任务驱动法为核心，运用小组讨论法、问题分析法、案例教学法等，结合短视频、动画和仿真软件进行展示和讲授。

3. 教学过程

第一步：课程引入——提出问题。

以人参皂苷、甘草皂苷、秦皮皂苷等中药制剂的具体应用实例为切入点，介绍这些中药制剂在临床上的应用及其重要性。引导学生思考：三萜与皂苷的理化性质区别有哪些？如何利用这些差异进行提取分离工艺设计？在工艺设计过程中应该注意什么问题？

第二步：案例分析——小组讨论。

以人参皂苷、柴胡皂苷的提取分离为例，通过课前资料的查询、归纳，分析人参皂苷与柴胡皂苷的溶解性、共有成分的影响。以小组为单位展示各自设计的工艺流程，同时阐明设计的依据，然后各小组相互讨论每个设计的科学性、合理性以及缺陷。

第三步：教师点评——思政融入。

根据讨论的结果，教师进行综合点评，引导学生综合每组的优势，结合现实情况，设计最佳工艺流程。

思政融入：介绍柴胡提取和分离的发展史，讲解现代化中药——柴胡注射液的由来。在抗日战争时期，八路军在太行山、晋察冀抗日根据地与日军血战，同时遭受疟疾、伤寒、流感、痢疾、回归热等传染病的折磨。面对敌人的封锁围剿和缺医少药的困境，八路军不怕困难，深入挖掘中国传统医学宝藏，保障了战士和人民群众的生命健康。柴胡是有象征意义的药材，它代表了坚忍不拔、自强不息的革命精神。作为新时代的大学生，应当继承和发扬先辈的革命精神，不畏艰苦，自强不息，努力学习，坚决走独立自主、科技创新的道路。

价值引领：引导学生一步一个脚印，从自己做起，从现在做起，掌握每个知识点，熟悉每个操作技能，学习"大国工匠"精神，一丝不苟，精益求精，不怕困难，脚踏实地，为中华民族伟大复兴努力学习。

第四步：实操训练——知行合一。

通过沉浸式实操体验，学生切实体会皂苷类成分提取分离工艺的重点、难点、要点，将理论与实践相互联系，促进知识与技能的进一步升华；同时，实操能促进学生的团队协作能力和整体把控能力提升。

总结升华：总结三萜及其苷类成分提取分离的基本工艺和方法。学生应掌握每个方法的优劣之处，懂得从整体综合衡量每个工艺的优缺点，树立严谨的科学态度和精益求精的工匠精神。

第五步：课后作业——巩固提升。

课后布置拓展任务。一是查阅文献资料，了解三萜及其苷类成分的研究进展和临床应用，拓展视野，提高知识储备量。二是查找《中华人民共和国药典》，分析中药和中成药中关于三萜及其皂苷的质量控制方法，讨论其中所用的本课程知识点和技能，使理论知识向实际应用转换，提高应用能力。

4. 教学资源

（1）基本教学资源：人参、柴胡等中药制剂产品的图片、视频，柴胡注射液的相关新闻及视频；线上教学平台全部微课视频；本次课教案、本次课教学课件、作业及测验题目等。

（2）拓展教学资源：中药产品开发资料、《中华人民共和国药典》。

（四）教学评价

评价采用显隐结合的方式，以知识、能力、价值构建三位一体评价目标体系，从课前、课中、课后构建全流程评价体系。

1. 显性评价方式

在"深职i学习"平台布置课前预习和资料查询任务；课后布置作业，让学生完成习题测试和工艺设计；课中根据任务的完成度，工艺设计的科学性、合理性以及小组讨论的具体情况综合评价。

2. 隐性评价方式

通过学生对三萜及其苷类的理化性质的认识，了解学生对三萜及其苷类成分的提取分离工艺特点的掌握程度；评价学生通过本次课学习在工艺的整体把控、知识的灵活应用、问题的处理和思想认识方面的提升。

（五）创新与反思

课程以知识技能为载体，以任务为驱动，以学生为中心，以思政为灵魂，构建了立体饱满的知识体系，提升了学生的学习兴趣和积极性，激发了学生的爱国热情和民族自豪感；通过实践强化了知识与技能的应用，润物无声地促进了知识、技能和社会主义核心价值观的有机融合。

在课程实施过程中，教师需要更细致全面地引导和把控整体教学，在思政材料的整理和有机融合方面还需进一步的改进和提升。

教学案例二　华法林的发现史——从灭鼠药到"救命药"

（一）教学任务

第三章《苯丙素类》之第二节《香豆素》。

（二）课程思政教学设计

本次教学任务是熟悉香豆素类成分的结构与分类，以其理化性质为依据，实现香豆素类成分的提取与分离。在介绍香豆素类成分结构与分类的时候引入课程思政案例。

在过去的近半个世纪，华法林一直是口服抗凝药物的代表和支柱，广泛用于血栓栓塞性疾病、心房纤颤、人工瓣膜置换术后等领域，是口服抗凝药物中的"王牌"，但它之前还是一款老鼠药。

20世纪20年代，北美洲大草原的牧民发现了一种奇特现象：牲畜食用发霉的甜苜蓿干草后约15天会有出血表现，在整个20世纪30年代，该病对北美畜牧业构成很大威胁，但病因一直未能破解。直到一位农夫用卡车载着一头死亡的奶牛、一桶来自死亡奶牛的不凝血和约45千克的甜苜蓿干草，跋涉约300千米，来到了当地一所不起眼的农业试验站，偶遇了1个月前刚刚开始研究"甜苜蓿病"的生化学家卡尔·林克，从而开启了发现华法林的波澜壮阔之旅。

根据这些珍贵材料，卡尔·林克教授经过6年的不懈努力，于1941年发现了"甜苜蓿病"的元凶——甜苜蓿中含有的天然香豆素。虽然香豆素本身并不具有抗凝作用，但在真菌（发霉）的作用下会被氧化为双香豆素，干扰维生素 K 依赖性凝血因子的功能，引起出血。至此，困扰北美牧区近 20 年的怪病之谜得以完美解答。

第二次世界大战期间，美国鼠患严重。1945 年，卡尔·林克想到了采用双香豆素的衍生物作为灭鼠药的主意。因双香豆素起效慢，所以卡尔·林克与其合作者在筛选了上百种双香豆素衍生物后，最终在 1948 年发现了苄丙酮香豆素并将其作为理想的灭鼠药。因为这项工作是在威斯康辛大学校友基金会的资助下完成的，所以将这种双香豆素衍生物命名为 Warfarin（WARF：威斯康辛大学校友基金会；-arin：香豆素词尾），中文译为华法林，沿用至今。

此后，逐渐有医师开始尝试在临床中使用该药用于抗凝。因华法林曾被用作灭鼠药，患者在思想上难以接受。转机出现在 1955 年，时任美国总统的艾森豪威尔出现了心肌梗死，随后接受了使用华法林治疗。这一事件增加了民众对华法林的接受程度，尤其是在 20 世纪 80 年代，世界卫生组织推荐采用国际标准化比值监测华法林疗效后，克服了制约华法林广泛应用的剂量控制问题。自此，在全世界范围内，华法林正式成为使用最广泛的口服抗凝药物。

课堂上教师讲述口服抗凝药物中的"王牌"——华法林的发现史，即华法林从灭鼠药到"救命药"的华丽转变。这个过程中有许多看似偶然的事件，然而，偶然中总是存在着必然，伟大的创新背后是厚积薄发。华法林的发现史提示我们，要用辩证的眼光看待问题，要学会透过现象发现事物的本质。这一案例能激发学生的创新精神和坚持不懈的探索精神，提高学生的学习兴趣。

（三）教学实施

1. **教学目标**

（1）价值目标：认识医药工作者的责任，尊重生命、敬畏生命、热爱生命，把"治病救人""医者仁心""大医精诚"等人文精神内化于心。

（2）知识目标：掌握香豆素的结构与分类；掌握香豆素的理化性质；掌握香豆素的提取与分离方法。

（3）能力目标：认识香豆素的基本结构；能够运用显色反应鉴别香豆素；

能够科学设计香豆素的提取分离工艺流程。

2. 教学方法

采用线上线下混合式教学，以任务驱动法为核心，主要运用小组讨论法、问题分析法、案例教学法等，结合短视频、动画和仿真软件进行展示和讲授。

3. 教学过程

第一步：课程引入——提出问题。

通过对白芷、前胡、补骨脂等中药的介绍，引导学生思考：它们的物质基础是什么？如何对这些中药进行质量控制？如何得到单体或者有效部位？

第二步：案例分析——思政融入。

通过课前查找资料，课堂讨论交流，发现生活中含有香豆素类成分的植物，如车前草、苜蓿等。

思政融入：香豆素类成分分布广泛，在伞形科和芸香科植物中最为常见，具有抗凝血、抗氧化、抗肿瘤、抗病毒、抗HIV（Human Immunodeficiency Virus，人类免疫缺陷病毒）、抗细胞毒性等功效。华法林是香豆素类抗凝剂的一种。通过讲述华法林从灭鼠药到"救命药"的传奇发现过程，探寻科学发现背后的本质和规律，促进学生的辩证思维发展，激发学生的学习兴趣。科学家探究华法林的过程体现了持之以恒的探索精神，符合深圳"敢闯敢试"的改革创新精神。

第三步：课堂讲解——讨论互动。

介绍香豆素的基本母核，按照吡喃环、α-吡喃酮、苯并α-吡喃酮的顺序放映动画，逐步递进，解析香豆素的基本结构。以此为基准，对香豆素结构进行分类与区别，同时结合结构与性质的内在联系，再根据理化性质的共性与差异进行成分的提取与分离，由点到面环环相扣，使学生逐步掌握相关知识要点。

第四步：实操训练——知行合一。

实训操作与理论知识点相互映照，使学生深刻理解相关重点、难点和要点，最终实现工艺流程的独立设计和分析。团队成员之间要注意协作与分工。

总结升华：从结构到性质，再从性质到提取分离工艺流程，是一个逐步递进的知识体系。结构决定了性质，性质反映了结构，性质又是提取分离的依据。

学生只有在不断的学习和反复实践中才能逐步融会贯通，这就需要持之以恒、不屈不挠的奋斗精神。

第五步：课后作业——巩固提升。

课后布置拓展任务。一是查阅文献资料，了解香豆素类成分的研究进展和临床应用，拓展视野，提高知识储备量。二是查找《中华人民共和国药典》，分析中药和中成药中关于香豆素的质量控制方法，讨论其中所用的本课程知识点和技能，使理论知识向实际应用转换，提高应用能力。

4. 教学资源

（1）基本教学资源：相关中药（白芷、前胡、补骨脂）的图片、视频；线上教学平台全部微课视频；本次课教案、本次课教学课件、作业及测验题目等。

（2）拓展教学资源：中药产品开发资料、《中华人民共和国药典》。

（四）教学评价

评价采用显隐结合的方式，以知识、能力、价值构建三位一体评价目标体系，从课前、课中、课后构建全流程评价体系。

1. 显性评价方式

在"深职i学习"平台布置课前预习和资料查询任务；课后布置作业，让学生完成习题测试和工艺设计；课中根据任务的完成度，工艺设计的科学性、合理性以及小组讨论的具体情况综合评价。

2. 隐性评价方式

通过学生对香豆素类成分的结构、理化性质的认识，了解学生对香豆素类成分的提取分离工艺特点的掌握程度；评价学生通过本次课学习在工艺的整体把控、知识的灵活应用、问题的处理和思想认识方面的提升。

（五）创新与反思

思政素材自然贴合，不仅涉及本课程内容，而且涉及药理学内容，有利于促进学生对内容的理解和课程之间的快速融合。药物化学结构一直是学生学习的难点，且又是本课程学习的基础。因此，本课程采用课件和动画进行组合教学，让学生更清楚地了解药物化学结构的变化规律，以便于更好地掌握知识。

同时，在讲授的过程中，教师一定要结合实际案例进行讲解，使学生更有兴趣，也更容易接受知识。

四、选用教材与参考资料

（一）选用教材

沈志滨．天然药物化学 [M].2 版．北京：中国医药科技出版社，2012.

（二）参考资料

1. 柴胡注射剂——太行根据地诞生的第一支注射针剂

https://www.sohu.com/a/331741863_120058316

2. 华法林：是流血不止的毒药还是救命治病的良药？

https://zhuanlan.zhihu.com/p/558224554

3. 从毒药到救命药——揭秘"华法林"

https://mp.weixin.qq.com/s?__biz=MzIxMDk0ODUyOQ==&mid=2247485643&idx=1&sn=f790704aac20409f244d8907bc9f6ffb&chksm=975d9015a02a19037b5766801d67ff911716286022dcaeebb1f8bd7c2ae88d3b9ab59c501adf&scene=27

案例编写人：刘西京（食品药品学院）

"药物分析"课程思政教学案例

一、课程定位

本课程是药学专业的一门专业核心课程，旨在培养学生科技强国的理念，爱岗敬业、勇于创新的职业精神，药品质量控制的观念，"质量第一，依法检验"的职业素养和"人民生命至上"的情怀与责任感；使学生掌握药物及其制剂的分析技术的基本原理、方法以及质量控制的一般规律，具备熟练使用《中华人民共和国药典》（简称《中国药典》）并完成药品质量检验的职业能力。

二、课程思政整体设计思路

（一）课程思政整体设计理念

药学专业坚持职业教育产教融合的办学特色和为深圳经济社会发展服务的定位，为生物医药产业输送关键人才。

药品是一种关系到人民生命健康的特殊商品，习近平总书记强调要用"最严谨的标准、最严格的监管、最严厉的处罚、最严肃的问责"切实加强食品药品安全监管。而药物分析则被形象地比喻成药学的"眼睛"，与药品的质量和人们的生命健康息息相关。本课程基于"厚药德、明药规、强药技"的人才培养理念，以"合格药""良心药""创新药"为思政教育载体，以"怀家国之心、树创新之志、立守正之德"为思政目标，选择适当的教学方式，将合适的思政元素与专业知识、技能相融合，构建课程思政体系。

（二）课程思政整体设计框架

本课程以药物检验员的职业能力为起点，以真实、典型的药品为检验载体，结合《中国药典》中的常检项目和常规检测方法，通过标准先行、案例辨析、实训立规、榜样引领等环节开展课程思政设计。本课程的内容分解成八个分别对应若干工作任务和知识技能点的项目，根据每个项目的特点，将思政素材与教学内容整合优化，形成以价值塑造为内涵、以实践任务为骨架，以知识技能点为内容的课程思政体系（图1）。

项目一通过介绍药检工作程序、国家药品质量标准、药品检验相关要求、溶液配制，培养学生的法治意识，使学生恪守职业道德，提高学生的质量意识、环保意识、安全意识。

项目二至项目六主要围绕药物及其制剂的分析技术的基本原理与方法，训练学生按照药检工作流程，独立进行质量标准和标准操作规程的查阅和解读、实验方案设计、药物配制、仪器设备选用、检验实施、数据分析和处理、检验原始记录书写和检验报告出具等步骤，培养学生严谨、求实的科学检验精神，细致、团结协作、精益求精的工匠精神和尽责于微的人文情怀。

项目七通过分析典型药物，从药物的化学结构出发，结合药物的理化特性介绍药物与分析方法之间的关系；通过介绍药物的发现历程，激发学生的爱国情怀，鼓励学生积极投身生命健康事业。

项目八在前面项目的基础上，进一步介绍分析方法的验证、转移与确认，药品标准的建立与修订，培养学生分析问题、解决问题的实践能力和勇于探索的创新精神。

另外，"药物分析"课程充分利用线上教学平台，设置"标准解析""案例辨析""药物风云""榜样引领"等专栏，建立线上线下课程思政教学体系。教师将典型案例、阅读材料上传，以文档、视频、音频、动画等多种方式呈现在课程平台上。

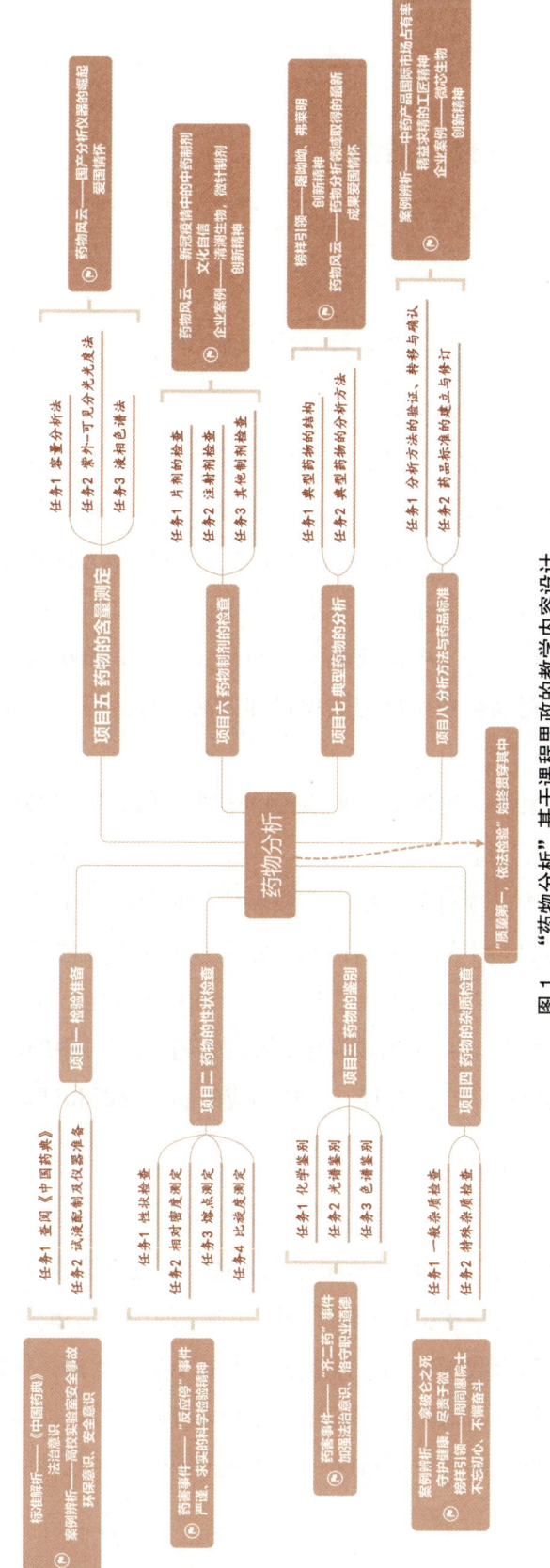

图 1 "药物分析"基于课程思政的教学内容设计

三、课程思政教学案例

教学案例一 药检"红宝书"——质量第一,依法检验,增强学生的法治意识

(一)教学任务

项目一"检验准备"之任务1:查阅《中国药典》。

(二)课程思政教学设计

国家药品标准是国家为保证药品质量所制定的关于药品的质量指标、检验方法及限度的技术要求,是药品生产、经营、使用、检验和监督管理部门共同遵循的法定依据。国家药品标准具有法律效力。《中华人民共和国药品管理法》指出,"药品应当符合国家药品标准"。生产、销售和使用不符合国家药品标准的药品是违法行为。《中国药典》、药品注册标准和其他药品标准是我国的国家药品标准,药品应按照规定的项目和方法进行检验,符合标准的药品才是合格的药品。

药典是一个国家记载药品标准、规格的法典,我国的药物检验工作离不开《中国药典》。在药物分析的教学过程中,《中国药典》具有不可动摇的指导作用。因此在教学设计中,现行版《中国药典》成为重要的教学辅助工具,教学中大量融入《中国药典》中的相关知识和规定,强调学生在使用《中国药典》时要有强烈的法律意识,严格遵循《中国药典》的相关规定,不得擅自在检验时违反《中国药典》规定。在实训教学中,要求学生按照《中国药典》正文所收载的检验方法来制定检验操作规程,选择相应的实验仪器和试剂。

(三)教学实施

1. 教学目标

(1)价值目标:熟悉药品质量标准体系,牢记应按照规定的项目和方法进行药品检验,树立法治意识;了解《中国药典》的历史沿革,树立民族自豪感,同时正确辩证地看待我国在药品标准建设中的不足,承担科技报国的使命。

(2)知识目标:了解我国现行的药品质量标准体系;了解《中国药典》的历史沿革;了解各国药典发展概况;掌握《中国药典》凡例部分的具体内容。

（3）能力目标：能够查阅现行版《中国药典》；能够根据《中国药典》凡例的相关规定解读药品质量标准。

2. 教学方法

采用线上线下混合式教学，以任务驱动为核心，主要运用启发教学法、问题教学法和小组教学法，并辅以官方网站、视频资源、案例等多种资料。

3. 教学过程

第一步：课前预习。

教师通过"深职 i 学习"平台发放学习资料，包括《中国药典》（2020年版）、《中国药品检验标准操作规范》（2019年版）等，并给出具有代表性的某药品质量标准；要求学生解读《中国药典》二部凡例的相关规定，并制作汇报课件。

第二步：问题导入。

教师提出问题：韩国某厂家生产的乙酰螺旋霉素原料想要在中国销售，其质量控制应依据什么？同是乙酰氨基酚片的质量标准，是企业内部质量标准高还是国家药品标准高？为什么？《中国药典》（2020年版）于2020年4月颁布，为什么12月才实施？新颁布的《中国药典》对制药企业有什么影响？

第三步：小组讨论。

学生查阅相关资料，开展小组讨论。探讨《中国药典》以及国家药品标准为何是药品生产、经营、使用、检验和监督管理部门共同遵循的法定依据，以及《中国药典》对行业的影响。

第四步：教师讲解。

教师进一步讲解《中国药典》的历史沿革，以及《中国药典》（2020年版）的基本结构。

思政点睛：介绍《中国药典》发展历史以及世界各国主要药典，介绍《中国药典》（2020年版）中增加的收载品种，使学生知道我国药典标准越来越系统化、规范化，并且随着我国的快速发展，现代药物分析技术也不断进步，使得《中国药典》越来越丰富、完善；从而让学生感觉到我国医药行业随着国家的发展在不断地进步，以激发学生的爱国主义热情，增强学生的民族自豪感。

第五步：小组展示，教师讲评。

学生展示某药品质量标准的解读结果，教师针对学生遇到的问题进行点评、解释。然后教师系统讲解《中国药典》二部凡例中的相关规定。

思政点睛：教学过程强调"质量第一，依法检验"的职业素养，必须要尊重实验原始数据的真实性，必须要坚持一切从实际出发，实事求是；引导学生本着认真负责的态度，实事求是地记录实验数据与结果，如实地完成药品检验报告和原始记录；在选择检测药物的方法时，也须遵循国家药品标准，科学地开展药物检验实验。

第六步：小组再讨论。

学生根据教师讲评查阅《中国药典》，并讨论制订葡萄糖典型检查项目的操作规程。

4. 教学资源

（1）基本教学资源：《中华人民共和国药品管理法》、《中国药典》(2020年版)、《中国药品检验标准操作规范》(2019年版)、《药品生产质量管理规范》(2010年修订版)；线上教学平台全部微课视频；本次课教案、本次课教学课件、作业及测验题目等。

（2）拓展教学资源：《中国药典分析检测技术指南》、药物检验操作规程范例和《广东省药品监督管理局关于药品抽查检验信息的通告》。

（四）教学评价

评价采用显隐结合的方式，以知识、能力、价值构建三位一体评价目标体系，从课前、课中、课后构建全流程评价体系。

1. 显性评价方式

在线上教学平台布置课前测试、课堂互动、课后作业，重点考核学生对知识点的掌握与理解程度；课中侧重以教学任务完成的情况进行实践能力的考核，小组互评与教师评价结合。本次任务的考核重点为是否能准确查阅《中国药典》准确，是否能根据查阅结果规范地制定葡萄糖典型检查项目的操作规程。

2. 隐性评价方式

通过小组讨论的自主学习方式，让小组成员分工合作，完成课堂展示，考查学生的自主学习能力和团队合作意识。通过开放性思考题，引导学生关注学科研究的热点问题，运用所学知识分析、思考问题的解决办法，进一步思考医药行业从业人员所应该承担的社会责任与应遵守的职业规范，对学生的思政教育目标达成效果进行评价。

（五）创新与反思

通过本任务的学习，学生能够了解国家药品标准的分类以及《中国药典》在国家药品标准中的地位，掌握《中国药典》的历史沿革、现行版《中国药典》的基本结构以及具体查阅方法；在此基础上查阅具体药品的标准，并能够利用凡例中的规定对标准进行解读。本任务着力培养学生"科学、准确、客观、公正"的药检精神，教育引导学生始终把人民群众的生命安全和身体健康放在首位，为全民大健康保驾护航。此外，本课程建设了丰富的教学资源，教师可利用线上教学平台，实现混合式教学，化解教学重难点。

《中国药典》的凡例是正确使用药品标准时要遵循的基本原则，如果对凡例中的条例理解不准确，就无法做到科学、准确的检验。但是凡例涉及的章节较多，无法在课堂上一一讲解，因此教师应该通过习题布置、案例分享等方式培养学生举一反三的能力。

教学案例二　药品的鉴别——培养严谨、求实的科学检验精神

（一）教学任务

项目三"药物的鉴别"之任务2：光谱鉴别。

（二）课程思政教学设计

本次教学任务是利用光谱法鉴别化学原料药，在介绍光谱鉴别的目的与意义时引入课程思政案例。

案例一：光谱法在药物分析中的应用非常广泛，包括药品的鉴别。光谱鉴别法主要包括紫外光谱鉴别、红外光谱鉴别等。2006年发生的齐齐哈尔第二制药有限公司（简称"齐二药"）"亮菌甲素注射液"事件共造成13人死亡、数十人肾中毒的惨剧。经调查，生产亮菌甲素注射液所需要的溶剂丙二醇，是齐

二药采购员钮忠仁从江苏泰兴市的不法商人王桂平处购入的。王桂平伪造产品注册证等证件，以中国地质矿业总公司泰兴化工总厂的名义于 2005 年 10 月将工业原料二甘醇冒充药用辅料丙二醇出售给齐二药。假冒原料进厂后，化验室主任陈桂芬等人严重违反操作规程，未将红外光谱检测图谱与标准图谱进行对比鉴别，并在发现检验样品相对密度与标准严重不符的情况下，将其改为正常值，签发合格证，致使假冒辅料投入生产，制造出"亮菌甲素注射液"并投入市场，最终导致惨剧的发生。

通过该案例的讲授，切入药物鉴别的重要性问题。工作中必须戒骄戒躁，严格按照操作规程执行，才能保证实验结果可靠，确保药物质量安全。该案例促使学生树立正确的药品质量观念，从而使学生能够胜任药品研究、生产、供应和临床使用过程中的药物质量分析工作。

案例二：红外光谱鉴别是一种特征性强、专属性高、应用较广的鉴别方法，被广泛用于药品的真伪鉴别，如对于上述案例中的丙二醇，红外光谱对照是唯一能指认丙二醇的检验项目。《中国药典》（1977 年版）提出应用红外光谱鉴别药品，目前这一方法已成为《中国药典》列出的仪器鉴别方法中应用最广泛的一种。例如：因为甾体激素类药物结构复杂，且分子中大多具有不饱和酮结构，紫外吸收光谱非常相似，所以《中国药典》（2020 年版）收载的甾体激素原料药大多数采用红外光谱法鉴别，这与国外主要药典，如《美国药典》一致。通过该案例培养学生严谨的科学素养和创新精神。

（三）教学实施

1. 教学目标

（1）价值目标：培养正确的药品质量观念，明确为了保证用药的安全、合理和有效，在药品的研制、生产、供应以及临床使用过程中须执行严格的科学管理制度，并采用各种有效的分析方法，对药品进行严格的分析检验，实现药品的全面质量控制。

（2）知识目标：了解紫外光谱鉴别的原理与方法；掌握红外光谱鉴别的原理与方法。

（3）能力目标：能够利用红外光谱鉴别对乙酰氨基酚；能够根据药品质量

标准对红外光谱鉴别结果进行判定；能够出具规范的检验报告。

2. 教学方法

采用线上线下混合式教学，以任务驱动为核心，主要运用启发教学法、问题教学法和小组教学法，并辅以官方网站、视频资源、案例等多种资料。

3. 教学过程

第一步：案例导入，提出问题。

2006年5月，齐齐哈尔第二制药有限公司生产的"亮菌甲素注射液"造成多人严重不良反应，其中13人死亡。造成该事件的原因系齐二药在购买药用辅料丙二醇来生产亮菌甲素注射液时，购入了二甘醇，替代了丙二醇。提出问题：购买的药用原辅料需不需要鉴别？原辅料的鉴别方法有哪些？丙二醇和二甘醇物理性质相似，如何鉴别丙二醇和二甘醇？

第二步：查阅资料，小组讨论。

根据问题，组织学生查阅《中国药典》（2020年版）以及其他资料，然后以学习小组为单位讨论并制定红外光谱法鉴别对乙酰氨基酚的操作规程。

第三步：教师讲评。

针对讨论结果以及各小组制定的操作规程，教师进行集中讲解，小组根据教师讲解修订完善操作规程。

思政点睛：通过该案例告知学生药品是一种关系到人民生命健康的特殊商品，在药品检验过程中应树立正确的药品质量观念，秉承客观、公正、科学的职业道德。

通过"亮菌甲素注射液"案例引出红外光谱鉴别法，并通过介绍红外光谱鉴别法在药品检验中的应用，培养学生严谨的科学素养和创新精神。

第四步：任务实施，知行合一。

学生在教师的示范带领下，学会使用红外压片机，压制合格的溴化钾薄片；学会使用红外光谱仪；学会将红外检测图谱与标准图谱进行比较，并进行结果判断。学生之间要注意协作学习，互相帮助，完成任务。

第五步：课后作业，巩固提升。

课后作业：学生根据对乙酰氨基酚红外光谱检测结果以及药品检验报告规

范出具合格的检测报告，教师审核小组成员的检测报告。

巩固提升：课后布置拓展任务。一是查阅《中国药典》（2020年版），学习除压片法外的糊法、膜法、溶液法和气体吸收法等红外光谱检测方法。二是学习拉曼光谱法，提高动手能力和创新潜力。

4. 教学资源

（1）基本教学资源：教师走访制药企业及深圳市药品检验研究院时拍摄的图片，药品的研制、生产、供应以及临床使用流程图；"亮菌甲素注射液"事件新闻图片及视频；线上教学平台全部微课视频；本次课教案、本次课教学课件、作业及测验题目等。

（2）拓展教学资源：其他药品鉴别中发生的负面事件案例分析、《广东省药品监督管理局关于药品抽查检验信息的通告》。

（四）教学评价

评价采用显隐结合的方式，以知识、能力、价值构建三位一体评价目标体系，从课前、课中、课后构建全流程评价体系。

1. 显性评价方式

在线上教学平台布置课前测试、课后作业，重点考核学生对知识点的掌握与理解程度；课中侧重以教学任务完成的情况进行实践能力的考核，小组互评与教师评价结合。本次任务的考核重点为对乙酰氨基酚的红外光谱检测，主要考查加入对乙酰氨基酚的溴化钾片的压片质量和对乙酰氨基酚红外光谱图的准确性。

2. 隐性评价方式

根据学生出具的检验操作规程、原始记录、检验报告的规范性，观察学生是否有严谨、规范、客观的职业态度，评价学生通过本次课学习在思想意识上潜移默化的改变和收获。

（五）创新与反思

将专业教学内容与思政教育有机融合，需要巧妙设计思政教学环节，达到"润物细无声"的目的。本任务采用线上线下混合式教学模式，利用"深职 i 学习"

网络平台，引导学生线下自学和课前预习，课上采用讨论、自测等方式加强学生对知识和技能的掌握。本任务结合课程内容和典型事例，引导学生要本着认真负责的态度，实事求是地记录实验数据与结果，如实地完成药品检验报告和原始记录；在选择检测药物的方法时，须遵循国家药品标准，科学地开展药物检验；同时也要关注分析检验方法的最新进展。

实训室红外光谱仪配备数量少，且若学生操作不当，则很容易造成仪器特别是压片机的损坏；另外，红外光谱解析也是难点。因此可以利用信息化教学手段，特别是可以增加红外虚拟仿真资源，学生可通过虚拟仿真完成压片、软件操作和图谱解析任务后再实际操作，提高实训成功率，加深对红外光谱的理解。

四、选用教材与参考资料

（一）选用教材

梁颖，焦豪妍. 药物检验技术 [M]. 3 版. 北京：化学工业出版社，2023.

（二）参考资料

1 国家药典委员会. 中华人民共和国药典（2020 年版）[M]. 北京：中国医药科技出版社，2020.

2 国家药典委员会. 中国药典分析检测技术指南 [M]. 北京：中国医药科技出版社，2017.

3. 中国食品药品检定研究院. 中国药品检验标准操作规范（2019 年版）[M]. 北京：中国医药科技出版社，2019.

案例编写人：王金林（食品药品学院）

"生物制品工艺"
课程思政教学案例

一、课程定位

本课程是药品生物技术专业的一门专业核心课程，旨在培养学生科技强国、勇于创新、爱岗敬业等思想政治信念与生命至上、质量为先、良心制药等职业素养。本课程目标是使学生掌握生物制品分类，生物制品制备核心技术、生产工艺、质量标准、质量控制关键点等基本理论和工作原理，具备各类生物制品生产工艺流程设计与验证、产品质量检测、质量控制点分析等方面的能力。

二、课程思政整体设计思路

（一）课程思政整体设计理念

药品生物技术专业坚持职业教育服务地方经济发展的办学定位，围绕国家大力发展生物医药产业和深圳市重点支持生物医药产业、未来产业集群发展的规划，面向生物医药研发、生产、检测及产品质量控制等岗位群，培养能够从事辅助研发、生产管理、产品检测、技术支持等工作的复合式创新型高素质技术技能人才。"生物制品工艺"课程以《中华人民共和国药典》（简称《中国药典》）第三部收录的生物药为载体，重点培养学生掌握生物制品类药物生产工艺与质量控制的基本知识，具有生物制品生产管理与质量控制相关岗位的职业能力，增强学生的职业认同感和社会责任感，引导学生树立科技强国、不断创新、勇于担当的精神，以及守护人民健康的理想信念。

医药产业关乎人民生命健康，要求从业人员必须具备良好的职业道德和职业素养。生物医药产业技术含量高，更新迭代快，生产工艺复杂、周期长，需要有勇于创新、刻苦钻研、精益求精的工匠精神的技术技能人才。因此本课程围绕医药从业人员职业道德和职业素养的要求和生物制药技术革新、药物创新历程梳理思政元素，双线实施价值塑造，凝练成"敢为天下先，匠心做好药"的课程思政目标。

本课程基于"以学生为主体，以能力为导向"的原则，以疫苗、抗体、重组蛋白药物、血液制品等生物制品的真实生产项目为载体，以工作任务为驱动，采用"知行合一"的项目化教学设计，突出实践性、职业性，融入真实案例和学科发展大事件，丰富育人载体，优化教学内容，培养学生善于实践、勇于探索的创新意识，塑造学生精益求精、良心制药的职业精神，增强学生科技报国、守护生命的理想信念。通过校内教育与校外实践结合，专业教师与企业教师协同，实现课程思政建设与专业教育质量的双向提升。

（二）课程思政整体设计框架

本课程通过企业调研，以职业能力为起点，对生物制品生产管理和质量控制岗位的工作过程进行分析，提炼出典型工作任务，形成本课程的知识、能力和素质目标；以《中国药典》中列出的生物制品为载体，结合深圳企业的新药研发，精选课程内容并分解成四个项目；立足"敢为天下先，匠心做好药"课程目标，针对每个项目的内容挖掘思政元素，结合每个项目中的知识点融入对应的思政内容，主要从以下四个方面将思政元素融入四个项目。

（1）将"生命至上、良心制药"贯穿整个课程，让学生清晰地认识到职业道德对本行业的重要性。从产品生产工艺设计、验证、运行管理、生产记录到原料、半成品、成品的安全性、有效性等质量检测和控制，都要做到良心制药、尊重生命，绝不能将"救命药"做成"害命药"，触犯道德底线、法律底线，要强化学生的职业责任感，为将来生产"安心药"打下牢固基础。

（2）将标准意识、规范意识，质量为先、安全第一等职业素质融入课程项目实施的各个环节。生物制品从研发、注册、生产到销售流通等各个环节必须遵守《中华人民共和国药品管理法》。生产过程必须符合《药品生产质量管理规范》的各项规定，产品质量必须达到《中国药典》的各项指标。因此，将上述法律法规融入课程的各个项目，有利于培养学生具备从业人员良好的职业素质。

（3）将敢闯会创、科技强国、勇于担当的社会责任感和使命感融入课堂教学环节。在生物制品的研发过程中，我国科学家为了突破进口药物的垄断，不断创新，攻坚克难，研制出国产产品。目前，在生物制品行业乃至整个生物医药行业仍有许多"卡脖子"的技术需要解决，因此，要在课堂教学中通过介绍科学家案例，强化学生的创新意识和科技强国的信念，培养学生的社会责任感和历史使命感。

（4）将不断学习、刻苦钻研、勇于尝试的终身学习能力植入课程，培养学生学习新事物，勤于思考，养成终身学习能力。通过介绍往届优秀学生参加创新大赛的案例，提升学生自我挑战的勇气，增强学生的自信心和自我认同感，使其树立正确的人生观和价值观。

课程思政教学内容设计如图1所示，"生物制品工艺总论"中的内容主要是生物制品生产管理的法律法规等，培养学生重视标准、规范、质量的职业素质和职业责任感；在预防类、治疗类以及诊断类生物制品介绍中融入了科学家研发药物的案例以及学生创新大赛案例，培养学生敢于创新、勇于担当的精神和家国情怀；在讲解每类生物制品生产工艺和质量控制的过程中都融入了良心制药、法律底线、道德伦理等思政元素。

三、课程思政教学案例

教学案例一 "做中国人自己的干扰素"——侯云德院士首创我国首个基因工程药物，激发社会责任感和科技强国的理想信念

（一）教学任务

项目三"治疗类生物制品"之任务2：基因重组蛋白类药物生产工艺及质量控制。

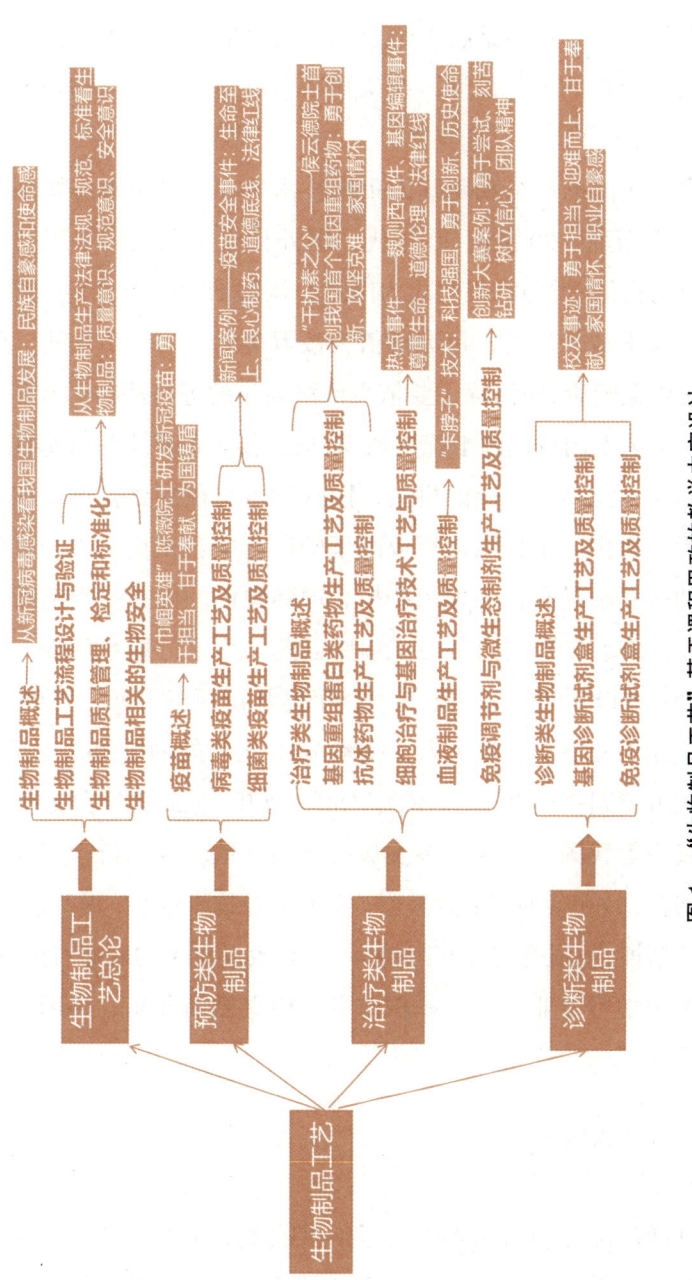

图1 "生物制品工艺"基于课程思政的教学内容设计

（二）课程思政教学设计

本次教学任务是熟悉基因重组蛋白类药物的种类、工艺流程及质量标准，完成一种典型药物的工艺设计，在认知基因重组蛋白类药物环节引入课程思政案例。

干扰素是我国第一个利用基因重组技术生产的具有自主知识产权、国际独创的国家一类新药。20世纪80年代，国外科学家以基因工程的方式，把干扰素制成治疗药物，该类药物很快成为国际公认的治疗肝炎、肿瘤等疾病的首选药。但是此时干扰素造价昂贵，每克价值为数万美元。当时传染病、肿瘤等疾病严重威胁人民生命健康，而治疗主要依靠价格高昂的进口药物。如何降低生产成本，制造出能让中国人用得起的干扰素药物，成为侯云德院士每天都在思考的问题。改革开放给了中国科学发展的机会，国际学术交往频繁，这让侯云德从美国应用基因工程技术生产生长激素释放因子的研究中获得启发。经过艰苦的努力，侯云德成功研发出具有自主知识产权、国际独创的国家一类新药——重组人干扰素 $\alpha 1b$，打破了以往国内基因工程原创药品为零的尴尬局面。干扰素药品从以往的100%进口，300元一支，一个疗程要花两三万元，发展到现在90%是国产药物，几十元一支。重组人干扰素 $\alpha 1b$ 比国外的重组人干扰素 $\alpha 2a$、重组人干扰素 $\alpha 2b$ 等副作用更小，对治疗乙肝、丙肝、毛细胞性白血病、慢性宫颈炎、疱疹性角膜炎等我国常见病和多发病有明显疗效。我国科学家为了人民的生命健康勇于创新、攻坚克难、不懈努力，突破国外技术壁垒，做我们自己的创新药，体现了科学精神、坚强意志和家国情怀，能够激发学生的职业自豪感和民族自信，引导学生努力学习专业知识，厚积薄发，树立创新开拓、利用科技造福人民健康的理想信念。

（三）教学实施

1. 教学目标

（1）价值目标：了解基因重组蛋白类药物的发展历程和发展趋势，感受作为医药行业人员所肩负的社会责任，激发学习兴趣和职业认同感，树立攻坚克难、守护人民健康的理想信念；明确产品工艺设计实施过程，强调设计原则、产品质量标准，培养质量意识、规范意识，树立"匠心做好药"的信念。

（2）知识目标：掌握基因重组蛋白类药物的种类、药理作用；掌握基因重组药物一般生产工艺；掌握基因重组药物质量标准和要求。

（3）能力目标：能根据产品特点选择合适的基因工程表达体系及下游生产技术，并建立技术路线和工艺流程；能根据质量标准对产品进行质量检测，并分析生产过程关键质控点。

2. 教学方法

本课程以项目任务为驱动，以学习成果为导向，以价值引领为目标，依托"深职i学习"平台，采用线上线下混合式教学，分成课前、课中、课后三个阶段。课前学生根据任务进行线上自主学习，设计项目实施方案；课中教师组织互动讨论、小组项目展示以及项目实施等递进活动；课后学生完成项目报告、关键知识点测试以及创新创业等拓展活动。

3. 教学过程

（1）课前。

在"深职i学习"平台发布任务：基因重组蛋白类药物工艺设计与实施。任务要求：完成知识点的学习；小组合作自主学习，检索文献，确定所设计药物的工艺，准备项目汇报演示文稿。

（2）课中。

① 任务导入——提出问题。

目前临床所用的药物哪些属于基因重组蛋白类药物的范畴？我国第一个基因重组蛋白类药物是什么？通过提问互动，总结实施本次任务的目的和意义。

② 方案展示——小组汇报。

各小组分别展示课前研学成果，讲解各种蛋白类药物的作用、基因工程表达体系、生产工艺流程设计以及药品质量标准和控制方法。

③ 方案评价——教师讲评。

教师对各小组的方案从产品选择、工艺设计正确性和可行性以及产品质量标准准确性、检测方法可行性等方面进行总结评价；针对各小组存在的问题进行深入分析讲解，进一步对核心知识点释疑，强化学生对知识的理解和内化；引入典型产品案例，讲述具体的工艺和质量控制点，牢固树立学生的质量意识。

思政点睛：通过讨论和教师讲解，让学生充分认识到一个药品从研发到生产的过程周期长、技术要求高、质量标准高，需要创新开拓、坚持不懈，攻克技术难关。引入侯云德院士首创国产干扰素的案例，讲述科学家攻坚克难、不懈努力，突破国外技术壁垒，做我们自己的创新药的科学精神和家国情怀，激发学生的职业自豪感和民族自信，使其树立创新开拓、利用科技造福人民健康的理想信念。

④任务实施——知行合一。

各小组结合实训室条件以及教师讲解评价，调整工艺方案，完成符合实训室规模的生产及质量检测。通过实践过程，培养学生规范操作、安全操作的意识；强调实践过程实时记录，培养学生严谨的科学态度，诚实守信的职业道德；依据《中国药典》要求，结合实训条件选择检测项目，培养学生质量为先的意识。

⑤项目评价。

根据质量检测结果，学生自评、互评，然后教师评价，让学生明确自身的优劣势，激发学生的学习动力。

（3）课后。

①完成项目实训报告；②通过"深职i学习"平台发布拓展任务：小组合作调研深圳市重组蛋白类药物生产状况，完成深圳市重组蛋白类药物生产企业调研报告。

4. 教学资源

课程已在"深职i学习"平台上线，结合项目化结构设计，按知识点编排与本项目有关的教学视频、课件、教案、自编实训指导书、生产案例以及本项目中的思政案例等教学资源，并配备习题，供学生巩固学习成果。线下建有基因工程、细胞培养、发酵、分离纯化、制剂、生物制药工艺等实训室。

（四）教学评价

评价采用显隐结合的方式。显性评价以知识、能力、价值构建三位一体评价目标体系，从课前、课中、课后构建全流程评价体系；隐性评价聚焦学生态度、实践能力、操作规范、职业素养等方面，同时以课后参与各类竞赛的情况进行增值性评价。

1. 显性评价方式

在线上平台统计本次任务的知识点学习情况以及布置核心知识的课前、课后测试；课中侧重以教学任务完成的情况进行实践能力的考核。本次任务的考核重点为工艺实施的可行性以及产品质量检测结果，同时对项目实践过程数据记录、结果处理、设备操作规范等方面进行小组互评与教师评价。

2. 隐性评价方式

根据学生在课前的小组方案展示情况，在课中小组讨论中的参与度，对项目实施过程中的认真程度、规范性、标准性进行评价。通过调查问卷考查思政目标的达成度。课后若学生继续参加创新类大赛，给予 5~10 分的增值评价分。

（五）创新与反思

本项目所讨论的基因重组蛋白类药物，是生物制品一类的主要产品。线上平台有较多的资源，学生可以参考资源自主学习，提高了学生的学习兴趣和小组研学效果。项目中融入侯云德院士首创新药的案例，激发了学生的职业认同感和社会责任感。同时，还把《中华人民共和国药品管理法》《药品生产质量管理规范》《中国药典》《中华人民共和国生物安全法》等法律法规的要求融入方案设计，并在教学实施过程中逐一落实，很好地培养了学生的规范意识、质量意识、安全意识等。

重组蛋白类药物工艺设计涉及原核及真核表达技术、发酵技术、分离纯化技术、生物检测技术等，工艺复杂，工艺过程质量控制点较为复杂。教师如何更好地引导学生理解掌握相关知识，这一问题需要进一步思考。另外，在教学资源建设方面，可以自主开发工艺设计训练的交互型虚拟资源，便于学生开展创新能力训练。

教学案例二 "科技创新VS科学伦理"——"基因编辑婴儿事件""魏则西事件"，引导学生做尊重生命、守住伦理、科技向善的制药人

（一）教学任务

项目三"治疗类生物制品"之任务 4：细胞治疗、基因治疗技术工艺与质量控制。

(二)课程思政教学设计

本次教学任务是熟悉细胞治疗与基因治疗的技术发展、主要种类、主要技术工艺、挑战与问题等,完成一种新型治疗技术工艺流程分析,在分析细胞治疗与基因治疗的技术发展、挑战与问题等环节引入课程思政案例。

细胞治疗和基因治疗作为近两年发展最快速的创新疗法,为无数罕见病及癌症患者带来了希望,如治疗癌症的CAR-T(Chimeric Antigen Receptor T-Cell,嵌合抗原受体T细胞)细胞治疗、干细胞治疗、腺病毒载体基因治疗等。新型治疗技术确实推进了医疗科技的发展,为治疗疑难杂症带来了希望。但是"科技是把双刃剑",在促进治疗技术提升的同时也带来了问题,尤其是科技伦理问题。如"基因编辑婴儿事件",2018年一对基因编辑婴儿诞生,由于这对双胞胎的一个基因(CCR5)被人为修改,她们出生后即能天然抵抗艾滋病病毒。这一消息迅速引起轩然大波,震动了世界。被告人员为追逐个人名利,自筹资金,蓄意逃避监管,私自组织有关人员,实施国家明令禁止的以生殖为目的的人类胚胎基因编辑活动,不仅违反了科技伦理,还违反了国家法律,被判入狱三年。"魏则西事件"中,大学生魏则西患滑膜肉瘤后,采用了细胞免疫疗法,因治疗无效去世。当时采用的细胞治疗技术尚不成熟,没有规范的质量标准,某些机构私自治疗,严重违反了职业道德。为此,细胞治疗等新型疗法的研究一度停滞。深圳作为中国特色社会主义先行示范区,率先出台了细胞治疗与基因治疗的政策法规。近期国家以及其他地区也都相继出台了相关政策法规,守住伦理道德底线,推进科技向善发展,促进细胞治疗与基因治疗造福人民健康。

上述案例说明科技伦理是开展科学研究、技术开发等科技活动需要遵循的价值理念和行为规范,是促进科技事业健康发展的重要保障。2021年12月17日,习近平总书记主持召开中央全面深化改革委员会第二十三次会议,审议通过《关于加强科技伦理治理的意见》,强调科技伦理是科技活动需要遵守的价值理念和行为规范,提出了增进人类福祉、尊重生命权利、坚持公平公正、合理控制风险、保持公开透明的原则,要求健全多方参与、协同共治的治理体制机制,塑造科技向善的文化理念和保障机制。要全面贯彻落实习近平总书记重要指示精神,必须坚持促进创新与防范风险相统一、制度规范与自我约束相结合,强化底线思维和风险意识，把科技伦理要求贯穿科学研究、技术开发等科技活动全过程，覆盖科技创新各领域，努力实现科技高质量发展与高水平科技安全的良性互动。要引导学生守住伦理道德底线，绝不触碰法律红线，要用爱心、良心、匠心做创新药物，造福人民健康，塑造正确的价值观和人生观。

（三）教学实施

1. 教学目标

（1）价值目标：了解细胞治疗与基因治疗技术发展过程中引发的问题和热点事件，感受科技伦理对科技创新发展的重要作用，明确做事先做人，用科技创新造福人民健康的前提是必须守住科技伦理底线，遵守医药行业人员职业道德和行业规范，遵守国家法律法规，做合格的药学人。

（2）知识目标：掌握细胞治疗与基因治疗的基本理论；掌握细胞治疗与基因治疗的技术工艺；清楚细胞治疗与基因治疗面临的挑战和问题。

（3）能力目标：能根据不同的细胞治疗与基因治疗方法分析相应的原理；能列出细胞治疗与基因治疗核心技术以及主要技术工艺环节；能正确分析细胞治疗与基因治疗存在的问题和未来的发展前景。

2. 教学方法

本课程以项目任务为驱动，以学习成果为导向，以价值引领为目标，依托"深职i学习"平台，采用线上线下混合式教学，分成课前、课中、课后三个阶段。课前学生根据任务进行线上自主学习，完成项目方案；课中教师组织互动讨论、小组项目展示以及项目点评等递进活动；课后学生完成项目报告、关键知识点测试以及创新创业等拓展活动。

3. 教学过程

（1）课前。

在"深职i学习"平台发布任务：细胞治疗与基因治疗的技术工艺概述。任务要求：完成知识点的学习；小组合作自主学习，检索文献，概述细胞治疗与基因治疗的技术环节与治疗流程，准备项目汇报演示文稿。

（2）课中。

① 任务导入——提出问题。

治疗癌症的最新技术有哪些？CAR-T 治疗方法属于哪一类治疗方法？通过提问互动，总结实施本次任务的目的和意义。

②项目展示——小组汇报。

各小组分别展示课前研学成果，讲解各种细胞治疗、基因治疗方法的异同及典型的技术流程。

③项目分析——教师讲评。

教师从细胞治疗与基因治疗的概念、方法、技术流程等方面对各小组的研学成果进行总结评价；针对各小组存在的问题进行深入分析讲解，引入典型 CAR-T 细胞治疗案例，讲述具体的技术工艺、质量规范、存在问题与发展趋势，进一步对核心知识点释疑，强化学生对知识的理解和内化。

④思政点睛。

通过引入"基因编辑婴儿事件""魏则西事件"两个案例，组织学生展开"科技创新 VS 科技伦理"的讨论，让学生充分认识到科技伦理是科技活动必须遵守的价值准则，加强学生对职业道德和行业规范的学习，提高学生的道德法律意识，引导学生要坚守科技伦理底线，远离法律红线，做尊重生命、科技向善、守护健康的药学人。

⑤项目评价。

根据各小组的展示结果，结合教师对任务的讲评分析，学生自评、互评，然后教师评价，让学生明确自身的优劣势，激发学生的学习动力。

（3）课后。

①完成课后作业；②通过"深职 i 学习"平台发布拓展任务：小组合作，调查与整理近期国家和各省市发布的细胞治疗与基因治疗的相关政策法规等资料。

4. 教学资源

课程已在"深职 i 学习"平台上线，结合项目化结构设计，按知识点编排与本项目有关的教学视频、课件、教案、热点事件和思政案例等教学资源，并配备习题，供学生巩固学习成果。线下建有基因工程、细胞培养、发酵、分离纯化、制剂、生物制药工艺等实训室。

（四）教学评价

评价采用显隐结合的方式。显性评价以知识、能力、价值构建三位一体评价目标体系，从课前、课中、课后构建全流程评价体系；隐性评价聚焦学生态度、课堂讨论参与度、职业素养等方面，同时以课后参与各类竞赛的情况进行增值性评价。

1. 显性评价方式

在线上平台统计本次任务的知识点学习情况以及布置核心知识的课前、课后测试；课中侧重以教学任务完成的情况进行实践能力的考核。本次任务的考核重点为学生对行业新技术、新工艺、新产品的关注度、认识程度以及能否正确分析新技术所存在的问题，同时对小组研学成果进行小组互评与教师评价。

2. 隐性评价方式

根据学生在课前小组方案展示的情况、在课中小组讨论中的参与度、对创新技术的关注度等进行评价。通过调查问卷考查思政目标的达成度。课后若学生继续参加创新类大赛，给予5~10分的增值评价分。

（五）创新与反思

本项目所讨论的细胞治疗与基因治疗属于新型生物疗法，是生物医药产业最新的热点领域。生物医药技术本就处于科技创新的风口，且关乎人民生命健康，因此在技术创新的进程中，可能会出现与伦理道德相冲突的事件。本项目将科技创新与科技伦理之间的关系作为思政点融入教学，能够更好地提升学生对科技伦理、职业道德、行业规范、法律法规的认识，全面贯彻落实习近平总书记关于加强科技伦理治理的重要指示精神。

生物医药技术日新月异，对教师的理论技能、科学思维都提出了高要求。教师首先需要以身作则，不断学习科技理论，提高自身认知水平，才能更好地引导学生。育人先育己，为了做好学生正确的领路人，教师要不断提升自身能力。

四、选用教材与参考资料

（一）选用教材

聂国兴，王俊丽. 生物制品学 [M].2 版. 北京：科学出版社，2022.

(二)参考资料

1. 难忘 40 年 | 中国现代分子病毒学奠基人 中国干扰素之父——侯云德
https://www.sohu.com/a/282682725_100167044

2. 基因编辑婴儿事件
https://baike.baidu.com/item/%E5%9F%BA%E5%9B%A0%E7%BC%96%E8%BE%91%E5%A9%B4%E5%84%BF%E4%BA%8B%E4%BB%B6/23176263?fr=aladdin

3. 魏则西事件：六问生物细胞免疫疗法
https://news.sciencenet.cn/htmlnews/2016/5/344941.shtm

4. 完善科技伦理治理体系 保障科技创新健康发展
https://baijiahao.baidu.com/s?id=1746985376927986835&wfr=spider&for=PC

案例编写人：张丽君（食品药品学院）

"建筑施工图设计"课程思政教学案例

一、课程定位

本课程是建筑设计专业的一门专业核心课程，旨在培养学生科技强国的信念、文化自信以及爱岗敬业、勇于创新的职业素养，使学生掌握建筑设计在施工图设计阶段的表达方式和深度要求，熟悉相关建筑规范和国家、地方标准图集等，具备独立完成常见民用建筑的建筑施工图设计的能力。

二、课程思政整体设计思路

（一）课程思政整体设计理念

建筑设计专业围绕国家建筑行业产业重大需求，面向建筑工程相关行业，针对城镇规划设计、建筑设计与绘图、房地产开发等岗位群，培养复合式、创新型、高素质的建筑工程设计人才。"建筑施工图设计"课程不仅讲授建筑设计基本技能，使学生具备建筑设计相关岗位的职业能力，更重要的是提高学生的美学素养和职业道德素养，旨在培育求真、求善、求美，有理想、有本领、有担当的时代新人；使学生通过课程学习，提升专业认同感和职业使命感；引导学生科学运用辩证思维看待问题，树立产业自信和科技报国的理想信念。

本课程围绕建筑设计全过程的职业能力体系，深入发掘培育社会主义核心价值观的思想道德教育资源，尤其是"爱国、敬业、诚信、友善"层面的思想道德教育资源，不断完善课程教学内容；根据岗位的实际工作过程设置课程内容,以真实的工作任务为载体设计教学过程,以文化育人理念为指导,系统设计教学内容,培养学生的职业素养、职业道德、职业操守、团队精神、协作意识、使命感;着力从建筑设计行业发展中挖掘思政元素,凝练成以"科技报国之理想信念、精益求精之工匠精神、追求卓越之创新意识"为核心的课程思政建设目标。

课程以任务为驱动,采用"教、学、做合一"的教学设计,融入企业真实案例和"大国工匠"大事件,丰富育人载体,优化教学内容,培养学生善于实践、勇于探索的创新意识,塑造精益求精、追求卓越的职业精神,增强学生的理想信念,厚植学生的科技报国之志。通过校内教育与校外实践结合,专业教师与思政教师、企业教师协同,实现课程思政建设与专业教育质量的双向提升。

(二)课程思政整体设计框架

为了实现"建筑施工图设计"课程的教学目标,课程将思想政治教育融入建筑设计作品制作全过程,不断给学生灌输"天下大事,必作于细"的思想;通过讲述中国建筑大师的故事、教师言传身教等教学方式,引导学生"敬业爱岗、精益求精、淡泊名利、追求卓越",鼓励学生"干一行爱一行",坚定不移地将工匠精神培育贯穿建筑设计全过程,将社会主义核心价值观"内化于心,外化于行",形成以学生为中心,全体老师相互配合,合力建构全程(课前、课中、课后)、线上线下"一体化"的课程思政育人模式。

本课程以任务为驱动,利用"深职i学习"平台,针对用人单位对建筑施工图设计岗位的能力要求,设置了设计、制作、欣赏等教学环节;结合各种赛项,以赛促教,将文化自信培育、建筑师品格培育和工匠精神培育贯穿课程始终,着力构建价值塑造、知识传授、能力培养"三位一体"的建筑设计人才培养模式。

本课程以职业能力为起点,以企业项目为载体,从知识、能力和价值"三位一体"的教学目标出发,立足价值目标核心,挖掘课程思政教育切入点,依托"大国工匠"的匠心巧思、行业励志故事、企业卓越设计等思政素材展开案例设计,将课程内容分解为六个分别对应若干实践任务和知识技能点的项目。针对每一个项目进行思政素材与教学内容的整合优化,形成以价值塑造为内涵、以实践任务为骨架、以知识技能点为内容的"建筑施工图设计"项目化课程体系(图1)。

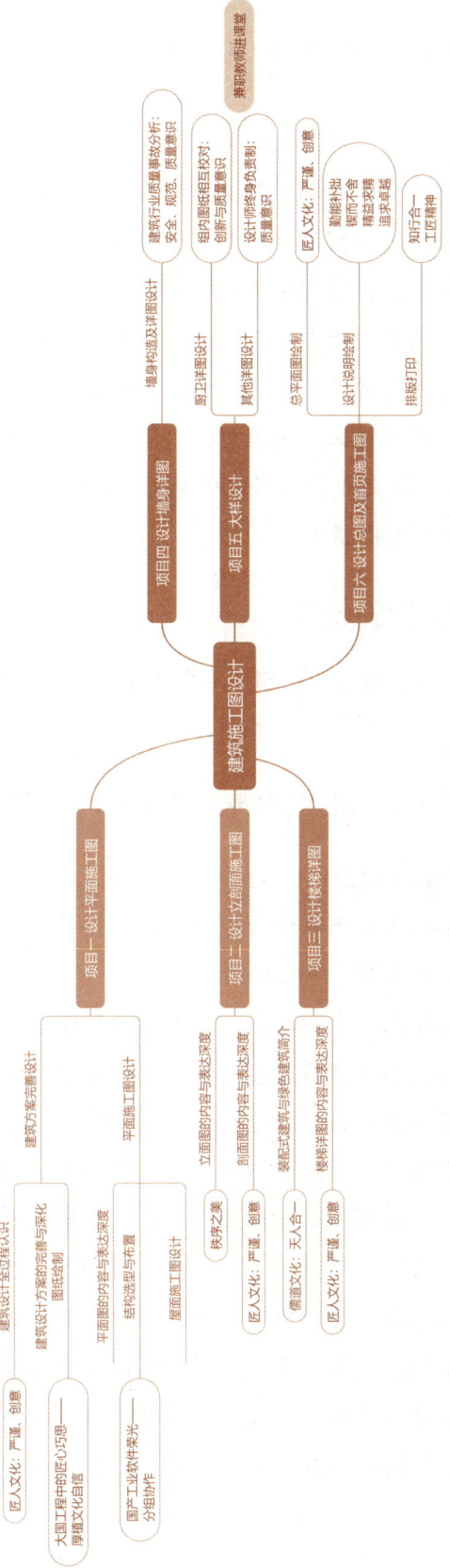

图 1 "建筑施工图设计"基于课程思政的教学内容设计

项目一以建筑设计全过程的认识为切入点,通过"大国工匠"事迹学习和小组分工合作完成任务,树立学生的文化自信、家国情怀,培养学生的团队协作精神。项目二至六通过建筑设计行业名人事迹介绍、著名设计院的建筑作品品鉴,提升学生的职业自豪感和勇于探索的创新意识;通过各个设计任务,培养学生善于解决问题的实践能力;在图纸校对环节讲解设计师终身负责制,着重强调建筑设计质量的重要性,提升学生的职业使命感;通过建筑行业质量事故分析,培养学生的安全意识、规范意识、质量意识;邀请优秀毕业生进行职业感悟分享,并在成图提交环节强调时间观念,培养学生勤奋好学、锲而不舍、精益求精、追求卓越的优良品质。

三、课程思政教学案例

教学案例一 大国工程中的匠心巧思——祖国新时代十年的非凡建筑成就

(一)教学任务

项目一"设计平面施工图"之任务:建筑设计全过程认识。

(二)课程思政教学设计

本次教学任务是运用绘图软件分组完成建筑设计方案的完善与深化,在讲解建筑设计全过程时引入课程思政案例。

建筑设计全过程包括三个阶段:建筑方案设计阶段、建筑初步设计阶段和建筑施工图设计阶段。本次课程以教师设计的作品为例讲解建筑设计全过程,使得学生认识本课程在将来工作中的重要性,激发学生的学习兴趣。

本次教学任务引入了《大国建造》《总师传奇》《超级工程》等,用令人震撼的视角揭秘华夏大地新地标的建造过程,一群智慧与胆识并存的工程师将不可能变为可能,完成了一系列看上去无法实现的"超级工程"。结合新时代中国的十大奇迹建筑工程,告诉世界什么叫大国崛起。案例中呈现了国内企业坚持自主研发技术的创新意识,能激发学生的民族自豪感。学生要脚踏实地,厚积薄发,从"小住宅建筑施工图设计"这样的基础任务做起,树立科技强国的远大理想信念。学生通过分组合作,运用天正建筑、中望CAD等国产工业软件，对设计任务方案进行讨论、深化与完善，争做求真、求善、求美，有理想、有本领、有担当的时代新人。

（三）教学实施

1. 教学目标

（1）价值目标：了解国产工业软件的发展现状，树立民族自豪感，同时正确辩证地看待我国与世界强国在建筑设计技术方面的差距，激发学习的紧迫感和科技报国的担当；通过分组合作完成小住宅设计方案的深化与完善任务，培养严谨、细致、协作的工匠精神。

（2）知识目标：了解国产工业软件的发展现状，理解建筑设计全过程，掌握建筑方案设计阶段表达深度与制图规范要求。

（3）能力目标：学会使用天正建筑软件绘制建筑设计方案，在实践过程中培养空间思维能力，具备一定的创新意识与创造能力。

2. 教学方法

采用线上线下混合式教学，以任务驱动为核心，主要运用启发教学法、情境体验法、案例教学法和小组教学法，并辅以课程网站、视频资源、企业工程案例等多种资料。

3. 教学过程

第一步：课前准备——提出问题，引出任务。

在"深职i学习"教学平台下发绪论学习部分《建筑设计知多少：我知所以能》。通过题库中随机抽取的20个有趣的小问题（内容包含建筑设计认知、建筑制图规范、建筑软件技巧、建筑构造知识等），引导学生进行思考，并挑战闯关测试，可多次测试后取最佳成绩，答题的正确率与参与度计入课程成绩，从而激发学生学习的自主性和兴趣。

第二步：课中探究——小组讨论。

对照设计任务，先查找资料，学会运用建标库查阅建筑设计相关规范，综合运用中南标，根据实物模型与BIM（Building Information Modeling，建筑信息模型），以学习小组为单位讨论并探究小住宅设计方案的表达与纠错，如各细节部分的尺寸、色彩与材料如何选择，各立面与典型剖面如何生成，屋顶平面图如何绘制。

第三步：教师讲评——思政点睛。

针对讨论结果，教师进行集中讲解，利用教师的建筑设计经验，结合校园建筑设计案例与网络资源，介绍国产工业软件的特点以及应用心得，并重点强调创新精神。

思政点睛：党的二十大报告中提到一组组关于建设的数字，折射出祖国新时代十年的非凡成就：世界最长的跨海大桥——港珠澳大桥；"定海神针"——拥有目前全球最大的电涡流摆式调谐质量阻尼器的上海中心大厦；完成78米的跨越，超过20 000平方米的候车大厅内无一根立柱支撑——雄安高铁站；在被称为"死亡路段"的216国道老虎口垭口下面1 000多米的山体中开挖的世界上最长的高速公路隧道——新疆乌尉高速天山胜利隧道；世界第一高双曲拱坝——锦屏一级水电站拱坝；实现人与动物和谐相处——大熊猫国家公园；被英国《卫报》誉为"新世界七大奇迹之首"——北京大兴国际机场；拉萨的新地标——西藏博物馆新馆；世界首个建造在废石坑内的自然生态酒店——上海佘山世茂洲际酒店；"2017深港城市/建筑双城双年展"展场——改造后的深圳南头古城城中村；等等。这些工业化进程中的硕果，让我们逐渐接近中华民族伟大复兴的梦想。一代又一代的建设者，用智慧与汗水重塑祖国的山河大地，一座座奇迹建筑，凝聚着中国发展的万千气象。

目前，中国建筑设计行业面临数字化转型升级，建设制造强国必然要运用国产工业软件。尽管我们面临了一定的困难，但像广联达、斯维尔、中望这样的民族企业发挥了华夏儿女永不言败、自立自强的民族精神，更加坚定了我国自主研发的决心。我们清醒地认识到，只有拥有自己的知识产权与核心技术，才能够不受制于人。目前在建筑设计行业中，国产软件已逐渐取代了国外软件。

价值引领：引导学生落脚到当下的教学任务，脚踏实地、一丝不苟、从易到难逐渐掌握课程知识与技能，为今后科技报国打下坚实基础。

第四步：聚焦任务——知行合一。

动手实践：学生在教师的示范带领下，学会天正建筑软件的使用技巧。强调同学之间要注意协作学习，互相帮助完成任务。

总结升华：总结建筑方案设计的表达深度要求，体验学习获得感。学生要掌握坡屋顶平面图的绘制技巧，树立逻辑严谨、条理清晰的科学精神和精益求精的工匠精神，这是对工科学生的基本素质要求，也是学好课程的要求。

第五步：课后作业——巩固提升。

课后布置拓展任务，学生对照教师提供的经典设计案例，查阅中南标与图纸表达，理解公共建筑的建筑施工图设计要点，使学生拓展视野，为今后参加大赛、创新等做知识储备，激发学生的动手能力和创新潜力。

4. 教学资源

（1）基本教学资源：慕课全媒体资源库和金课、"深职i学习"平台全部微课视频；施工图纸样图、教学动画、实物模型；本次课教案、本次课教学课件、作业及测验题目等。

（2）拓展教学资源：相关纪录片、轻量化三维BIM等。

（四）教学评价

采用差异化的评价方式。为激励每名学生的学习，遵循量性评价与质性评价相结合的原则，从课前、课中、课后构建全流程评价体系。

1. 量性评价

本次课的量性评价主要结合学生课前、课后任务的完成情况，通过后台大数据分析得到学生的完成情况，获得量化成绩。

2. 质性评价

质性评价指在本次课程教学任务中学生的质化成绩。例如学生回答问题的情况、纠错能力。通过问卷掌握学生思政内容学习的收获，引导学生向优秀榜样学习，同时发现有待改善的问题，从而起到指导和促进的作用。

（五）创新与反思

本课程以文化育人理念为指导，基于岗位工作过程，对课程内容进行增、删、并、简，进一步凝练教学内容，达到教、学、做合一，系统设计教学内容，培养学生的职业素养、职业道德、职业操守、团队精神、协作意识、使命意识。

学生对建筑设计过程好奇，但没有实际的参与工程的经历，因此难以对思政案例产生共鸣。要引用周边熟悉的案例进行讲解，比如教师团队设计的校园建筑或往届优秀毕业生设计的经典住宅项目，拉近设计图纸与学生的心理距离，提升可学性与示范性。

教学案例二 "天下大事，必作于细"——从楼梯详图设计中感悟精益求精的大国工匠精神

（一）教学任务

项目三"设计楼梯详图"之任务：楼梯平剖面施工图设计。

（二）课程思政教学设计

本次教学任务是运用绘图软件独立完成小住宅楼梯建筑施工图设计，在讲解装配式建筑、绿色建筑设计时引入课程思政案例。

（1）"融修身和建筑设计于一体"，借由教师的文化艺术修养和个人魅力，通过启发鼓励、团队训练等方式，提高学生的道德修养和文化素养，培育学生的创新意识、创新能力和团队合作意识等，实现文化育人目标。

（2）"融工作和建筑设计于一体"，通过行业大师进校园、教师"身教"胜过"言传"、训练规范制图等方式，引导学生热爱劳动，重点培育学生的工匠精神，实现立德树人目标。

（3）"融环保和建筑设计于一体"，通过装配式建筑与绿色建筑的知识普及，引导学生关注环境保护，热爱自然生态，实现美育目标。

引入建筑设计行业名人事迹与行业著名设计院的建筑作品，结合专业教学实践基地的行业知名导师所设计的深圳地标建筑（深圳当代艺术馆与城市规划展览馆，设计师：华森设计总建筑师肖蓝），将企业文化引入教学内容，课程体系融入职业素养培育，教学评价融入职业标准。结合楼梯的装配式施工工艺引入装配式建筑与绿色建筑知识。

（三）教学实施

1. 教学目标

（1）价值目标：了解国内外装配式建筑的发展现状，培养理性、精准、严

谨细致的职业素养；了解绿色建筑，注重环保，理解天人合一的设计思想；通过独立完成小住宅楼梯建筑施工图的设计任务，培养严谨、细致、协作的工匠精神。

（2）知识目标：了解装配式建筑与绿色建筑的发展现状，掌握楼梯建筑施工图的表达深度与制图规范要求。

（3）能力目标：学会使用天正建筑软件绘制楼梯建筑施工图，在实践过程中培养空间思维能力，具备一定的创新意识与创造能力。

2. 教学方法

采用线上线下混合式教学，以任务驱动为核心，主要运用启发教学法、情境体验法、案例教学法和小组教学法，并辅以课程网站、视频资源、企业工程案例等多种资料。

3. 教学过程

第一步：课前准备——提出问题，引出任务。

在"深职i学习"教学平台下发本节学习部分《装配式建筑与绿色建筑知多少：我知所以能》。通过题库中随机抽取的20个有趣的小问题（内容包含建筑标准化、装配式建筑与绿色建筑行业认知、建筑制图规范、建筑构造知识等），引导学生进行思考，并挑战闯关测试。可多次测试后取最佳成绩，答题的正确率与参与度计入课程成绩，从而激发学生学习的自主性和兴趣。

第二步：课中探究——小组讨论。

对照设计任务，先查阅资料，学会识读建筑施工图样图，综合运用建筑构造课程知识技能，根据实物模型与BIM，以学习小组为单位讨论并探究本组小住宅楼梯的形式与构造设计，查阅中南标，确定楼梯各细节部分的构造做法。总结楼梯平剖面的表达内容，交流绘图技巧。

第三步：教师讲评——思政点睛。

针对讨论结果，教师进行集中讲解，采取小组汇报的方式，请学生分享本组楼梯的详图设计。学生现场随机抢答有关装配式建筑与绿色建筑的理论知识点，介绍国产工业软件的应用心得，教师在此过程中强调创新精神。

思政点睛：建筑业作为我国国民经济的支柱产业，是兴国之器、强国之基。

大力发展装配式建筑，促进建筑产业转型升级，是推进建筑行业供给侧结构性改革和新型城镇化发展的重要举措，是实现建筑行业提高质量、提高效率、减少人工、节能减排的重要内容，是建设领域落实党的二十大精神与习近平总书记重要指示的具体体现。当前在产业政策、标准规范、企业投入、项目支撑的共同推进之下，国内装配式建筑进入快速发展阶段。深圳因改革而生，因开放而兴。早在2006年，深圳就已成为国家住宅产业化的首个综合试点城市。2017年，深圳市被住房和城乡建设部认定为首批国家装配式建筑示范城市，各项工作取得了长足进展，充分发挥了先行示范作用。

随着国家多部门推广装配式建筑的相关政策相继出台，我国的装配式建筑在中国大地上如火如荼地发展。相比传统的建造方式，装配式建筑的优势明显，最集中的体现是其可以在节约大量资源的前提下保证产品质量，适应各种风格要求，而且可以大幅缩短工期，在保证成本可控的前提下，实现节能减排。所以装配式建筑发展迅速且前景广阔。

当前，我国的装配式建筑与绿色建筑发展形势喜人，本土化的建筑技术日新月异，在建筑行业全领域基本实现了知识产权的自主化，建筑设计的数字化转型势在必行。

价值引领：引导学生落脚到当下的楼梯详图设计任务，脚踏实地、一丝不苟、从易到难逐渐掌握课程知识与技能，为今后科技报国打下坚实基础。

第四步：聚焦任务——知行合一。

动手实践：学生在教师的示范带领下，学会天正建筑软件的使用技巧。强调同学之间要注意协作学习，互相帮助完成任务。

总结升华：总结常见楼梯的设计与表达技巧，体验学习获得感。学生可拓展学习电梯机房与井道的详图设计，树立逻辑严谨、条理清晰的科学精神和精益求精的工匠精神，这是对工科学生的基本要求，也是学好课程的要求。

第五步：课后作业——巩固提升。

课后布置拓展任务，学生对照教师提供的经典设计案例，查阅中南标与图纸表达，理解螺旋楼梯的建筑施工图设计要点，使学生拓展视野，为今后参加大赛、创新等做知识储备，激发学生的动手能力和创新潜力。

4. 教学资源

（1）基本教学资源：慕课全媒体资源库和金课、"深职 i 学习"平台全部微课视频；施工图纸样图、教学动画、实物模型；本次课教案、本次课教学课件、作业及测验题目等。

（2）拓展教学资源：装配式建筑与绿色建筑宣传片、轻量化三维 BIM 模型等。

（四）教学评价

采用差异化的评价方式。为激励每名学生的学习，遵循量性评价与质性评价相结合的原则，从课前、课中、课后构建全流程评价体系。

1. 量性评价

本次课的量性评价主要结合学生课前、课后任务的完成情况，通过后台大数据分析得到学生的完成情况，获得量化成绩。

2. 质性评价

质性评价指在本次课程教学任务中学生的质化成绩。例如学生回答问题的情况、绘图技巧和能力。通过问卷掌握学生思政内容学习的收获，引导学生向先进榜样学习，同时发现有待改善的问题，从而起到指导和促进的作用。

（五）创新与反思

本次课的思政素材与教学内容契合度高，能有效激发学生的职业自豪感和培养工科学生的职业素养和工匠精神，做到润物无声、如盐在水。

楼梯详图设计是建筑设计中最基本的一项设计任务，学生在建筑构造课中已完成最简单的设计表达学习，这是第一次接触实际项目，因此理解和运用知识都会有一定的难度。教师要遵循循序渐进的教学规律，让学生边讲边学，边学边做，引领学生逐步建立工科思维。

四、选用教材与参考资料

（一）选用教材

黄鹂. 建筑施工图设计 [M]. 2 版. 武汉：华中科技大学出版社，2018.

(二)参考资料

1. 肖蓝. 民用建筑施工图设计指南[M]. 北京：中国建筑工业出版社，2021.

2. 魏珊珊. 典型工程施工图图集[M]. 北京：中国建筑工业出版社，2009.

3. 刘凯，张英彤，段万国，等. 国内外装配式建筑发展现状及趋势[J]. 北方建筑，2021.6（3）：5-9.

4. 深圳市建筑产业化协会. "十三五"深圳市装配式建筑发展报告[J]. 建筑，2022，（15）：20-29.

5. 新时代十年，中国的十大奇迹建筑工程，告诉世界什么叫大国崛起！
https://baijiahao.baidu.com/s?id=1747535428661514658&wfr=spider&for=pc

案例编写人：喻圻亮（建筑工程学院）

"园林建筑设计"
课程思政教学案例

一、课程定位

本课程是风景园林设计专业的一门专业核心课程,旨在培养学生爱岗敬业、勇于创新的思想政治素养与职业素养,树立技能强国的理想信念和文化自信;使学生掌握园林建筑设计的基本理论知识和设计方法,具备园林建筑项目分析、方案构思、计算机图纸绘制的能力。通过园林建筑项目化系统训练,让学生熟悉园林建筑设计的相关技术规范、操作流程和岗位能力要求,弘扬坚忍不拔、精益求精的工匠精神。

二、课程思政整体设计思路

(一)课程思政整体设计理念

风景园林设计专业坚持职业教育产教融合的办学特色和为深圳经济社会发展服务的定位,围绕新时代园林景观设计、园林工程绿化产业对于"匠心匠技"人才的需求,为园林领域输送创新型、实用型人才。"园林建筑设计"课程重点培养学生掌握园林建筑设计的基本理论知识,具备园林建筑设计和工程施工相关岗位的职业能力,提升专业认同感和职业使命感;引导学生紧密跟随新时代园林发展新理念、新技术、新工艺,弘扬工匠精神,树立职业自信和技能报国的理想信念。

课程与当代"生态文明建设""绿水青山就是金山银山"发展理念紧密结合,

形成创新实践引领、"鲁班精神"铸魂的课程思政育人模式。围绕"拓荒牛""老黄牛""孺子牛"的深圳发展历史讲述深圳故事，弘扬工匠精神，以城市环境绿化建设为主线实施价值塑造，着力从园林产业发展与应用中挖掘思政元素，凝练成以园林建筑工程领域精益求精的工匠精神、"鲁班精神"为核心的课程思政建设目标。

课程以任务为驱动，采用"教、学、做合一""作业与作品相结合"的教学设计，融入园林企业真实工程案例，优化教学内容，启发和培养学生善于思考、勤于动手实践的积极性、主动性、创造性，塑造学生敬业爱岗、精益求精、追求卓越的职业精神，增强学生建设美好城市、美好家园的理想信念。通过校内教育与校外实践结合，专业教师与思政教师、企业教师协同，实现"园林建筑设计"课程思政建设与专业教育质量的双向提升。

（二）课程思政整体设计框架

本课程聚焦园林工程领域，以职业能力为起点，以企业项目为载体，从课程的知识、能力和价值三位一体的教学目标出发，立足价值目标核心，确立将深圳打造为国际花园城市的思政目标，挖掘课程思政教育切入点，依托"改革开放史、企业发展史、模范人物事迹、优秀校友、鲁班奖作品"等思政素材展开教学模块设计、案例设计。

1. 课程能力模块的选取

如图1所示，以园林景观设计产业链的工作任务为逻辑起点，确定选取园林建筑典型部分"景墙、花架、园廊、园亭、大门入口、洗手间、卖品店、展室、茶室"为整个课程的项目载体，将课程内容精选并分解成九个项目、三大能力模块。其中"基础能力模块"包括"景墙、花架、园廊、园亭"四个项目，"核心能力模块"包括"大门入口、洗手间、卖品店"三个项目，"拓展能力模块"包括"展室、茶室"两个项目，形成进阶式模块训练体系，构建起园林建筑设计能力通道。

2. 课程思政与素质培养

全面分析课程教学内容和对应工作岗位所需的职业素质和思政要求，按需"浸入式"地把相关课程思政内容融入课程案例。

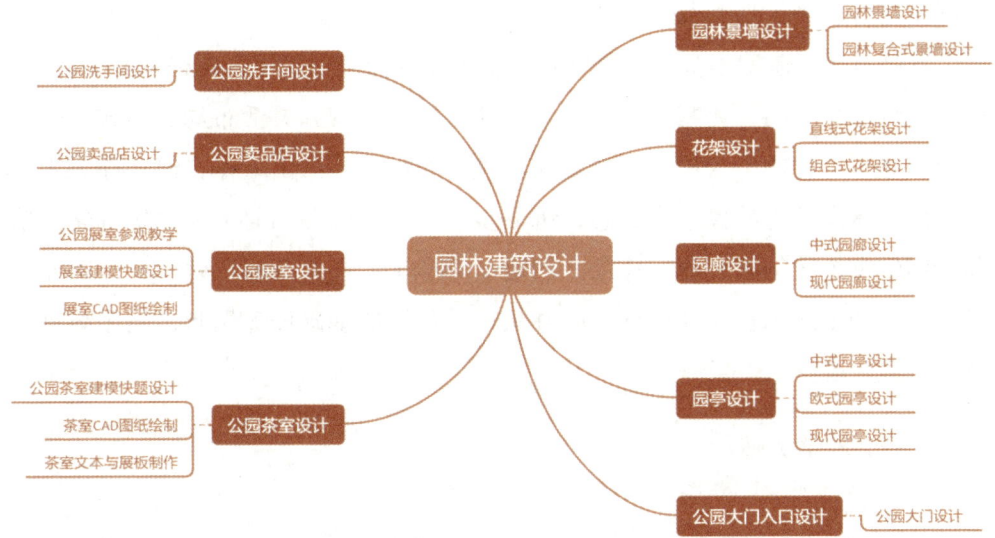

图1 "园林建筑设计"基于课程思政的教学内容设计
注：CAD: Computer Aided Design，即计算机辅助设计。

3. 融合"世赛""国赛"的标准

本课程以园林景观设计师工作岗位、工作任务和工作要求为起点，以风景园林设计和建筑绘图职业技能鉴定为依据，融合"园艺施工"世界技能大赛、全国职业院校技能大赛内容和评判标准；充分考虑学生的职业发展空间和拓展优势，创造最佳的基于工作过程的学习条件，充分调动学生的学习积极性；注重细节，逐渐地植入思政内涵。

三、课程思政教学案例

教学案例一 赛教融合、学做一体的"园林景墙设计"课堂实践——传承中华景墙文化，激发民族自信心

（一）教学任务

项目一"园林景墙设计"之任务：景墙建模与图纸绘制。

（二）课程思政教学设计

本次教学任务的完成基于"园林景墙"的电脑建模和图纸绘制，在介绍"中

式漏窗花格景墙"时引入课程思政案例。

案例呈现了造型丰富、设计精巧、做工精致的传统中式漏窗花格景墙的特点。中国传统园林景墙，尤其江南园林景墙注重因地制宜、灵活布局、形式优美的白墙灰瓦形态特征，与周围自然绿化环境巧妙结合，虽由人作，但巧夺天工。这有助于激发学生的民族自豪感，进一步引导学生思考如何传承中华古建筑精髓，创作有个性的园林建筑作品。同时引导学生通过自己的巧妙构思，讲究技术精准度和工匠精神，从设计"园林景墙"这样的基础任务做起，循序渐进，持之以恒，培养工匠精神。

（三）教学实施

1. 教学目标

（1）价值目标：了解中国古代丰富多彩的园林景墙和现代景墙艺术的发展概况，热爱中华优秀的园林景墙文化，树立民族自豪感；通过直线、折线、曲线布局的景墙方案比较，完成本课程第一个实训项目，培养严谨、细致、精益求精的工匠精神。

（2）知识目标：了解中式园林景墙的发展现状，掌握景墙常见的门洞口造型知识、压顶构造知识。

（3）能力目标：学会景墙草图方案设计、电脑精准建模绘图技术，掌握景墙材料使用和构造技术，能够熟练绘制园林建筑图纸。在动手实践过程中培养逻辑分析、艺术构思、建模绘图能力。

2. 教学方法

采用线上线下混合式教学，以任务驱动为核心，主要运用实物工程案例教学法、问题教学法、模型教学法和小组教学法，并辅以课程网站、视频资源、案例等多种资料。

3. 教学过程

第一步：任务分析——提出问题。

观看中外经典园林丰富多彩的景墙图片、视频动画，提出景墙有哪些主要的平面布局类型、立面造型形式。引导学生思考在规定的地形条件下如何布置景墙，如何采用适宜的造型形式，如何把控门洞、窗洞、屋脊等重要细部节点大样。

第二步：案例探究——建模推敲。

对照中国知名园林实例，带领学生认识本项目中常用的景墙长度、宽度、高度尺寸，以及常用的比例、色彩、质感。布置设计任务，要求通过建模精准把控立柱、墙身、门窗洞口和花格形式、压顶瓦垄、屋脊等关键环节。

第三步：教师讲评——思政点睛。

针对方案讨论结果，教师进行集中讲解，利用教师主持或参与设计的实际工程经验，讲解园林景墙的技术要点，并强调园林建筑蕴含的中华文化和艺术审美特色。

思政点睛：白墙灰瓦、漏窗花格、做工精巧雅致是中华传统园林景墙的特点。让学生仔细观察知名中华园林的景墙构造和做工工艺，从心底赞叹中国园林的博大精深，激发设计灵感。

价值引领：学生应该了解景墙漏窗花格的构成形式和文化象征意义。引导学生落脚到当下的基础项目任务，脚踏实地、一丝不苟、从易到难，逐渐掌握课程知识与技能，讲究技术精准度，创作出有个性活力的园林景墙建筑模型、CAD 图纸，由衷热爱园林建筑设计。

第四步：聚焦任务——知行合一。

动手实践：教师用电脑示范操作，使学生学会景墙平面布局、立面造型的常见手法，创作出构造细致，材料、色彩、质感适宜的景墙效果图和 CAD 平立剖面图。

总结升华：总结园林景墙的建模和图纸绘制重点、难点，让学生耐心细致地通过一砖一瓦来搭建景墙的电脑模型，推敲细部节点大样，获得成就感。通过对照园林技能国赛、世赛的考核标准，鼓励学生知难而上、吃苦耐劳，认真把控细节要点，树立逻辑严谨、条理清晰的科学精神和精益求精的工匠精神。

第五步：课后作业——巩固提升。

课后布置拓展任务。一是查阅相关的园林工程图书资料，上网搜集优秀的景墙工程案例，如"黄木纹石干摆景墙""砌砖瓦片漏窗景墙"等，拓宽学生视野，为今后参与省赛、国赛等做知识储备和基本功积累。二是对照工程技术规范和绘图规范，激发学生的动手能力和创新潜力。

4. 教学资源

（1）基本教学资源：广东省精品课程资源、深圳职业技术大学项目化课程及金课课件资源；景墙实景图片资源、教师制作的虚拟现实动画视频；本次课教案、本次课教学课件、参考图纸等。

（2）拓展教学资源：江南私家园林艺术的文字分析资料和当代优秀园林的录像资料等。

（四）教学评价

评价采用纵向比较、横向比较的方式，以历届学生作业和企业实际案例为参考；从知识、能力、价值维度构建三位一体评价目标体系，从课前、课中、课后构建全流程评价体系。纵向比较，主要是教师将往届学生在该项目实操中完成的最终作品（包括建模、效果图、CAD图纸）与本年级学生完成的作品进行比较，从时间发展维度上分析设计理念和技术的进步性问题；横向比较，主要是针对本学期同年级平行班级完成的作品进行横向比较和评价，包括与相同、相似用地条件下企业完成的实际工程作品案例进行比较，从空间、地理维度分析同期作品的竞争性和实施落地性问题。教师要及时总结和点评学生作品，总结归纳设计创新点、技术难点和容易发生的技术操作短板问题，强调创新思维与新技术、新工艺的有机融合，促进学生认知理解能力、处理问题能力的全面提升。教师认真分析学生通过本项目学习、实训在思想意识上潜移默化的改变和收获，确定针对性的课程思政内涵建设任务和目标，并且在后面的项目实训教学中一以贯之。

（五）创新与反思

本课程结合教学项目，融入与园林景墙课程息息相关的技术话题、历史话题，分门别类分析景墙艺术特色，言简意赅，言之有据，不仅能拓展学生的专业视野，而且能激发学生的民族自信与爱国情怀；通过任务驱动教学法，强化学生对知识的理解与运用，使学生在动手实践中感受学习的快乐，做到知行合一，将价值塑造与知识传授、能力培养有机统一。

教师在课堂教学中应注重园林建筑的电脑建模过程、平立面绘图过程与实际工程建设过程相互契合统一，强调学生要注重景墙基础、墙身和压顶的稳定性、安全性原则，做到严格遵守建筑工程规范，细致认真，有效践行工匠精神。

> **教学案例二** 注重细节、以人为本的"公园洗手间设计"——从彰显绿色生态文明的洗手间设计中感悟全心全意为人民服务的社会主义核心价值观

（一）教学任务

项目六"公园洗手间设计"之任务：洗手间方案设计和施工图绘制。

（二）课程思政教学设计

本次教学任务的完成基于"公园洗手间"的方案设计和施工图绘制，在介绍当代"绿色生态洗手间"时引入课程思政案例。

案例紧密关注国内外洗手间设计的发展变化，突出绿色生态洗手间的设计方法、先进的细部构造做法，注重体现以人为本，男女平等，保护老年人、残疾人等的设计细节。教师讲解洗手间功能布局、卫生器具参数和合理布置要点，有助于激发学生的社会公平意识、服务意识，进一步引导学生思考如何在公园洗手间设计中做到以人为本，高质量、高水平体现绿色生态理念，创作出造型新颖、卫生条件良好的有个性的公园洗手间精品设计。同时教师要引导学生通过科学合理的人流计算和卫生器具布局推敲，讲究环保和生态质量，注重技术精准度，从"公园洗手间"这样的服务型项目任务做起，弘扬工匠精神，树立全心全意为人民服务的意识。

（三）教学实施

1. 教学目标

（1）价值目标：了解国内外公园洗手间的发展概况，重视洗手间文化，树立服务意识、质量意识，弘扬社会主义核心价值观；通过多种类型的洗手间方案比较，完成本课程项目六，培养严谨、细致、精益求精的工匠精神和以人为本的服务意识。

（2）知识目标：了解公园洗手间的发展现状，掌握洗手间布局、造型设计、构造大样设计、卫生器具布置、残疾人洗手间布置、无障碍设计等基本知识。

（3）能力目标：学会公园洗手间方案构思、电脑精准建模绘图技术，掌握洗手间材料使用和构造技术，能够熟练绘制洗手间建筑图纸。在动手实践过程中培养逻辑思维分析、艺术构思、建模绘图能力。

2. 教学方法

采用线上线下混合式教学，以任务驱动为核心，主要运用实物工程案例教学法、问题教学法、模型教学法，并辅以课程网站、视频资源、案例等多种资料。

3. 教学过程

第一步：任务分析——提出问题。

观看中外经典的公园洗手间图片、视频动画，提出公园洗手间有哪些主要的平面布局类型、立面造型形式。引导学生思考如何选址，如何布置卫生洁具，如何采用适宜的通风采光形式，如何把控构造技术和细部节点大样。

第二步：案例探究——建模推敲。

对照中国知名园林实例，带领学生认识本项目中常用的洗手间面积分配参数，以及常用的比例、色彩、质感。布置具体的设计任务，要求通过建模精准把控平面布局、立面造型、艺术风格、地域特色、节能环保、绿色生态等关键方面。

第三步：教师讲评——思政点睛。

针对方案讨论结果，教师进行集中讲解，利用教师主持或参与设计的实际工程经验，讲解公园洗手间的技术要点，并重点强调公园洗手间以人为本、为人民服务的设计理念，提倡社会公平原则，促进绿色生态文明建设。

思政点睛：简洁大方、干净清洁、舒适环保、绿色生态是公园洗手间的特点。让学生仔细观察知名公园洗手间布局和造型形式，从细节做起，以人为本，弘扬中华民族尊老爱幼的传统美德，注重保护老年人和残疾人。

价值引领：学生应该了解公园洗手间的先进设施和以人为本的设计理念。引导学生对洗手间深入思考，注重细节，合理划分男女洗手间的面积和空间，合理布置卫生洁具，掌握课程知识与技能，讲究技术精准度，创作出有个性的公园洗手间建筑模型、效果图、CAD图纸。

第四步：聚焦任务——知行合一。

动手实践：教师用电脑示范操作，使学生熟悉公园洗手间平面布局、立面造型的常见手法，创作出简洁大方，造型别致，材料、色彩、质感适宜，卫生条件一流的洗手间的效果图和CAD平立剖面图。

总结升华：总结公园洗手间的建模和图纸绘制重点、难点，让学生耐心细致地布置卫生隔断、卫生器具，为洗手间搭建细致的电脑模型，推敲细部节点大样，获得成就感；通过认真把控细节要点，树立逻辑严谨、条理清晰的科学精神和精益求精的工匠精神，弘扬全心全意为人民服务的社会主义核心价值观。

第五步：课后作业——巩固提升。

课后布置拓展任务。一是查阅相关的园林工程图书资料，上网搜集优秀的公园洗手间工程案例，拓宽学生视野。二是课后实际调研深圳市一些知名公园建设得比较好的洗手间，培养和提升学生的设计能力，使其树立以人为本的服务意识。

4. 教学资源

（1）基本教学资源：广东省精品课程资源、深圳职业技术大学项目化课程及金课课件资源；公园洗手间实景图片资源、教师制作的虚拟现实动画视频；本次课教案、本次课教学课件、参考图纸等。

（2）拓展教学资源：国内外有关公园洗手间的文字分析资料和有关当代优秀园林洗手间的录像资料等。

（四）教学评价

采用专职教师和企业兼职教师的双导师制评价方式，以历届学生作业和企业实际案例为参考；从知识、能力、价值维度构建三位一体评价目标体系，从课前、课中、课后构建全流程评价体系。认真分析学生通过本次课学习在思想意识上潜移默化的改变和收获，评价学生是否注重细节，磨炼其技术基本功，使学生树立全心全意的服务意识，确定保护老年人和残疾人的洗手间设计原则。

（五）创新与反思

本次课的思政素材与教学内容契合度高，公园洗手间设计强调社会公平意识，注重保护老年人和残疾人，有助于培养工科学生的职业素养和工匠精神。

公园洗手间设计属于服务类项目，量大面广，关系到一个城市的生态文明建设，同时细节也非常重要。教师要细心审核学生作业，一方面引领学生建立严密细致的工科思维，另一方面使学生树立以人为本的服务意识。

四、选用教材与参考资料

（一）选用教材

周初梅.园林建筑设计[M].4版.北京：中国农业出版社，2019.

（二）参考资料

1. 刘学军.中国古建筑文学意境审美[M].北京：中国环境科学出版社，1998.

2. 刘学军.园林模型设计与制作[M].北京：机械工业出版社，2011.

案例编写人：刘学军（建筑工程学院）

"智能装备 PLC 综合实训"
课程思政教学案例

一、课程定位

本课程是机电一体化技术专业的一门专业拓展课程,它涉及机械、电气、PLC（Programmable Logic Controller,可编程逻辑控制器）控制、传感检测、机器人控制等技术,是一门综合性、应用性较强的实训类课程。本课程旨在培养学生求真务实、精益求精、爱岗敬业、勇于创新的思想政治素养与职业素养,以及科技强国的理想信念,使学生掌握 PLC 控制、传感器技术、机械安装、电气连接、气动控制等基本理论和工作原理,具备智能装备及生产线 PLC 集成控制与编程,机电一体化单元机械安装、电气安装与维护等方面的能力。

二、课程思政整体设计思路

（一）课程思政整体设计理念

党的二十大报告指出要"推进新型工业化,加快建设制造强国、质量强国、航天强国、交通强国、网络强国、数字中国"。机电一体化技术专业依托粤港澳大湾区在先进技术方面的区域优势,坚持产教融合的办学特色,聚焦智能制造领域,深入贯彻落实党的二十大精神,努力培养更多适应新时代要求的"卓越工程师、大国工匠、高技能人才"。

"智能装备 PLC 综合实训"课程根据智能制造时代对技术人才的新要求,重点培养学生掌握 PLC 逻辑控制、运动控制的基础知识,掌握智能生产线设备集成、网络连接与通信配置的技能，具备智能生产线维护与集成开发的职业能力，提升学生担当民族复兴大任的爱国情怀和使命感，使学生树立科技强国、制造强国的远大理想和时代担当。

课程以制造强国发展战略和深圳"敢为天下先"的创新开拓精神为导向，以智能制造工业现场对技术技能人才的新要求为落脚点，结合深圳"发展高端制造装备"的战略部署，形成以爱党报国、敬业奉献、服务人民为核心，强调求真务实、精益求精的工匠精神和严谨负责、追求卓越的职业素养与能力的立体化育人模式。

本课程针对学生的特点，采用任务驱动、工作过程导向式的探索型教学模式。在教学实施过程中通过具体的思政案例，结合国家工业发展的历史，让学生懂得科技强国的重要意义，以"谈案例""讲故事""重实践"等多渠道将思政教育潜移默化地融入课程项目，让课程思政在塑造学生正确的价值观、人生观、职业观上发挥良好的作用，有效提升教学与育人效果。

（二）课程思政整体设计框架

本课程围绕党的二十大报告提出的"制造业高端化、智能化、绿色化发展"理念，根据智能制造岗位的职业能力要求，将企业实际岗位案例提炼成教学与实训项目，将新技术、新工艺、新规范融入项目，与课程思政相结合，按照职业成长的逻辑规律排列课程内容。聚焦"工匠精神、劳动精神、创新精神"，围绕"制造强国、科技报国"的核心价值来挖掘思政点，按照五大模块整合构建课程体系，给每个项目都设计明确的思政主题，使价值塑造、素养培育、精神提升在每个课程项目中落地生根，贯穿始终，如图1所示。

模块一主要介绍智能制造工业现场的特点，以及智能装备工作站集成的概念。通过讲述"智能制造"和"工业4.0"的概念等知识点，引出国家工业发展进程；通过讲述几代科技工作者艰辛奋斗的故事，激发学生树立科技强国、制造强国的远大理想和时代担当。

模块二主要介绍工业控制核心装置PLC的硬件、软件基础知识。通过讲述工业控制领域核心装置PLC被国外产品垄断的现状，引发学生思考。结合近年芯片断供案例和"两弹一星"精神，引导学生了解拥有国家自主知识产权的重

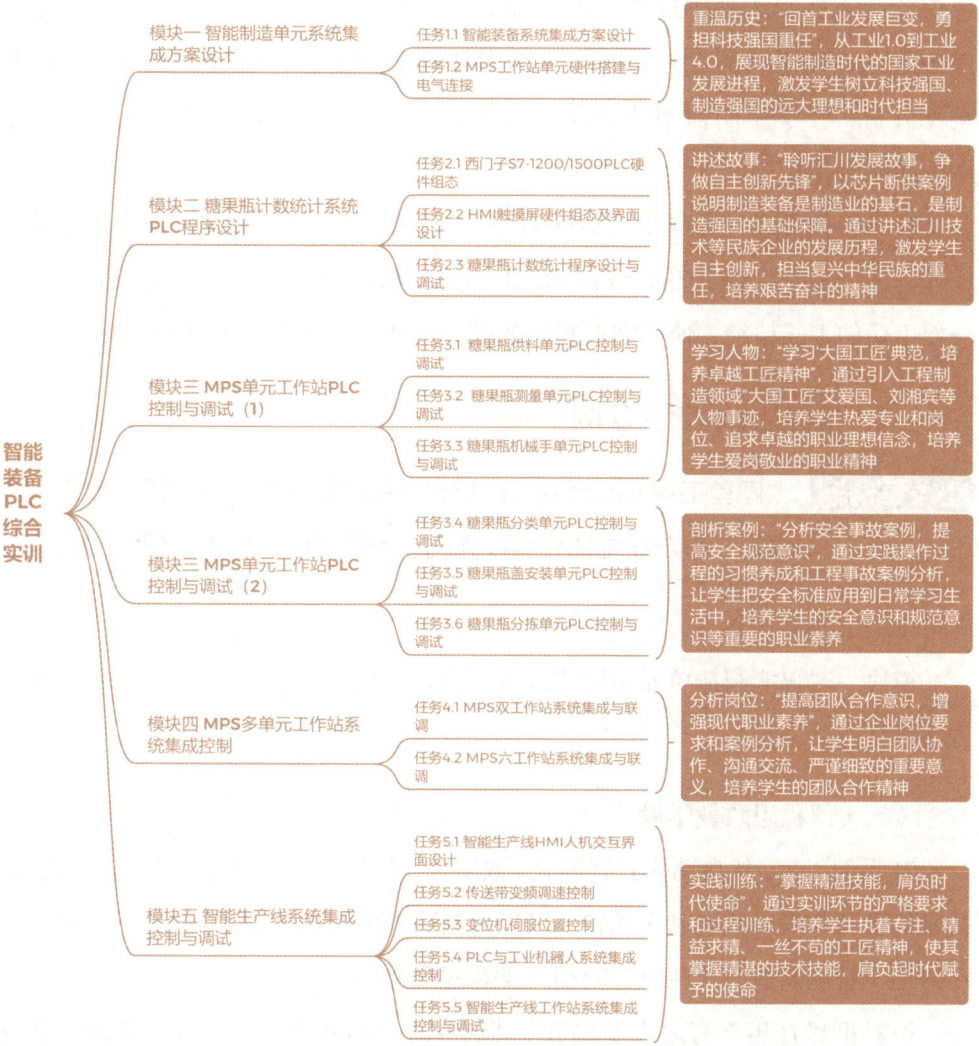

图 1　"智能装备 PLC 综合实训"基于课程思政的教学内容设计
注：HMI：Human Machine Interface，即人机界面。

要性，培养学生通过自主创新掌握技术核心的能力，使其树立科技强国的责任担当意识，以及爱党爱国、担当民族复兴大任的爱国情怀。

模块三、模块四主要通过 MPS（Modular Production System，模块化生产加工系统）实训平台介绍智能装备的集成、安装与 PLC 控制程序开发。通过讲述"大国工匠"先进事迹，培养学生热爱专业和岗位、追求卓越的职业理想信念；通过实践操作过程的习惯养成、工程事故的案例分析，培育学生严谨细致、一丝不苟的工匠精神，爱岗敬业的职业素养；通过企业岗位要求和案例分析，让学生明白团队协作、沟通交流、严谨细致的重要意义，培养学生的团队合作精神。

模块五主要通过智能生产线的系统集成综合实训使学生掌握设备间系统集成的方法。通过实训环节的严格要求和过程训练，培养学生执着专注、精益求精、一丝不苟的工匠精神，使其掌握精湛的技术技能，肩负起时代赋予的使命。

三、课程思政教学案例

教学案例一 "回首工业发展巨变，勇担科技强国重任"——重温国家工业发展史，激发学生树立科技强国、制造强国的远大理想和时代担当

（一）教学任务

模块一"智能制造单元系统集成方案设计"之任务 1.1：智能装备系统集成方案设计。

（二）课程思政教学设计

21 世纪以来，从自动化到智能化、数字化，无人工厂、"黑灯"工厂越来越多，技术的更新与发展速度越来越快，以智能制造为代表的工业 4.0 时代已经到来。在讲述"智能制造时代特点"时引入课程思政案例。

面对世界百年未有之大变局和工业 4.0 时代的到来，每个国家都希望在这场工业革命中通过技术的进步领先于世界。从历史上看，工业革命的技术成果吸收运用得好，不仅有助于科技的进步，而且有助于促进国家经济、社会的全面进步。在智能制造背景下，通过回顾历次工业革命对人类和世界格局的影响，重温国家工业发展的历史进程，引发学生思考应该如何结合自己的专业为实现国家的进步和民族的复兴而奋斗，让学生树立起科技是第一生产力、科技的领先是国家强大的重要保证的意识，激发学生树立科技强国、制造强国的远大理想和时代担当。

(三)教学实施

1. 教学目标

(1)价值目标:通过回顾历次工业革命对人类和世界格局的影响,树立科技是第一生产力、科技的领先是国家强大的重要保证的意识;通过重温国家工业发展的历史进程,树立科技强国、制造强国的远大理想和时代担当。

(2)知识目标:了解工业革命的历史;了解智能制造时代特点;理解智能装备集成的概念,掌握智能生产线工作站集成方案的设计。

(3)能力目标:学会使用 CAD 软件设计设备集成方案,能绘制智能生产线工作站的连接拓扑图,在动手实践过程中培养思考问题和解决问题的能力。

2. 教学方法

针对学生的特点,采用任务驱动的项目化教学模式。以学生为主体,以教师为主导,充分利用互联网、虚拟仿真软件、实训平台等多种手段,线上线下相结合,依托线上课堂的数字化资源,开展翻转课堂,提升课程思政教学的交互性与有效性。

3. 教学过程

在教学实施过程中按课前、课中、课后三个阶段来准备教学资源。

(1)课前:通过线上教学平台发布"从工业 1.0 到工业 4.0""中国工业发展历程"等视频资源,让学生了解课程内容的相关背景,初步融入思政内容。

(2)课中:按"任务导入、分析讨论、知识讲解、探索实践、任务实施、总结评价"六个环节展开教学,在任务导入与知识讲解环节中引入课程思政案例。

第一步:任务导入——引发思考。

通过"美的空调智能化工厂"视频引出智能制造背景下的工业现场场景。引导学生思考:工业 4.0 时代的智能制造与过去相比,有什么特点?每一次的工业革命给人类和世界格局带来了什么影响?什么是集成?

第二步:分析讨论——思政点睛。

引导学生结合课前的学习资源,讨论并发表自己的意见。教师通过分析工业 1.0 到工业 4.0 给世界带来的巨大变化,以及我国在每次工业革命中的进步与不足,总结科技发展对国家进步的重大意义,引导学生树立科技是第一生产力、科技的领先是国家强大的重要保证的意识。

通过介绍中国工业发展的历史进程，讲述几代人推动国家工业发展的艰苦奋斗历程，激励学生树立科技强国、制造强国的远大理想和时代担当。

第三步：知识讲解——价值引领。

讲述智能制造生产线集成概念和智能制造特征，介绍智能制造生产线集成方案的设计方法，操作示范工作站单元设备连接拓扑图绘制方法，让学生掌握先进制造技术，明确通过数字化的变革抢占工业4.0先机的重要意义，激发学生的学习奋斗精神。

第四步：探索实践——鼓励创新。

学生根据任务书"提出MPS系统工作站的集成控制方案"，结合所学知识点，进行探索性设计练习。教师鼓励学生开拓思维，勇于创新，积极探索各种可能的解决方案。

第五步：任务实施——规范过程。

教师对探索实践中发现的问题进行点评纠正，学生根据任务要求正式进行"MPS系统单元工作站集成连接"实训练习。在实训过程中，教师通过规范的要求、标准的量度，逐步培养学生良好的工作习惯和职业素养，潜移默化地培养学生的工匠精神。

第六步：总结评价——归纳升华。

教师对各小组的课程实训结果进行评分，归纳提炼知识技能要点，将课程思政要点进一步升华。

（3）课后：教师布置信息检索作业，让学生巩固课程知识，加深对课程内容及课程思政的思考。

4. 教学资源

（1）基本教学资源："美的空调智能化工厂""中国工业发展历程"等课程思政视频资源、线上教学平台微课视频；本次课教案、本次课教学课件、作业及测验题目等。

（2）拓展教学资源：美的集团介绍、比亚迪公司智能生产线资料、特斯拉智能工厂视频资源、宝马汽车生产线视频资源等。

（四）教学评价

课程以学生实训过程与结果为导向，结合岗位要求及"1+X"证书中级标准要求，采用线上线下评价相结合、理论评价与实训评价相结合、过程性评价和终结性评价相结合的考核与评价模式，评价贯穿课前、课中、课后全过程。

（1）在线上教学平台布置课前学习与讨论任务，重点考核学生对知识点的理解与掌握；课中侧重以实训任务完成的情况进行实践能力的考核，将小组互评与教师评价结合。本次任务的考核重点为智能生产线工作站的集成连接拓扑图设计。依据价值目标，在过程性考核中对学生的职业素养进行记录和评分。

（2）在线上教学平台布置课后拓展作业，学生上传信息检索与调研报告作为增值性评价内容，重点考查学生学习研究国家科技发展史的深度。

（五）创新与反思

课程围绕价值、知识、能力三维目标，有机地将价值塑造融入知识点、技能点的教学中，拓宽了学生的历史视野，培养了学生科技强国的意识。通过项目化教学法巩固了学生对知识技能的掌握，通过案例故事的融入激发了学生的奋斗精神和爱国情怀。

在本任务实施过程中，部分学生未能跟上教师的进度，注意力不够集中。教师在授课过程中，对学生的学习能力差异考虑得不够周全，在激发学生学习动力方面考虑得还不够深入。在后面的授课中应细致考虑小组中每个学生的实际学习能力，通过信息化手段和仿真动画等直观形式激励学习积极性差的学生认真听课，增强团队凝聚力，提高学习效率。

教学案例二 做一把永不熄灭的"焊枪"——跟着"大国工匠"艾爱国学习精益求精、追求卓越的工匠精神

（一）教学任务

模块三"MPS 单元工作站 PLC 控制与调试"之任务 3.2：糖果瓶测量单元 PLC 控制与调试。

（二）课程思政教学设计

本次教学任务是完成测量单元工作站的机械部件安装以及电气与气动线路的安装，实现工作站设备的 PLC 集成控制与调试。在讲述测量单元机械硬件安装步骤时引入课程思政案例。

机械部件安装的精密性会直接影响测量仪器的精准度，在机械安装实训练习中，学生不仅要掌握安装的步骤，更要养成严谨专注、一丝不苟的职业习惯。通过"七一勋章"获得者、"大国工匠"艾爱国一生专注技艺，将焊接工艺做到极致的故事，向学生讲述何为执着专注、精益求精的工匠精神，激励学生勤于钻研，掌握技术，专注投入，追求卓越。在实训环节的每一个节点都设定明确的思政素养评分点，逐步培养学生严谨细致、一丝不苟的职业素养和热爱专业、精益求精的工匠精神。

（三）教学实施

1. 教学目标

（1）价值目标：了解工程制造领域"大国工匠"艾爱国、刘湘宾等人物的事迹，培养热爱专业、追求卓越的职业理想信念；通过实训环节的严格训练，培养执着专注、精益求精、一丝不苟的工匠精神。

（2）知识目标：了解 MPS 测量工作站的硬件组成，理解工作站的电气原理图，掌握气路连接与布线规范，掌握测量单元气爪机构的安装与连接，掌握测量工作站的 PLC 程序控制与调试。

（3）能力目标：能进行旋转提升单元机械气爪的安装，会根据气路图进行气动元件气路接线，会调节和测试距离传感器信号，会编写 PLC 程序实现对测量工作站的控制与调试。在动手实践过程中培养解决问题的能力。

2. 教学方法

针对学生的特点，采用任务驱动的项目化教学模式。充分利用互联网、虚拟仿真软件、实训平台等多种手段，线上线下相结合，以项目实训要求为切入点，通过"大国工匠"人物故事的思政融入，依托线上课堂的数字化资源，开展翻转课堂，提升课程思政教学的交互性与有效性。

3. 教学过程

在教学实施过程中按课前、课中、课后三个阶段来准备教学资源。

(1) 课前：通过线上教学网站发布《大国工匠》纪录片资源，让学生关注了解制造领域的"大国工匠"故事，初步融入思政内容。

(2) 课中：按"任务导入、知识讲解、探索实践、项目示范、实训练习、总结评价"六个环节展开教学，在项目示范环节中引入课程思政案例。

第一步：任务导入——引发思考。

通过"MPS 系统测量单元工作站"的运行视频，提出测量单元的设备集成需求和项目任务。提出问题：要怎样保证设备安装的精密性，从而确保测量的精准度？机械与电气安装过程中哪些问题有可能导致工程事故的发生？引起学生对操作过程严谨性的重视。

第二步：知识讲解——原理剖析。

教师讲解测量工作站的硬件结构、机械安装的要点；用动画演示电气与气动连接的原理，分析模拟量传感器的基本原理和信号处理方法；引导学生不仅要知其然，更要知其所以然，为工作站的机械集成安装打下基础。

第三步：探索实践——鼓励创新。

学生根据 MPS 测量工作站机械安装任务书要求，结合基本的原理知识，进行探索性安装方案制订。教师鼓励学生开拓思维，勇于创新，积极探索如何达到机械安装精密性的要求。

第四步：项目示范——思政点睛。

教师点评小组制订的安装方案，示范讲解电气接线与机械安装的标准与规范。在这个过程中，通过"看视频、讲故事、谈感想"的方式引入"七一勋章"获得者、"大国工匠"艾爱国一生专注技艺，将焊接工艺做到极致，为解决国家大型钢结构焊接难题作出重大贡献的故事，培养学生树立严谨专注、一丝不苟的工匠精神。艾爱国作为一名普通工人，通过自己长期的勤学苦练、刻苦钻研，带头进行生产技术攻关，克服了一个又一个困难，创造了一个又一个奇迹。这些成绩是他一辈子对每一个工艺追求精益求精的结果，大师级的造诣也是从一点一滴的专注投入开始的。因此，学生需要在每一次实训中养成良好的职业习惯。

价值引领：用"大国工匠"的人物故事引导学生，只要坚持不懈、追求卓越，将自己的专业做到精益求精，用一辈子去做好一件事情，就能够有所成就。

第五步：实训练习——规范过程。

学生根据实训任务书的要求实施"测量单元工作站机械安装"实训练习，在实践中践行工匠精神。在实训过程中，教师通过规范的要求、标准的量度，逐步培养学生良好的工作习惯和职业素养，潜移默化地培养学生的工匠精神。

第六步：总结评价——归纳升华。

教师对各小组的课程实训结果进行评分，归纳提炼知识技能要点，将课程思政要点进一步升华。

（3）课后：教师通过让学生完成实训报告，书写对《大国工匠》纪录片的感想体会，使学生巩固课程知识，加深对课程内容及课程思政的思考。

4. 教学资源

（1）基本教学资源："大国工匠"艾爱国的人物介绍、"中国制造"视频等课程思政资源；线上教学平台微课视频；本次课教案、本次课教学课件、作业及测验题目等。

（2）拓展教学资源：智能化集成系统介绍、《机械设备安装工程施工及验收通用规范》（GB 50231—2009）、《电气装置安装工程电缆线路施工及验收标准》（GB 50168—2018）和《大国工匠》纪录片等视频资源。

（四）教学评价

课程以学生实训过程与结果为导向，结合岗位要求及"1+X"证书中级标准要求，采用线上线下评价相结合、理论评价与实训评价相结合、过程性评价和终结性评价相结合的考核与评价模式，评价贯穿课前、课中、课后全过程。

（1）在线上教学平台布置课前学习与讨论任务，学习《大国工匠》纪录片，重点考核学生对技能点的理解与掌握；课中侧重以"工作站机械安装"实训任务完成的情况进行实践能力的考核，将小组互评与教师评价结合。本次任务的考核重点为 MPS 测量工作站的机械安装与调试。依据价值目标，在过程性考核中对学生的职业素养进行记录和评分。

（2）在线上课程平台布置课后拓展作业，学生上传视频观后感，作为增值性评价内容，重点通过杰出人物的引领，塑造学生良好的职业价值观。

（五）创新与反思

课程通过设定实训项目的模块化过程性考核目标，有机地将工匠精神的培育落实到实训项目的每一个环节中，潜移默化地训练学生的职业素养，培养了学生执着专注、精益求精的工匠精神，通过项目化教学法巩固了学生对知识技能的掌握；通过"大国工匠"人物故事的融入激励学生热爱专业、追求卓越的职业理想信念。

在本次课的实训过程中部分学生的操作过于随意，接线工艺不够规范。工艺和操作的规范性要求在落实时，仍需要进一步细化提高。如果没有将规范意识、安全意识细化落实到实训的每个考核点上，就很难使学生养成良好的职业素养，因此在教学设计上要结合考核评分点，进一步细化和强化对学生规范操作、严谨细致的要求，逐步养成学生良好的职业素养。

四、选用教材与参考资料

（一）选用教材

黎良田. 智能生产线 PLC 集成控制技术——基于西门子 S7-1200/1500[M]. 上海：同济大学出版社，2023.

（二）参考资料

1. 震撼世界的中国工业革命：中国用一代人的时间经历四次工业革命

   https://wenhui.whb.cn/third/baidu/201909/04/287564.html

2. 四次工业革命的划分：从数字化车间走向智能制造

   https://www.jianshu.com/p/2963d92374fa

3. 焊工艾爱国：劳模制造，必是精品

   http://tv.cctv.com/2022/03/02/VIDEtT76h7YcGITcxKSi6BfS220302.shtml

案例编写人：黎良田（机电工程学院）

"数控机床应用"
课程思政教学案例

一、课程定位

"数控机床应用"是机械设计与制造专业的一门专业核心课程，旨在培养学生爱岗敬业、勇于创新的思想政治素养与职业素养，使学生树立科技强国的理想信念和文化自信；使学生掌握数控机床的基本组成和工作原理、数控机床的基本机械结构、数控机床编程等基本理论，具备在生产制造领域应用数控机床的能力。

二、课程思政整体设计思路

（一）课程思政整体设计理念

"数控机床应用"是一门实践性和综合性都很强的新技术专业基础课。本课程的作用是培养学生掌握数控机床的基本原理、数控加工工艺及编程方法等，能运用数控机床及附件等工具完成典型零件的数控编程及加工等工作。本课程以数控机床为教学载体开发教学项目，培养面向智能制造生产加工一线的高素质技术技能型人才。在课程教学过程中培养学生的交际与沟通能力、管理能力、信息处理能力、团队协作精神、敬业乐业精神、创新意识、质量意识、安全意识、环境保护意识、法律意识等。在课程建设过程中充分发挥课程思政的协同作用，寓道于教、寓德于教、寓教于乐，根据教学标准及学生特点确定课程思政建设目标。

本课程在校企合作的基础上，贴近数控加工行业相关职业的需求，以培养学生的数控机床加工及编程能力为主线，采用项目化教学设计思想，以工作任务为导向，由任务入手引入相关知识和理论，通过技能训练引出相关概念、工艺及编程，体现做中学、学中练的教学思路，突出实践性、趣味性、职业性，体现"教、学、做合一"的设计理念，并融入职业素养教育和价值观引导等内容，注重提升学生的综合素质和岗位胜任力。

通过贯穿全程的数控机床典型应用案例、"大国重器""大国工匠"的介绍，引导学生树立正确的人生观、价值观和爱国主义情怀，培养学生的专业认同感和荣誉感，引导其成为思想意志坚定、专业技术精湛、职业素养全面的社会主义事业建设者和接班人。通过对数控程序逻辑的设计分析，使学生学会用哲学思维看待、处理专业技术问题，掌握正确的数控课程学习方法和思维方法，培养学生的逻辑思维、辩证思维能力，促进学生身心和人格健康发展。通过从数控机床控制到数控系统操作的完整流程训练，实现对学生实践能力的阶梯式训练，提升学生的数控机床应用能力和技术创新能力。实训过程中融入劳动教育，强化学生的安全意识、责任意识、规则意识，培养学生的职业素养、职业能力和工匠精神。

（二）课程思政整体设计框架

本课程以任务为驱动，采用"教、学、做合一"的教学设计，融入企业真实案例和学科发展大事件，丰富育人载体，优化教学内容，培养学生善于实践、勇于探索的创新意识，塑造学生精益求精、追求卓越的职业精神，使其增强理想信念，厚植科技报国之志。通过校内教育与校外实践结合，专业教师与思政教师、企业教师协同，实现课程思政建设与专业教育质量的双向提升。

1. 课程思政教学实践改革内容

"数控机床应用"课程聚焦立德树人根本任务，探究思政教学改革的"道法术器"，同时让思政改革与课程信息化建设同步进行。"数控机床应用"课程思政教学实践改革内容如下。

（1） "道"：教学目标改革。

重新梳理教学内容，确立思政培养目标并写入课程标准。挖掘思政元素、典型案例，融入教学过程。重新修订课程标准、教学资源、数字化教材等相关教学标准和资源。

（2）"法"：教学内容改革。

根据专业特色和课程标准，以"立德树人，精技创新"为教学主线，从以下两个方面着力优化课程思政内容供给。

第一，通过项目化教学，使学生了解国际和国内智能制造发展态势，了解国家发展战略和行业需求，教育学生坚定"四个自信"，深刻理解社会主义核心价值观的丰富内涵，将其内化为精神追求，外化为自觉行动。

第二，通过数控工艺分析设计、小组讨论、项目总结等形式，潜移默化地培养学生的自主学习、逻辑分析和沟通交流能力。完善实训操作规范和考核评价标准，培养学生精益求精的工匠精神，深化职业理想和职业道德教育，引导学生自觉践行行业精神和职业规范。

（3）"术""器"：教学方法与手段改革。

采取线上线下相结合的混合式教学，形成"数字化教材＋网络课程平台＋实训考核装置＋虚拟仿真对象"四位一体；在课程平台增加思政育人栏目，德技并修、育训结合。

2. 课程主要教学目标

（1）使学生了解数控机床的分类与结构、工作原理、应用范围、控制方式；理解数控机床机械结构、传动及电气控制部分的工作原理及设计方法。

（2）使学生掌握数控机床的加工工艺知识、CNC（computerized numerical control，计算机数字化控制）机床的工艺特点以及平面和曲面的数控加工方法等。

（3）使学生掌握数控机床的编程和应用；掌握数控加工工艺文件的制订和数控加工程序编制的基本知识，能够应用数控机床的编程知识合理解决实际问题；掌握应用数控机床操作技术处理工程问题的方法。

（4）使学生理解计算机数控系统的组成、工作过程、功能及其硬件体系结构与软件结构，插补与刀具补偿原理；了解数控机床系统的软、硬件结构和工作原理，伺服系统的构成及分析方法，以及数控机床位置测量系统的工作原理。

（5）使学生了解数控机床的各种技术参数，并能熟练使用相关机械类仪器、设备检测数控机床和数控加工中的各种关键参数；了解数控设备发展趋势及其在智能制造领域的应用。

本课程根据教学内容要求设计了七个项目，包括探究数控机床的程序编制、计算机数控系统、刀补原理与刀具补偿技术、现代数控技术、数控机床的故障诊断、数控机床的机械结构和数控机床的驱动与位置控制，如图1所示。

三、课程思政教学案例

教学案例一 "他创下数控车床 0.005 毫米精度极值，为导弹的'咽喉'主刀"——精益求精的工匠精神

（一）教学任务

车床外轮廓编程。

（二）课程思政教学设计

本次教学任务是完成车床外轮廓编程，在介绍加工精度时引入课程思政案例。通过"大国工匠"阎敏的故事，引出工匠精神。工匠精神是一种包括敬业、精益、专注、创新等在内的职业精神。弘扬工匠精神，不仅是高职教育工作者应当承担的育人职责和使命，更是国家发展、民族振兴、学生成长成才的必然要求。

（三）教学实施

1. 教学目标

（1）价值目标：通过学习航天科技，了解机械加工中精度的概念，培养严谨、细致、协作的工匠精神。

（2）知识目标：掌握数控机床的编程和应用；掌握数控加工工艺文件的制订和数控加工程序编制的基本知识，能够应用数控机床的编程知识合理解决实际问题；掌握应用数控机床操作技术处理工程问题的方法。

（3）能力目标：具备编写和调试数控加工程序的能力，具备编制和分析数控加工工艺的能力。

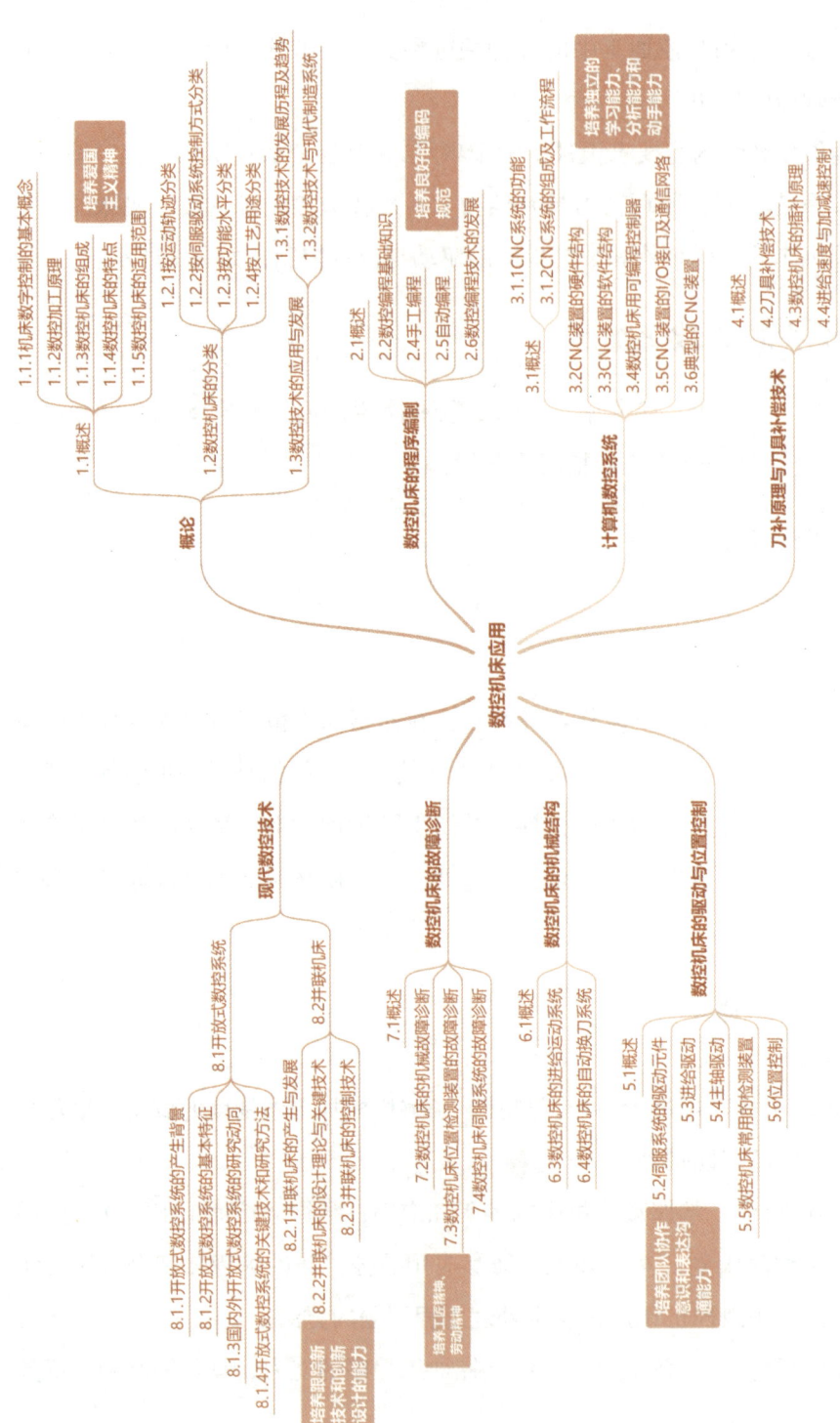

图 1 "数控机床应用"基于课程思政的教学内容设计

注：I/O：Input/Output，即输入/输出。

2. 教学方法

采用线上线下混合式教学，以任务驱动为核心，主要运用启发教学法、问题教学法和小组教学法，并辅以官方网站、视频资源、案例等多种资料。

3. 教学过程

第一步：任务引入——提出问题。

提出关于数控车床的工艺范围、数控车床的基本构成与分类、数控车床的坐标系及其正方向和数控车床编程特点等问题，通过轴类件加工引导学生思考并观察加工工艺。

第二步：案例探究——小组讨论。

对照零件图（图2），布置任务：某中型零件制造企业接到500件零件的生产任务订单，要求三天内完成生产。订单提供零件图纸。作为数控车床工，要根据零件图和工艺卡的要求进行首件试生产，并检测加工精度，以便实现批量生产。学生先查找资料，然后以学习小组为单位讨论并探究加工工艺。

第三步：教师讲评——思政点睛。

针对讨论结果，教师进行集中讲解，介绍阎敏作为"大国脊梁"的担当和创新精神。

思政点睛：课程中要加工的零件基本上都是带公差的尺寸，加工后的尺寸

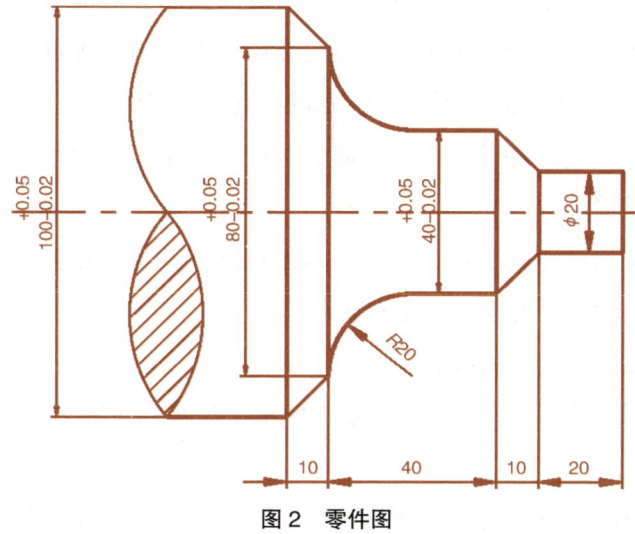

图2　零件图

只要在上下偏差范围内即可，但为了让学生注重细节，一丝不苟，做到精益求精，可要求学生严格按照计算结果加工到中值尺寸，精确到小数点后三位。

可列举一些思政小故事（《"大国工匠"阎敏》等）、古籍典故（《诗经·召南·采蘩》中的"夙夜在公"等），并适当穿插利用网络视频、职场达人案例、课堂讨论等多种途径和手段，使学生感受工匠精神在人生成长和提升专业能力中的作用，培养学生"即使做一颗螺丝钉也要做到最好"的精益求精的精神品格。

第四步：聚焦任务——知行合一。

动手实践：学生在教师示范带领下，完成零件编程。同学之间要注意协作学习，互相帮助完成任务。

粗车复合循环指令 G71 适合毛坯为圆柱体、长径比较大的轴类零件加工，但 G71 指令中的零件 x 轴数值沿 z 轴方向必须单调变化（递增或递减）。型面粗车复合循环指令 G73 适合毛坯为铸、锻件等零件型面的加工，G73 指令对零件轮廓无单调变化要求。

本任务中的毛坯为棒料圆钢，因为零件有非单调变化轮廓结构（R20 圆弧），所以无法使用 G71 指令粗车循环，但如果用 G73 指令直接加工圆柱毛坯，加工时空刀多，效率低。为解决这一问题，教师提供一个新的加工工艺方法：先用 G71 指令忽略非单调变化部分加工，然后用 G73 专门加工非单调变化部分。零件加工工艺路线：先忽略圆弧部分结构，假设圆弧部分结构不存在，用 G71 指令按单调轮廓粗加工，然后再用 G73 指令专门加工 R20 圆弧部分结构。使用这种工艺方法，即使是加工圆柱毛坯，空刀现象也明显减少，切削进给路线最短，加工效率提高。通过该环节的教学实施，可以培养学生一丝不苟、认真专注、追求卓越的工匠精神。

总结升华：树立逻辑严谨、条理清晰的科学精神和精益求精的工匠精神，这是对工科学生的基本要求，也是学好课程的要求。

第五步：课后作业——巩固提升。

课后布置拓展任务，完成中国大学 MOOC（慕课）网站上的作业。

4. 教学资源

（1）基本教学资源：新闻联播视频、线上教学平台全部微课视频、本次课教案、本次课教学课件、作业及测验题目等。

（2）拓展教学资源：互联网资源等。

（四）教学评价

评价采用显隐结合的方式，以知识、能力、价值构建三位一体评价目标体系，从课前、课中、课后构建全流程评价体系。

1. 显性评价方式

在线上教学平台布置课前测试、课后作业，重点考核学生对知识点的掌握与理解；课中侧重以教学任务完成的情况进行实践能力的考核，小组互评与教师评价结合。本次任务的考核重点为工艺的正确性。

2. 隐性评价方式

根据学生编程时的项目单，评价学生通过本次课学习在思想意识上潜移默化的改变和收获。

（五）创新与反思

本次课的思政素材与教学内容契合度高，能有效激发学生的民族自豪感和培养工科学生的职业素养和工匠精神，做到润物无声。在编程教学时，教师向学生强调要注重条理性，做到细致认真，贯穿工匠精神；鼓励学生热爱工作、追求卓越、关注细节、创新改进，并注重培养职业道德和责任感，为他们的职业发展打下坚实的基础。

教师作为课程思政教育的实施者，需要具备较高的思政素养，善于挖掘专业课中的思政元素，并能够运用合适的教学方法。思政元素需要有丰富的教育资源作为支撑，下一步要继续加大对思政资源建设的投入，提供更多的教材、案例以及其他教育资源，以满足教学的需求。同时，可以充分利用互联网等现代化手段，开发和利用在线教育资源，提供更加丰富和便捷的教学内容。

教学案例二　从数控系统的认识中加强爱国主义教育

（一）教学任务

了解数控系统工作原理与应用。

（二）课程思政教学设计

本次教学任务是了解数控系统基本原理与应用，在介绍数控系统发展时引入课程思政案例。案例呈现了国内企业坚持自主研发技术的创新意识，能激发学生的民族自豪感。

可以列举我国数控技术发展的成就，让学生感受中国在全球数控技术发展中的重要地位，开展爱国主义教育，增强学生的民族自豪感。通过对中国数控技术未来发展态势的良好预期，开展理想信念教育，增强学生对祖国发展的信心。可自然而然地引导学生热爱中国制造的产品，进一步让学生明白，高端数控是《中国制造2025》列出的十大领域之一，相关行业的从业者肩上担负着富国、强国的伟大使命，为了实现中华民族伟大复兴的中国梦，学生要建立强烈的责任感和使命感。这样，爱国主义教育就不再停留在简单的字面意思上，而是有了体现课程自身特色的具体内容。

（三）教学实施

1. 教学目标

（1）价值目标：厚植爱党、爱国、爱社会主义的情感，培养担当民族复兴大任的爱国情怀。

（2）知识目标：理解计算机数控系统的组成、工作过程、功能及其硬件体系结构与软件结构，插补与刀具补偿原理；了解机床数控系统的软、硬件结构和工作原理，伺服系统的构成及分析方法，以及数控机床位置测量系统的工作原理。

（3）能力目标：具备调试数控机床控制系统或数控实验装置的能力；具备解决工程设计实际问题的能力。

2. 教学方法

采用线上线下混合式教学，以任务驱动为核心，主要运用启发教学法、课堂练习法和小组教学法，并辅以纪录片、新闻报道、应用案例等多种资料。

3. 教学过程

第一步：任务引入——提出问题。

观看中央电视台《大国重器》纪录片。请学生各抒己见，谈谈纪录片观后感。

第二步：案例分享——思政融入。

交流分享：分享国内企业自主创新的案例。武汉华中数控股份有限公司董事长陈吉红教授在一次访谈中谈到了华中数控突破西方国家技术封锁，自主研发能够实现五轴联动的拥有自主知识产权的数控操作系统，在叶片、叶轮等复杂零件加工中大显身手。

思政融入：数控机床是装备制造的"工作母机"，其技术水平代表一个国家的综合竞争力。数控系统是机床装备的"大脑"，是决定数控机床功能、性能、可靠性、成本的关键因素，也是制约我国数控机床行业发展的因素。高速度、高精度、智能化已经成为全球装备制造业竞争的焦点，对超精密加工控制系统的需求正快速上升。然而，中国有超过80%的高端数控装备还依赖进口，每年要进口的高端数控设备价值高达30亿元。面对这一挑战，陈吉红表示："国产数控系统经历了艰难的发展阶段，屡战屡败，屡败屡战。国外对中国封锁限制，我们就不服这口气。我们的目标就是要打破中国在这个领域的被动局面。"华中数控经过艰苦努力，成功研制出了具有自主知识产权的数控系统——"华中8型"高性能数控系统。"华中8型"高性能数控系统攻克了高速、高精度运动控制技术，实现了纳米级插补和高速、高刚度、伺服驱动控制；突破了现场总线、五轴联动和多轴协同控制技术，研制了硬件可置换、软件跨平台的全数字数控系统软硬件平台，构建了数控系统云服务平台，实现了全数字化的系统内部通信和外部互联；提出了指令域大数据分析方法，实现了工艺参数优化、机床健康评估、热误差补偿等智能化功能的工程应用。

华中数控在"华中8型"高性能数控系统的基础上，基于云计算、大数据、CPS（Cyber Physical Systems，信息物理系统）等单元技术，开发了超越国外的原创智能化软件。华中数控由此迈出了向制造型服务业转型升级的步伐，并且与东莞劲胜共建3C（Computer, Communication, Consumer electronics，计算机、通信和消费类电子产品）智能工厂，以及与胜利精密合作建设的便携式电子产品结构模组精密加工智能制造新模式项目等智能制造示范项目，成为国内智能制造领域自主创新的典范。

第三步：教师讲解——师生互动。

设计问题：数控系统如何控制机床加工？

师生并进： 数控系统作为数控机床的"大脑"，怎么控制数控机床的"四肢"。

数控机床工作时，不需要工人直接去操作机床，要对数控机床进行控制，必须编制加工程序。零件加工程序中包括机床上刀具和工件的相对运动轨迹、工艺参数和辅助运动等。要将零件加工程序用一定的格式和代码，存储在一种程序载体上，通过数控机床的输入装置，将程序信息输入到数控单元。

数控系统能够处理程序，并将其译码，用代码化的数字表示，运算处理由数控装置发出的各种控制信号，控制机床的动作，按图纸要求的形状和尺寸，自动地将零件加工出来。

第四步：课后作业——巩固提升。

课后布置线上作业和线下实践任务，使学生进一步熟悉数控机床系统工作原理。

4. 教学资源

（1）基本教学资源：华中数控系统的介绍；线上教学平台全部微课视频；本次课教案、本次课教学课件、作业及测验题目等。

（2）拓展教学资源：数控系统公司网站资料。

（四）教学评价

评价采用显隐结合的方式，以知识、能力、价值构建三位一体评价目标体系，从课前、课中、课后构建全流程评价体系。

1. 显性评价方式

在教学平台布置课前测试、课后作业，重点考核学生对知识点的掌握与理解；课中侧重实践能力的考核，小组互评与教师评价结合。本次任务的考核重点为对数控机床系统工作原理的掌握。

2. 隐性评价方式

根据学生在讨论环节的发言，观察学生的积极性和对知识的认识程度。

（五）创新与反思

本次课结合项目，融入与课程息息相关的技术话题，不仅能拓宽学生的专业视野，而且能激发学生的民族自信与爱国情怀。课堂上引导学生关注数控机床产业的发展背景、社会责任、可持续发展等问题，培养学生的社会责任感，引导学生思考数控机床产业对于经济、环境等方面的影响，并引导他们思考如何在推动经济发展的同时保护环境、促进可持续发展，培养他们的全球视野和社会责任感。

目前大部分学生还是会选择已有知识解决问题，而不是尝试使用新的知识，因此，教师在如何更好地引导学生使用新知识方面需进一步努力。此外，要找准专业课与课程思政的结合点。在融入课程思政时，应避免生硬和牵强，找准结合点，使思政元素自然地融入专业课教学。如何将思政知识点更加润物无声地融入教学，这个问题也需要进一步思考。可以进一步通过案例分析、小组讨论等方式，将思政元素融入课程内容，培养学生的职业素养和社会责任感。

四、选用教材与参考资料

（一）选用教材

苏宏志，杨辉. 数控机床及应用 [M]. 上海：复旦大学出版社，2010.

（二）参考资料

1. 李艳霞. 数控机床及应用 [M]. 北京：化学工业出版社，2014.
2. [大国工匠] 阎敏：导弹"咽喉主刀师"

https://content-static.cctvnews.cctv.com/snow-book/video.html?item_id=1950243603586573181

3. 《大国重器（第二季）》第七集 智造先锋

https://tv.cctv.com/2018/03/04/VIDE4UzncdRE6JJzugpZThFn180304.shtml

案例编写人：刘杰（机电工程学院）

"生活中的化学"
课程思政教学案例

一、课程定位

本课程是一门通识教育课程,旨在培养学生热爱科学、勇于创新的思想政治素养与职业素养,树立科技强国的理想信念,从化学与衣、食、住、行、用、安全、文化七个方面的联系引导学生认识和理解生活中的化学现象,培养学生用化学的理念观察、分析、感悟生活的能力,提高学生的综合科学素养、思辨能力和环境保护意识。

二、课程思政整体设计思路

(一)课程思政整体设计理念

本课程是一门面向我校艺术设计学院、医学技术与护理学院、管理学院等院系学生的通识课程,旨在引导学生认识和理解生活中的化学现象,关注生活中的化学问题,提高科学素养。课程已形成"知识传授、技能培养和价值塑造"三位一体的教学目标,是我校贯彻落实"文化育人、复合育人"方针的重要成果。

课程思政要求各类课程与思想政治理论课同向同行,这是高校践行"立德树人"理念的重要举措。从内涵看,课程思政与通识课程具有高度的融通性,课程思政理应是通识课程最核心的输出内容之一,而通识课程也是课程思政建设最完美的载体。

本课程紧紧围绕马克思主义哲学观、社会主义核心价值观、中华优秀传统文化等,结合课程对应的科学属性,深入挖掘思政内容,合理设计思政载体,搭建基于全生活场景的七大教学模块，引入基于"经典＋热点"的课程思政案例，通过任务驱动、思考探究、引导启发、分析讨论等多种教学方法达成思政目标。

此外，本课程在思政建设的基础上，进一步探索"党建＋课程思政"融合，从思政内容设计、教学团队组建、企业技能大师授课三个维度，将"课程思政、党建、课程教学"三者有机融合，从而打造一门思想政治性突出、学生喜爱度高、课程内涵深厚、教学模式灵活的思政课程。

（二）课程思政整体设计框架

本课程依据教学目标，遵循与生活紧密相关，与国家发展战略紧密相关，与重大热点事件紧密相关，与生命健康紧密相关的课程设计原则，深刻揭示化学在人类生产活动中，在社会发展中，以及在科技变革中的重要作用。

本课程在衣、食、住、行、用、安全、文化七个模块中，精选出43个化学领域的杰出科技成就、前沿高新知识、典型科学故事、日常生活现象等子话题，形成以化学知识为骨架，以认识生活和服务生活为内容导向的课程体系；根据课程思政总体设计和各课程模块的教学知识点，深入挖掘思政载体，分解课程思政目标，将马克思主义哲学观、社会主义核心价值观、"四个自信"、工匠精神、职业素养等思政内容巧妙融入教学过程。

在"化学与衣"模块，通过认识国家一级文物"西汉直裾素纱襌衣"的前世今生，让学生树立文化自信；在"化学与食"模块，分享"共和国勋章"获得者袁隆平院士的生平事迹，引导学生与爱国、敬业等社会主义核心价值观产生共鸣；在"化学与住"模块，引导学生分析掌握故宫博物院建筑群的结构和布局特点，弘扬精益求精的工匠精神；在"化学与行"模块，通过让学生观看中央电视台科教频道的《中国高铁》纪录片，使学生坚定对中国特色社会主义道路的自信；在"化学与用"模块，组织学生就美国制裁华为、大疆等中国高科技企业的行为展开讨论，培养学生的民族自信；在"化学与文化"模块通过对比分析西方"炼金术"和中国古代"炼丹术"的兴衰历史，引导学生深刻理解尊重客观规律、坚持唯物主义的马克思主义哲学观；在"化学与安全"模块，组织学生回顾新型冠状病毒感染初期中国和西方国家在应对疫情方面的政策和措施差异，坚定学生对中国特色社会主义制度的自信。本课程思政教学内容设

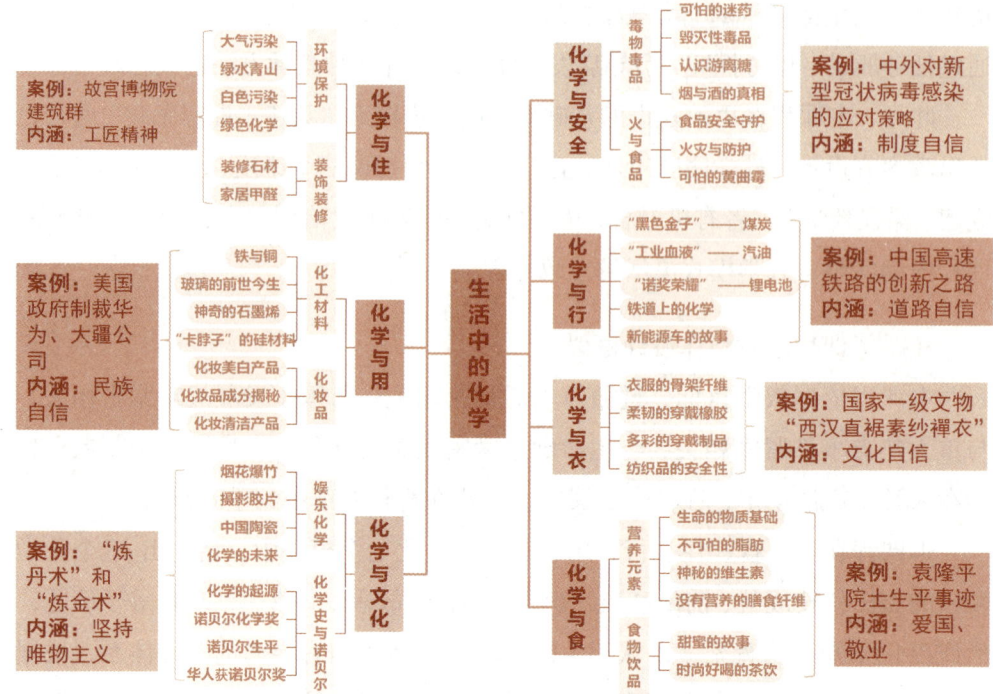

图1 "生活中的化学"基于课程思政的教学内容设计

计如图1所示。

三、课程思政教学案例

教学案例一 汉服中的世界瑰宝——西汉直裾素纱襌衣体现的华夏文明

(一)教学任务

"化学与衣"模块之任务1:衣服的骨架纤维。

(二)课程思政教学设计

本次教学任务是讲解衣物面料的主要组成物质——纤维,在介绍天然纤维的来源和应用时引入课程思政案例。

西汉直裾素纱襌衣,国家一级文物,1972年出土于湖南长沙马王堆一号汉墓,现藏于湖南省博物馆。此件素纱襌衣为交领、右衽、直裾,类似汉时流行的上下衣裳相连的深衣，而袖口较宽。除衣领和袖口边缘用织锦做装饰外，整件衣服以素纱为面料，没有里衬，没有颜色，故出土遣册称之为素纱襌衣。它由精缫的蚕丝织造，以单经单纬丝交织的方孔平纹而成，丝缕极细，做工轻盈精湛，孔眼均匀清晰，质量仅 49g，可谓轻若烟雾，薄如蝉翼。

西汉直裾素纱襌衣高超的制作技艺代表了西汉初期养蚕、缫丝、织造工艺的最高水平，是世界上现存年代最早、保存最完整、制作工艺最精、最轻薄的一件衣服，在中国古代丝织史、服饰史和科技发展史上有着极为重要的地位，2002 年被国家文物局列入《首批禁止出国（境）展览文物目录》。

该案例展现了华夏文明源远流长的辉煌历史，反映了我国农耕时代在桑蚕养殖和纺织工业等领域已呈高度发达状态，让世人能更加地了解华夏文明引领下的经济发展状况以及社会文化等，激发学生强烈的民族自豪感和文化自信。

（三）教学实施

1. 教学目标

（1）价值目标：了解西汉直裾素纱襌衣的工艺特点和历史价值，树立强烈的民族自豪感和文化自信，同时正确认识"闭关锁国"政策导致的国运衰退和文化、科技等领域发展滞后的问题，从而拥抱开放进取的发展道路，勇担中华民族伟大复兴的历史重任。

（2）知识目标：了解纤维的来源、分类、应用，掌握常用合成纤维的化学特点及其在服装行业的适用场景。

（3）能力目标：能够通过简单的物理特性辨别纤维的类型，能够阐述化学合成纤维的生产过程和关键工艺，能够根据使用需求合理选择衣物面料的纤维类型。

2. 教学方法

本课程以学生为中心，围绕教学专题，以问题驱动法为主，结合讨论式、启发式教学法，开展创造性教学，培养学生运用化学原理认识问题和分析问题的能力，提高学生的科学素养；充分利用微视频、动画、案例库、习题库等资源和网络学习平台，将混合式教学贯穿课程。课堂教学以讨论、探究为主要手段，注重调动学生的学习积极性和参与性，强调趣味性、技术性与实用性的有机统一。

3. 教学过程

第一步：任务引入，提出问题。

展示形形色色的衣物图片，引导学生思考：衣物的共同特征有哪些？在学生回答后再次展示每件衣物的局部放大图像，引导学生总结出衣物的共同特征之一是其均由又细又长的丝状物纺织而成，从而引出纤维的概念。再次引导学生思考：用来纺织衣物的纤维来自哪里？这些纤维是同一种化学物质吗？

第二步：查询求证，小组探讨。

学生分小组查阅网络资源和文献资料，归纳总结纤维的来源、分类、特点，了解天然纤维的应用历史，了解化学纤维的发展史和应用领域，感受化学纤维在人类文明进步中发挥的重要作用，然后由小组代表对上述知识点进行汇报展示。

第三步：教师讲评，思政融入。

针对小组汇报结果，教师进行集中讲解点评。在讲解天然的蚕丝纤维时播放 CCTV（中央电视台）官网视频"[百家讲坛] 国宝迷踪：素纱襌衣之谜"，通过对这件 2000 多年以前的丝织品的分析和探究，了解该文物的历史和文化价值，体会中华文化的博大精深和源远流长。

汉朝初年，统治阶级崇尚自然朴素之美。同时，丝绸是昂贵的，其织造是非常耗时耗力的，因为蚕丝的产量比棉絮和麻叶少很多。丝绸历代以来受到皇室贵族的喜爱，是身份的象征，是对财富的夸耀。这件素纱襌衣虽然在用料以及制作上极为奢侈，但绝没有华服的明艳之感，色彩上取于自然，为蚕丝天然色，未做染色处理。其存在体现了当时最高超的织造工艺水平，亦体现了人们对美的追求。素纱襌衣虽价值不菲，但观之却又十分素雅轻薄，恰恰体现了汉代美学中对轻盈浪漫、神秘优雅、素净空灵的追求，为人们了解汉代的文化、社会生活、审美观念等各个方面提供了重要的实体资料，具有非常高的文化价值。

通过思政案例，引导学生思考自身如何传承中华优秀传统文化，怎样对待外来文化对中华文化的影响，建立文化自信还有哪些方法、途径。

第四步：课后作业，拓展视野。

课后布置拓展任务，要求学生查阅国家文物局规定的《禁止出国（境）展览文物目录》，选取一件感兴趣的国宝文物，通过查阅文献资料和历史记载，理清该文物的前世今生，掌握该文物在生产制造或保存方面所利用的化学原理和方法，阐述该文物所蕴含的文化价值，激发学生对中华优秀传统文化的探索欲和求知欲。

4. 教学资源

（1）基本资源：线上教学平台的微课视频；课程教案、教学课件、单元测验试题；CCTV 官网科教频道视频"[百家讲坛]国宝迷踪：素纱襌衣之谜"；衣物结构的显微镜放大图像。

（2）拓展资源：期刊论文《浅析"素纱襌衣"背后的艺术与文化价值》；国家文物局文件《首批禁止出国（境）展览文物目录》《第二批禁止出国（境）展览文物目录（书画类）》《第三批禁止出国（境）展览文物目录》。

（四）教学评价

评价采用显隐结合的方式，以知识、能力、价值构建三位一体评价目标体系，从课前、课中、课后构建全流程评价体系。

1. 显性评价方式

在线上教学平台布置课前测试、课后作业，重点考核学生对知识点的掌握与理解；课中侧重以教学任务完成的情况进行实践能力的考核，小组互评与教师评价结合。

2. 隐性评价方式

根据学生在讨论中华优秀传统文化、中外文化对比等主题时的表现，观察学生对于中华优秀传统文化的认识态度，评价学生通过本次课学习在思想意识上潜移默化的改变和收获。

（五）创新与反思

教师结合课程中的化学知识，融入与其息息相关的文化话题，不仅提高学生对生活中化学知识和现象的认知度，同时激发学生强烈的文化自信和勇担民族复兴责任的主体意识。本课程通过问题教学法和小组教学法，强化学生的知识获取能力和对知识的理解运用能力，将价值塑造、知识传授、能力培养有机统一。

对于较为陌生的化学知识，部分文科背景学生因缺乏理解基础，存在学习主动性不强的问题，教师还需进一步思考和解决如何全面激发文科学生对本课程学习热情的问题。

教学案例二　奋勇前进的华为——用奋斗突破科技封锁，体现民族自信

（一）教学任务

"化学与用"模块之任务4："卡脖子"的硅材料。

（二）课程思政教学设计

本次教学任务是学习硅元素的相关材料和用途，在介绍半导体硅时引入华为芯片的崛起之路以及美国打压华为芯片产业的事件，融入课程思政元素。

2009年，华为发布了第1代应用处理器K3V1芯片，该芯片是华为海思自研芯片的开端与起点，但由于制程落后，其并未被搭载在任何一部华为手机上。2012年，华为发布了第2代应用处理器海思K3V2，华为Mate1、华为P6均搭载这一块芯片，但是这款芯片在实际使用中易发热、卡顿，功耗也大，体验一般。2014年中，麒麟芯片迎来了首个"爆款"——麒麟920，其性能、工艺、功耗、通信能力等各个方面均达到业界领先水平。2015年，华为正式发布麒麟950，其不俗的销量、良好的口碑，也让华为逐步迈向了高端研发。同时麒麟正式进入全球手机芯片第一阵营，拥有了和苹果公司的芯片同台竞技的能力。2019年，华为发布麒麟990，其整体功耗控制非常优秀，成为华为麒麟芯片领先世界的开始。2020年，华为在重压下发布了麒麟9000，成为华为麒麟芯片迄今的巅峰之作。华为的崛起并非一蹴而就，而是一群中华儿女三十年如一日的努力成果。从麒麟芯片被制裁事件中，我们可以看到全球话语权的争夺；从华为的顽强奋斗中，也能看到中国芯片产业链持续崛起的曙光。通过这一案例，激发学生强烈的民族自豪感，引导学生正确看待美国针对中国企业实施核心技术封锁等国际时事，勉励自身脚踏实地，不断积累知识和能力，为实现个人价值和推动技术强国的宏伟目标而努力。

（三）教学实施

1. 教学目标

（1）价值目标：了解华为芯片的崛起之路以及在美国打压下的奋斗事迹，激发强烈的民族自豪感，关注美国针对中国科技企业的打压和技术封锁等国际事件，辩证看待我国在芯片产业中与西方发达国家的差距，勉励自身脚踏实地、厚积薄发，实现人生价值，树立技术强国的远大理想信念。

（2）知识目标：了解硅元素的来源、化学结构和性质；了解硅元素的存在形态以及相应形态硅材料的主要用途。

（3）能力目标：能够分辨日常生活中所接触的硅材料类型，能够阐述半导体硅和光纤的基本工作原理，能够掌握陶器的基本制作流程。

2. 教学方法

采用线上线下混合式教学，以任务驱动为核心，主要运用启发教学法、问题教学法和小组教学法，并辅以官方网站、视频资源、案例等多种资料。

运用多媒体现代化教学手段开展线上线下混合式教学，把一次课分成课前、课中、课后三个阶段。引入与知识点相关的生活案例，引导学生利用信息化工具分解案例的内容实质，剖析案例背后的化学知识，提炼化学原理并设想其潜在应用。借助智慧教室，让学生以小组为单位进行课堂讨论，并组织学习汇报和演讲比赛，突出学生的主体性，挖掘学生的学习主动性和潜能，培养学生的团队意识和协作精神。

3. 教学过程

第一步：任务引入，提出问题。

提问：地球上元素含量占比排名前三的是哪些元素？为什么将硅称为"卡脖子"的材料？引导学生思考以硅为主组成元素的物质和材料有哪些。

第二步：查证探索，小组分享。

分小组查阅网络资源和文献资料，归纳总结硅的来源和分布，了解常见的以硅为主元素的材料种类，着重了解硅元素在信息产业、国防尖端领域的应用情况，分析硅材料被"卡脖子"的具体情况，然后由小组代表对上述知识点进行讲解汇报。

第三步：教师讲评，思政融入。

针对小组汇报结果，教师进行集中讲解。在讲解半导体硅材料时引入华为在芯片设计领域取得的辉煌成果以及当前面临的芯片制造困境，强调该公司作为"国之重器、大国脊梁"的担当和创新精神。

华为自 2009 年开始设计手机芯片，经过十多年的发展，其芯片设计能力已经达到世界领先水平，搭载华为自主设计芯片的华为手机一度占国内手机市场的半壁江山，华为在海外也成为了中国高科技企业的代表。但由于之前过于遵循全球化分工理念，国内的芯片加工产业并未得到很好的发展，华为自身也没有涉足芯片加工生产领域。当华为 5G 产业领先世界后，美国为了遏制华为在通信领域的高速发展，进行了多轮针对华为芯片产业的"封杀"，企图以此使其瘫痪甚至摧毁华为。尽管华为面临了全世界任何一家企业都从未设想过的巨大困难，但是它发扬了华夏儿女永不言败、自立自强的民族精神，在美国长期持续的极限打压下仍获得了一定程度的发展，更加坚定了我国产业要自主研发的决心，让我们再次深刻认识到只有拥有自己的知识产权与核心技术，才能够不受制于人。

通过该案例的展示，强化学生的民族自信，引导学生思考如何更好地树立民族自信。

第四步：课后作业，拓展视野。

课后布置拓展任务，要求学生查阅国际国内新闻及相关资料，选择一家因被美国列入实体清单而受到科技打压的中国企业、研究单位或个人，全面了解该对象所属的科技领域、与化学科学的相关性、取得的科技成就、为国家带来的引领示范效应，以及被打压后采取的应对措施和当前发展情况。通过这一任务促进学生广泛获取增强民族自信的力量源泉。

4. 教学资源

（1）基本资源：线上教学平台的微课视频；课程教案、教学课件、单元测验试题等；华为被制裁事件新闻、华为历代手机芯片及对应搭载手机的图片。

（2）拓展资源：期刊文献《中国的"芯"路历程（二）——全球视野下的我国芯片产业发展》、中央电视台《面对面》节目对华为创始人的两次采访视频和华为海思官网资料。

（四）教学评价

评价采用显隐结合的方式，以知识、能力、价值构建三位一体评价目标体系，从课前、课中、课后构建全流程评价体系。

1. 显性评价方式

在线上教学平台布置课前测试、课后作业，重点考核学生对知识点的掌握与理解；课中侧重以教学任务完成的情况进行实践能力的考核，小组互评与教师评价结合。

2. 隐性评价方式

根据学生在讨论如何看待美国打压华为、如何认识中美科技领域的差距等主题时的表现，观察学生对于民族自信的认识态度，评价学生通过本次课学习在思想意识上潜移默化的改变和收获，以及对科技强国理想信念的坚定程度。

（五）创新与反思

本课程结合教学内容，巧妙融入思政素材，润物无声地开展思政教育，坚定学生的民族自信，提高学生对本通识课程的接纳程度。

在当前的数字时代背景下，学生的信息源具有开放性和算法式分布的特点，导致个别学生存在一些思想困惑或者陷入"信息茧房"。教师在思政教学过程中要重点关注和疏导这类学生，做到主动回应他们的思想困惑、智能化匹配他们的信息需求，从而较好应对数字时代给课程思政带来的挑战。

四、选用教材与参考资料

（一）选用教材

赵雷洪，竺丽英. 生活中的化学 [M]. 杭州：浙江大学出版社，2010.

（二）参考资料

1. 李欣. 浅析"素纱襌衣"背后的艺术与文化价值 [J]. 纺织报告，2020（6）：121-122.

2. 曹永胜. 中国的"芯"路历程（二）——全球视野下的我国芯片产业发展[J]. 新材料产业，2019（12）：24-30.

3. 张香萍. 数字化生存下高校课程思政的挑战与应对[J]. 湖北师范大学学报（哲学社会科学版），2022（42）：136-140.

4. 素纱襌衣

http:/www.hnmuseum.com/zh-hans/content/%E7%B4%A0-%E7%BA%B1-%E5%8D%95-%E8%A1%A3

5. 奋勇前进，冲破险阻，有质量地活下来——轮值董事长徐直军2023年新年致辞

https://www.huawei.com/cn/special-release/new-year-message-2023

6. 华为：2023年没有生死战！任正非：只有默默干！

https://www.163.com/dy/article/HRJVO0HH0531L1NE.html

案例编写人：杨光辉（材料与环境工程学院）

"给水排水工程概预算"
课程思政教学案例

一、课程定位

本课程是给排水工程技术专业和环境工程专业的一门专业拓展课程，旨在培养学生爱岗敬业、勇于创新的思想政治素养与职业素养，使其树立科技强国的信念和文化自信，掌握建设项目、建设工程定额、安装工程费用的组成、清单计价模式下的建筑给排水工程分部分项工程量计算规则等基本理论和工作原理，具备独立编制完整建筑给排水工程分部分项工程量清单计价文件及应用相关计价软件的能力。

二、课程思政整体设计思路

（一）课程思政整体设计理念

给排水工程技术专业坚持职业教育产教融合的办学特色和为深圳经济社会发展服务的定位，逐渐形成了以实现水的良性社会循环为理念，以解决给排水行业工艺技术及工程设计、施工与运行管理等问题为目标的课程体系，坚持向给排水行业输送技能型人才，为地区经济建设提供更加全面的基础保障。"给水排水工程概预算"课程重点培养学生掌握建筑给排水工程施工图预算编制的基本知识，具备安装预算员相关岗位所要求的职业能力，提升专业认同感和职业使命感；培养学生诚实守信、精益求精、勇于创新的工匠精神。

造价人员是工程行业不可或缺的核心人员之一。本课程通过课程思政的建设,将专业知识和思政教育目标紧密结合,激发学生对工程造价的热爱和对专业知识的探究,引导学生树立正确的价值观,实现在课程教育中培育学生的思想道德素养和职业道德素养的教育目标。本课程针对学生的学情,本着本校"德业并进、自强不息"的办学理念,不断积累和创新教学方法,同时注重学生的思想品德培养,将课程思政自然地融入课堂,以期课程思政教育能达到"润物细无声"的效果。

课程以任务为驱动,采用"教、学、做合一"的教学设计,融入工程实际案例,丰富育人载体,优化教学内容,培养学生吃苦耐劳的品质,增强学生的法治观念。课程目标的设立按照习近平总书记的要求:弘扬工匠精神,培养更多"大国工匠"。同时,通过校内教育与校外指导结合,专业教师与思政教师、企业教师协同,实现课程思政建设与专业教育质量的双向提升。

(二)课程思政整体设计框架

本课程根据课程特点,创设教学场景,从岗位要求出发,结合学情,设计思政建设模式和框架,主要包括四个项目,课程思政教学内容设计如图1所示。本课程通过教师讲解、示范操作、现场指导、学生分组讨论、师生互动交流以及线上线下混合式教学等环节,将理想信念教育(包括爱党、爱国、爱社会主义)、心理品质教育(包括社会主义核心价值观、思辨精神、善良仁爱)、道德法治教育(包括遵纪守法、诚实守信、社会公德)和努力奋斗教育(包括吃苦耐劳、工匠精神、开拓创新)有机融入"教、学、训、做、评"全过程,利用热点话题、工程案例、视频作品、先进人物事迹等载体启发学生自主思考,感悟内涵,使学生通过自己的学习、思考和领悟,在学知识和技能的同时,潜移默化地树立正确的世界观、人生观和价值观。

思政内容一:"南水北调"工程案例。讲述水利行业的典型工程"南水北调"工程案例,引导学生了解给排水工程技术专业发展的历史,提高学生对专业的认可度和学习积极性,提升学生的爱国情怀、职业素养,使学生坚定"四个自信",自觉将社会主义核心价值观内化为精神追求,外化为自觉行动,坚守维护水利行业的初心,树立为新时代基础建设发展降本增效、增砖添瓦的志向。

思政内容二:影视作品《理想之城》。播放以造价师为主角的影视作品《理想之城》的视频片段，让学生正确认识到面对众多的经济利益诱惑，应坚持职业操守、爱岗敬业，正确理解如何绘制工程图纸、准确计算工程量、合理套用工程定额、精准编制造价相关文件、保守商业机密，从而提高个人职业素养，固守造价本心。

思政内容三：全国劳动模范——北京城市排水集团蒋勇。在工程造价项目的全阶段，计算的合法性、准确性、合理性、及时性都直接影响着甲乙双方的经济利益，对工程质量、安全、工期，制定和考核人工费、材料费、机械设备费都有重要作用。这要求学生熟知不同工程阶段费用构成、计算方法和程序，造价表的编制等。课程将专注进取、吃苦耐劳、认真负责的职业品格和工匠精神在潜移默化中融入课程内容。通过讲述全国劳动模范——北京城市排水集团蒋勇的事迹，培养学生吃苦耐劳、精益求精、追求卓越的职业精神。

思政内容四：地方政策——优质饮用水入户工程。向学生介绍深圳利民的地方政策——优质饮用水入户工程的具体内容和实施情况，加深学生对建筑给排水系统工程的认识。组织学生从造价师的角度讨论优质饮用水入户工程应该如何达到人力、物力和建设资金最有效的利用，使既定的工程造价限额得到控制，并取得最大投资效益。引导学生知道造价工程师应有高度的政治觉悟和思想水平，要爱国爱民、爱岗敬业，坚持以国家和人民的利益为先；具有强烈的事业心和责任感，对待工作严谨细致。同时，由造价联系到金钱，告诫学生当前我国仍处于基础设施大规模建设阶段，需要大力提倡勤俭节约，开源节流。中华民族自古以来就有勤俭节约的传统美德，教导学生将来要立足本职工作，加强职业道德修养，对于国家的工程建设款项要精打细算，用好每一分钱，爱惜国家财产，反对一切浪费。

思政内容五：安装工程计量计价软件发展史。和其他行业一样，造价行业也面临着智能化改革发展新要求，在向标准化、智能化、规范化、精准化等方向快速变革中，造价人员要熟练掌握不断更新的工程造价文件编制软件、工程计量支付软件等多个软件，适应BIM、大数据、人工智能等新技术给造价行业带来的冲击与变革。造价人员以及其他行业内人员都不能因循守旧，要注重新技术的应用，用灵活的方法，转变思维，去破解工作中遇到的新问题，用创新

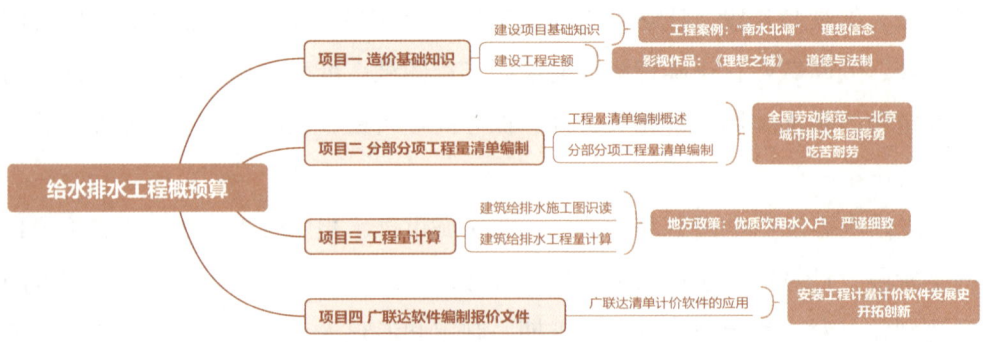

图 1 "给水排水工程概预算"基于课程思政的教学内容设计

意识推动自己职业能力的提升。要引导学生知道在学校不可能将所有的未来职业生涯中的知识和能力全部掌握并实践，学生需要加强终身学习、抢占机遇、快速接纳新生事物的能力，通过主动求变来破解生活和职业中遇到的新情况和新问题。

三、课程思政教学案例

教学案例一 大国水脉："南水北调"工程——讲好"南水北调"工程决策故事，激发民族自信

（一）教学任务

项目一"造价基础知识"之任务 1.1：建设项目基础知识。

（二）课程思政教学设计

本次教学任务是讲解造价基础知识，在介绍建设项目基础知识中的建设程序时引入课程思政案例。

"南水北调"工程是缓解我国北方水资源严重短缺、优化水资源配置、改善生态环境的重大战略性基础设施，是世界上距离最长、受益范围最大、受益人口最多、规模最大的调水工程。2020 年 12 月 12 日，"南水北调"东中线一期工程全面通水 6 周年，6 年来累计调水超 394 亿立方米，1.2 亿人直接受益。"南水北调"工程规划东、中、西三条调水线路，分别从长江流域下游、中游、上游调水，通过三条调水线路，与长江、淮河、黄河、海河流域相互连接，构筑"四

横三纵、南北调配、东西互济"的中国水资源配置格局。

"南水北调"工程是创造奇迹的超级工程，亦是我国综合国力、科技实力的集中体现，充分反映了中国人民的智慧与团结奋进的力量，值得新时代大学生自豪与学习。通过相关工程图片展示、技术剖析与技术可行性研究，可提升学生对专业的认可度，极大增强学生的民族自豪感和爱国热情，培养学生攻坚克难、自主创新的新时代奋斗精神。

（三）教学实施

1. 教学目标

（1）价值目标：了解"南水北调"工程的相关情况，树立民族自豪感，坚定"四个自信"，感悟中国共产党的初心使命和社会主义制度的优越性，继承弘扬"南水北调"精神，努力成为社会主义现代化事业的合格建设者和可靠接班人。

（2）知识目标：了解基本建设相关知识，掌握建设工程概预算的分类，掌握建设项目划分及价格形成。

（3）能力目标：能将建设项目划分为分部分项工程，能将基本建设程序对应各阶段工程造价，在实践过程中培养逻辑分析能力。

2. 教学方法

采用线上线下混合式教学，以任务驱动为核心，主要运用启发教学法、问题教学法和小组教学法，并辅以网站、动画及视频资源、案例等多种资料。

3. 教学过程

第一步：任务引入——提出问题。

从北方缺水引出优化水资源配置的重要性。展示"南水北调"工程总体布局图，播放线上视频，引导学生思考和总结："南水北调"工程有几条线？工程投资估算大概是多少？工程中遇到的最大困难是什么？在"南水北调"工程中我们所学的专业能完成哪些工作？

第二步：案例探究——小组讨论。

对照基本建设程序，带领学生了解"南水北调"工程的可行性研究，让学生先查找资料，然后以学习小组为单位讨论并探究这个工程的技术难点、工程投资和工程运行效益。

第三步：教师讲评——思政点睛。

针对讨论结果，教师进行集中讲解，利用收集的详细资料，沿着"南水北调"工程建设的时间线，讲解基本建设程序，并强调严格履行基本建设程序是做好项目建设的原则和标准。同时说明该项工程创下多项世界之最，非常了不起，体现了我国人民逢山开路、遇水架桥的奋斗精神，展现了国家的综合国力和自主创新能力。

思政点睛："南水北调"工程孕育了"南水北调"精神。"南水北调"精神内涵主要包括"人民至上、协作共享、艰苦奋斗、创新求精、舍家为国"。引导学生继承弘扬"南水北调"精神，可以帮助他们树立正确的世界观、人生观和价值观，提升学生的思想道德素质，为实现中华民族伟大复兴积蓄能量。讲好"南水北调"故事，可以让学生知道"党和政府为人民做了什么，还要做什么"；可以使学生感受社会现代化建设的热潮，进而激发其努力学习，为投身社会主义现代化建设做好各方面准备。

价值引领：学生应该如何做好当下的任务？怎样学好课程？教师应引导学生完成好每一堂课的任务，脚踏实地、一丝不苟、从易到难，逐渐掌握课程知识与技能，树立为新时代基础建设发展降本增效、添砖加瓦的志向。

第四步：聚焦任务——知行合一。

任务目标：学生在教师的示范带领下，学会划分建设项目，学会将基本建设程序与工程造价文件对应起来。学生应注意思考，完成任务，总结经验。

总结升华：总结工程不同阶段的特点与对应的造价文件，体验学习获得感。掌握划分建设项目的要点，树立按程序办事的职业道德和精益求精的工匠精神，是工科学生的基本素质，也是学好课程的关键。

第五步：课后作业——巩固提升。

课后布置拓展任务。一是查阅其他伟大工程的资料，了解相关工程特点，尤其是了解造价相关资料，认识工程造价的重要性。二是在所找工程案例的基础上，自编一个建设项目划分案例，细分到分项工程。以真实工程案例为载体进行项目划分，增强教学效果。

4. 教学资源

（1）基本教学资源："南水北调"工程基本情况介绍、相关图片、相关新闻和视频、相关纪录片、电子书；线上教学平台全部微课视频；本次课教案、本次课教学课件、作业及测验题目等。

（2）拓展教学资源：青藏公路、港珠澳大桥工程等著名的建设工程案例。

（四）教学评价

评价采用显隐结合的方式，以知识、能力、价值构建三位一体评价目标体系，从课前、课中、课后构建全流程评价体系。

1. 显性评价方式

在线上教学平台布置课前预习任务、课后作业，重点考核学生对知识点的掌握与理解；课中侧重以教学任务完成的情况进行实践能力的考核，小组互评与教师评价结合。

2. 隐性评价方式

根据学生对"南水北调"等重大工程的了解和认识，观察学生对于基础建设的认识和态度，评价学生通过本次课学习在思想意识上潜移默化的改变和收获。

（五）创新与反思

本课程结合课程教学项目，融入与课程息息相关的伟大工程案例，不仅能拓宽学生的专业视野，同时能激发学生的民族自信与爱国情怀；通过任务驱动教学法，强化学生对知识的理解运用，使学生在完成任务中感受学习的快乐，做到知行合一，将价值塑造与知识传授、能力培养有机统一。

如何通过扣人心弦的讲述，让学生深刻理解工程的伟大意义，真正激发学生内心深处的专业认同感，以及对伟大祖国、中华民族、中国共产党、中国特色社会主义、中华优秀传统文化的热爱是本案例教学中的难点。可以考虑增加讨论环节，提出讨论问题：假如没有这项工程，会对国家有什么影响，对我们自身会有哪些不利？通过对这些问题的探讨，在开放式和启发式的学习氛围中，让学生将教师讲授的内容与自身的感受、领悟结合，在脑海中再加工、再创造，以自己的方式对所学内容进行重新诠释和理解。

教学案例二 "一点一滴做到最好"——优质饮用水入户工程给深圳人民带来了什么？

（一）教学任务

项目三"建筑给排水工程计量"之任务 3.2：建筑给排水系统工程量计算。

（二）课程思政教学设计

本次教学任务是建筑给排水系统工程量计算，实现根据施工图，完成整个建筑给排水工程量清单编制的任务，在带领学生识读建筑给排水施工图纸时引入课程思政案例。

课堂上带领学生回顾深圳大事件——2021 年报道过的南山小区"粪水"事件，引导学生思考：从技术角度看，为什么会出现这样的问题？如何解决该问题？大家在使用自来水的过程中出现过哪些问题？随后向学生介绍深圳市的优质饮用水入户工程，播放该工程相关介绍和采访视频。组织学生从施工图纸上找到优质饮用水入户工程重点改造的项目。同时，让学生从造价工程师的角度讨论优质饮用水入户工程应该如何最有效地利用人力、物力、建设程序和建设资金，在控制造价成本的基础上取得最大效益，激发学生的学习热情。

教导学生将来立足本职工作，加强职业道德修养，对于国家的工程建设款项要精打细算，用好每一分钱，爱惜国家财产，反对一切浪费，踏实用自己的双手打造属于自己的美好生活。

（三）教学实施

1. 教学目标

（1）价值目标：通过分组作业的形式完成某建筑给排水工程量计算，培养团队协作的意识和沟通交流的能力；通过计算过程，培养对造价工作的兴趣，形成严谨务实的工作态度，培养坚持原则、谦虚谨慎的职业素养和遵纪守法、诚实守信、廉洁自律的职业道德；通过完成整个工程计算，培养钻研探索和精益求精的职业精神。

（2）知识目标：掌握给排水管道工程量的计算规则；掌握给排水系统附件的计算规则；掌握工程量清单编制的基本步骤。

（3）能力目标：能根据施工图，完成较为复杂的给排水管道工程量计算；完成较为复杂的给排水管道系统中阀门水表、卫生器具工程量计算；完成整个建筑给排水工程量清单编制。

2. 教学方法

采用线上线下混合式教学，以任务驱动为核心，主要运用启发教学法、课堂练习法和小组教学法，并辅以工程图纸、纪录片、新闻报道、应用案例等多种资料。

3. 教学过程

第一步：任务引入——提出问题。

介绍深圳南山小区"粪水"事件和优质饮用水工程，使学生了解建筑给排水的重要性。引导学生思考：为什么会出现自来水污染的问题？如何解决该问题？优质饮用水入户工程重点改造的项目有哪些？从而引导学生深入认识建筑给排水施工全套图纸。

第二步：案例分享——思政融入。

交流分享：请学生以小组为单位，代入造价师身份，以定额为基础，讨论不同部位改造所需要的造价成本，结合图纸计算出改造该部位所需要的投资，随后进行简单分享。教师引导完成整个建筑给排水施工图的识读。

思政融入：优质饮用水入户工程主要由深圳市政府、南山区政府出资，对居民小区老旧供水管材集中进行更新改造，连续多年被列为市政府民生实事。随着优质饮用水入户工程的实施，很多老旧居民小区因供水管网老化锈蚀而带来的水质二次污染、爆管频繁等问题也得到了解决。从2018年开始，深圳市把优质饮用水入户工作从试点正式推入普及阶段。这意味着"深圳水"继"深圳蓝""深圳绿"之后，将成为深圳另一张亮丽的新名片。教师讲解优质饮用水入户工程的民生地位，将建筑给排水工程量计算与工程成本联系起来，引导学生培养严谨务实的工作态度，坚持原则、谦虚谨慎的职业素养和遵纪守法、诚实守信、廉洁自律的职业道德。

第三步：教师讲解——师生互动。

请每一组的代表上台讲解并填写本组认为较为关键的优质饮用水入户工程改造项目，再结合图纸和定额进行讲解，得出相应的造价成本。教师点评思路和结果，检验之前的学习成果。小组之间互评，找出问题和亮点。

第四步：聚焦任务——知行合一。

工程实践：学生在教师的引导下操作，完成整个建筑给排水工程量清单编制，小组成员互相配合，完成填写工程量清单的任务。

总结升华：工程量清单的每个空格都很重要，各项之间存在着密切的关联，一旦某一空格出现失误，就会导致表格填写失误、工程量计算出现错误，因此要培养学生养成严谨细致、一丝不苟、精益求精的工匠精神。

第五步：课后作业——巩固提升。

教师课后布置巩固作业，每位学生完成另一个建筑给排水项目的工程量清单编制，从识图到计量均单独完成，培养学生的职业规范和精益求精的工匠精神。

4. 教学资源

（1）基本教学资源：优质饮用水入户工程相关资料、相关视频文件、多套建筑给排水施工图；线上教学平台全部微课视频；本次课教案、本次课教学课件、课后作业等。

（2）拓展教学资源：与建筑给排水识图知识相关的微视频和与安装工程计量与计价相关的书籍。

（四）教学评价

评价采用显隐结合的方式，以知识、能力、价值构建三位一体评价目标体系，从课前、课中、课后构建全流程评价体系。

1. 显性评价方式

在线上教学平台布置课前预习任务、课后作业，重点考核学生对知识点的掌握与理解；课中侧重以教学任务完成的情况进行实践能力的考核，小组互评与教师评价结合。

2. 隐性评价方式

根据学生对深圳市优质饮用水入户工程的了解和认识，观察学生对于专业相关大事件及其在民生工程中重要地位的认识和态度，评价学生通过本次课学习在思想意识上潜移默化的改变和收获。

（五）创新与反思

思政素材与教学内容契合度高，能有效提升学生生活在深圳的幸福感，培养学生与造价工程师相关的职业素养和工匠精神。

建筑给排水工程量计算是本门课程的重点和难点，较为繁琐，从识图开始，对学生的综合实力要求较高。很多学生基础不扎实，不够细心耐心，完成起来会有一定难度。教师要遵循循序渐进的教学规律，让学生边讲边学，边学边做，引领学生逐步建立耐心和信心，树立严谨的工程思维。

四、选用教材与参考资料

（一）选用教材

冯钢. 安装工程计量与计价[M]. 4版. 北京：北京大学出版社，2021.

（二）参考资料

1. 一文读懂：我国南水北调工程进展如何？

https://www.huxiu.com/article/435260.html

2. 讲好南水北调故事 助力高校思政育人

https://share.gmw.cn/theory/2021-10/09/content_35217640.htm

3. 南山区第二阶段优质饮用水入户工程惠及超15万户居民用户

http://www.szns.gov.cn/xxgk/qzfxxgkml/bmdt/content/post_8048266.html

4. "深圳水"将成深圳新名片 优质饮用水入户进入推广普及阶段

https://www.chinajsq.cn/news/201803/27/62319_all.html

案例编写人：袁佳佳（材料与环境工程学院）

"水务信息化及应用"
课程思政教学案例

一、课程定位

本课程是环境工程技术专业的一门专业拓展课程，旨在培养学生的工匠精神、家国情怀和勇于创新的精神等思想政治素养与职业素养，使学生树立科技强国、绿色发展的理念，掌握智慧水务的理论知识和基本框架，具备利用感知层传感器采集与整理数据信息、调研并撰写基础智慧水务报告等方面的能力。

二、课程思政整体设计思路

（一）课程思政整体设计理念

党的十九届六中全会通过的《中共中央关于党的百年奋斗重大成就和历史经验的决议》在党的十九大报告"八个明确"的基础上，用"十个明确"对习近平新时代中国特色社会主义思想的核心内容作了进一步概括。其中第七个"明确"指出：明确必须坚持和完善社会主义基本经济制度，使市场在资源配置中起决定性作用，更好发挥政府作用，把握新发展阶段，贯彻创新、协调、绿色、开放、共享的新发展理念，加快构建以国内大循环为主体、国内国际双循环相互促进的新发展格局，推动高质量发展，统筹发展和安全。加强生态文明建设是推动高质量发展的关键，深圳市生态文明建设水平处于全国领先地位，环保水务行业的发展欣欣向荣。伴随深圳水务环保企业信息化、智能化的转型升级，深圳职业技术大学在全国范围内率先开设了"水务信息化及应用"这门课程，为社会和企业培养新一代高层级技能复合型人才。该类人才应信仰坚定、德技并修，具备良好的职业素养和社会责任意识，同时适应人工智能时代，具有较强的创新精神和实践能力，掌握水务工程生产、服务和管理一线工作实际需要的基础理论知识和专门知识，具备水务管理信息技术应用等能力。

本课程贯彻立德树人根本任务的要求，以"强化育人意识、找准育人角度、梳理育人逻辑、抓好育人方法、提升育人能力、创新育人评价"为建设方向和重点。课程以社会主义核心价值观为引领，以马克思主义科学技术社会论为支撑，带领学生深刻认识全球生态环境现状及存在的问题，以水务行业为切入点，从业内涌现的各类新技术、新发展探索解决之道，帮助学生树立"绿水青山就是金山银山"的理念，为祖国培养一批兼具环保意识、人文关怀、家国情怀的优秀人才。

本课程的开设与深圳职业技术大学的城市生态与环境专业群建设高度契合，共设置七大智慧水务课程模块，兼顾环境工程岗位（智慧水环境、智慧监测）和给水排水工程岗位（智慧水厂、智慧管网）能力需求，设置部分内容以对接智能水厂运行与调控"1+X"职业技能等级证书标准。在课程思政建设模式上，本课程探索结合本专业特色及课程特点，将课程思政育人元素与课堂教学、校外实践相融合，打造课程思政教学实践平台，把教学实践打造成为德育融合的重要阵地。具体来说，课程教学设计以学生为中心，以岗位需求为立足点，将课程思政一级目标有机地融入课内教学与课外实践，通过不同类型学习环节结合不同的思政元素，来支撑和贯穿整个课程学习过程。通过智慧水务新技术、新工艺的学习，行业大师参与讲授的实际项目与案例，以及学生到智慧水厂实地考察、参加双创大赛、考取职业技能等级证书、参与社会实践项目等，全面提升学生对课程学习的兴趣与参与度，培养学生个性化发展，增强学生的学习自驱力，建立学生的岗位自信心，提升学生的综合素质。

（二）课程思政整体设计框架

课程精准设置课程思政目标和框架，将"立德树人"内化到课程思政建设各方面。在课程思政目标设置上，结合国家发展、新时代水务行业发展、深圳职业技术大学环境工程技术专业特色，及高职院校人才培养核心素质等外部需

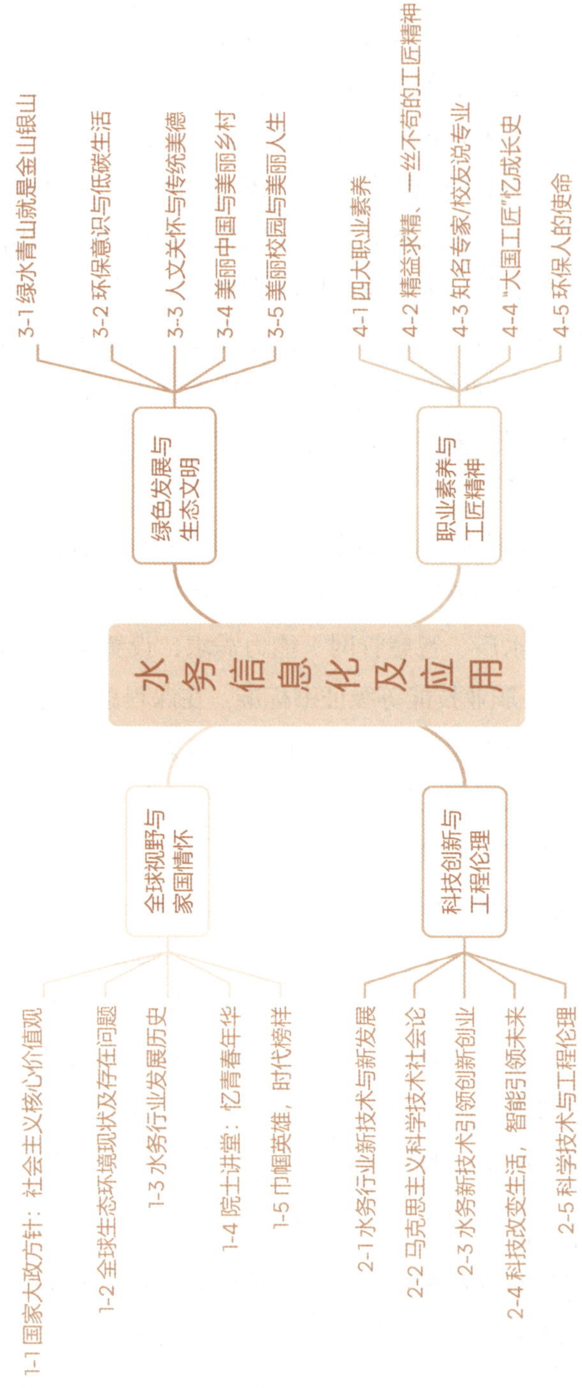

图 1 "水务信息化及应用"基于课程思政的教学内容设计

水务信息化及应用

- 绿色发展与生态文明
  - 3-1 绿水青山就是金山银山
  - 3-2 环保意识与低碳生活
  - 3-3 人文关怀与传统美德
  - 3-4 美丽中国与美丽乡村
  - 3-5 美丽校园与美丽人生

- 职业素养与工匠精神
  - 4-1 四大职业素养
  - 4-2 精益求精，一丝不苟的工匠精神
  - 4-3 知名专家/校友说专业
  - 4-4 "大国工匠"忆成长史
  - 4-5 环保人的使命

- 全球视野与家国情怀
  - 1-1 国家大政方针：社会主义核心价值观
  - 1-2 全球生态环境现状及存在问题
  - 1-3 水务行业发展历史
  - 1-4 院士讲堂：忆青春年华
  - 1-5 巾帼英雄，时代榜样

- 科技创新与工程伦理
  - 2-1 水务行业新技术与新发展
  - 2-2 马克思主义科学技术社会论
  - 2-3 水务新技术引领创新创业
  - 2-4 科技改变生活，智能引领未来
  - 2-5 科学技术与工程伦理

求和内部基础，设置四大类课程思政一级目标，即全球视野与家国情怀、科技创新与工程伦理、绿色发展与生态文明、职业素养与工匠精神（图1）。

课程思政一级目标下设20个课程思政二级目标，配备课程思政资源库，并根据不同的教学目标和教学内容，确定不同的一级思政目标支持度（高、中、低），通过分层分级设置，科学合理地进行课程思政教学实施，不断提升课程思政的育人成效，见表1和表2。

表1 课程思政一级目标及支持度分级

		全球视野与家国情怀	科技创新与工程伦理	绿色发展与生态文明	职业素养与工匠精神
课堂讲授内容	智慧水务概述	H	M	H	L
	智慧水技术	H	H	M	L
	智慧水务总体框架	M	H	L	L
	项目一：智慧水环境	H	M	H	L
	项目二：智慧监测	M	H	H	L
	项目三：智慧给水厂	M	H	M	H
	项目四：智慧污水厂	L	H	H	M
	项目五：智慧管网	M	H	L	H
	项目六：智慧城市	H	M	L	H
	项目七：智慧农村	H	M	H	L
	智慧水务解决方案	L	M	L	H

注：H代表高支持度：教学案例内容里80%包含课程思政一级、二级目标；
M代表中支持度：教学案例内容里50%包含课程思政一级、二级目标；
L代表低支持度：教学案例内容里30%包含课程思政一级、二级目标。

本课程深入梳理育人逻辑，结合育人角度、育人点和育人元素精准设置20个课程思政二级目标；更广泛、细致、深入地挖掘提炼环境工程大类专业知识体系中所蕴含的思想价值和精神内涵，科学合理地拓展专业课程的广度、深度和温度；尽量避免课程思政只停留在课堂内由专业老师单向宣讲、灌输思政内容，简单生硬地"讲大道理"，这种狭义化、机械化、套路化、同质化的浅层"课程思政"形式容易引起学生的反感；细化课程思政目标正是通过梳理课程思政

表 2　课程思政目标及内容设计框架

课程思政一级目标	全球视野与家国情怀					科技创新与工程伦理					绿色发展与生态文明					职业素养与工匠精神			
课程思政二级目标	国家政策：社会主义核心价值观	全球环境现状及问题	水务行业发展历程	院士讲堂忆青春年华	巾帼英雄，时代榜样	水务行业新技术与新发展	马克思主义科学技术与社会论	水务行业新技术引领新创业	科技改变生活，智能引领未来	科学技术与工程伦理	绿水青山就是金山银山	环保意识与低碳生活	人文关怀与传统美德	美丽中国与美丽乡村	美丽校园与美丽人生	四大职业素养（职业道德、意识、行为习惯、技能）	精益求精，一丝不苟的工匠精神	知名专家/校友诉说"大国工匠"的忆成长史	环保人的使命
课堂讲授内容 — 智慧水务概述	√	√	√	√							√								√
智慧水务关键技术	√					√			√										
智慧水务总体框架	√	√				√					√	√				√			√
项目一：智慧水环境	√	√			√	√					√	√					√		√
项目二：智慧监测						√			√			√							
项目三：智慧给水厂	√	√				√		√	√			√	√			√	√	√	√
项目四：智慧污水厂	√	√	√			√			√		√	√							√
项目五：智慧管网	√	√				√			√			√				√	√		√
项目六：智慧城市	√	√				√			√		√	√		√					√
项目七：智慧农村	√	√				√		√	√		√	√		√					√
智慧水务解决方案	√					√		√		√		√				√			√
教师评价 讨论 课中		√	√	√	√				√										
课后		√	√	√	√				√										
线上学习 课前视频	√					√			√						√				√
云教材	√					√			√										√
学习通	√																		
课程评价 学生 课外学习 实践									√					√				√	√
"1+X"证书									√									√	√
技能大赛、双创大赛									√								√	√	√
考核 过程	√															√	√	√	√
考试																√	√	√	√

元素，做到理解课程思政内涵和本质，并通过教师时刻铭记"心目之中有学生、头脑之中想育人"，将"立德树人"内化到课程思政建设各个方面。最后，通过课程思政教育的点滴浸润，引导学生树立牢固的专业使命，进而树立强烈的社会使命，就能把更多专业的环保人才留在环保领域，守护祖国的青山绿水和蓝天净土。为建设"美丽中国"添砖加瓦，是环境工程技术专业人才培养的目标，也是环境工程技术专业教师的责任和使命。

三、课程思政教学案例

教学案例一 "智慧化、低碳化、资源化"——智慧水厂助力实现美好生态

（一）教学任务

（1）回顾给水厂工艺流程（包括常规处理和深度处理工艺）；

（2）了解《生活饮用水卫生标准》（GB 5749—2022）中的106项指标，包含42项常规指标，熟悉生活饮用水水质检测中每天必须检测的9项指标；

（3）回顾污水处理工艺（一级处理、二级处理、三级处理和污泥处理）；

（4）智慧污水厂举例——重庆唐家沱污水处理厂；

（5）了解智慧水厂建设理念和未来污水处理技术发展方向——智慧化、低碳化、资源化，同时了解未来农村污水处理市场的巨大发展潜力；

（6）拓展：思考现代污水处理厂如何实现污废水的能源化及了解相关国内外前沿技术；

（7）拓展：了解宜兴污水概念厂2.0（中国经济大讲堂——新概念污水厂）。

（二）课程思政教学设计

本教学任务主要涉及课程思政一级目标：全球视野与家国情怀、科技创新与工程伦理、绿色发展与生态文明。具体课程思政二级目标为1-3水务行业发展历史、2-1水务行业新技术、2-5科学技术与工程伦理、3-2环保意识与低碳生活。其中思政目标2-1和3-2对此案例是高支持度。本教学任务以现代给水、污水处理工艺为实例，拓展新概念污水厂的发展方向，引导学生树立全球性环境保护意识，激发学生投身生态文明建设的自觉意识。

（三）教学实施

1. 教学目标

（1）价值目标：关注社会热点和社会发展，了解水污染带来的影响；提升对水务行业内容、技术发展的学习兴趣，推动专业素养和思想道德的融合；培养法律意识、安全意识，拓宽国际视野，培养科学精神。

（2）知识目标：通过曲久辉院士讲授概念污水厂"水质永续、能量自给、资源循环、环境友好"的理念，以及国家污水厂碳减排的路径，思考如何利用科技保护生态环境，创造美好生活。

（3）能力目标：使学生掌握智慧水厂在资源化利用管理方面的技术和方法，能够结合所学知识和实际情况，提出在水厂运营中减少能源消耗、降低碳排放的合理化建议，并具备一定的方案实施和评估能力。

2. 教学方法

根据课程思政主题，选用讲授法、案例教学法、情境教学法、课堂辩论法等，采用研讨式、启发式教学和小组合作相结合的教学方法。依托数字技术，开展翻转课堂、混合式教学、智能化教学诊断与评价等，提升课程思政教学的交互性与有效性。

（1）重视教学研究，提升教学质量。

思想政治课同专业课一样重要，任课教师应该认识到思想政治教育对培养学生的能力、素质具有不可代替的作用。思想政治课的生机和活力，需要落实到和专业课相结合的变革之中，思想政治教育不仅要遵循教育规律，还应该重视学生心理，并且结合社会热点、市场经济，不断更新教学案例和向学生介绍科技发展的新成果，体现时代性，具有前瞻性，将素质教育和专业技能培养相结合。

（2）优化教学方法，努力提高教学效率。

上课不是单纯以讲和问的形式来进行，这不利于学生拓展思维，容易降低学生的积极性，所以在上课时应该将案例和实际生活联系起来，通过小组讨论、案例模拟等形式，构建以生活和专业为基础，以思想政治为支撑的教学形式，让学生主动探索。任课教师只起到启发和引导的作用，一方面促使学生重新整合专业课和思想政治教育相关内容，另一方面能更好地激发学生学习的主动性和积极性。

（3）着力提高学生素质，激发学生对专业知识的求知欲。

设立课程思政二级目标，挖掘专业知识体系本身所蕴含的德育内容，坚持显性教育与隐性教育结合的方式，采用潜移默化、润物无声的教学方式，从育人角度、学生成长规律和学生需求出发，精准地将课程思政目标融入专业教学。反思课程思政融入是否对专业学习有促进作用，并逐步改进，以学生的发展为第一位，侧重提升学生的认知水平和专业水平。通过思想政治教育，让学生主动加强和教师合作、主动学习专业课程，提高学生的专业素养和思想政治素养。

3. 教学过程

（1）课前。

① 隐性思政：在微信群和"学习通"平台发布项目任务公告，提醒学生上课时间，发给每名学生本单元课程项目实践书，让学生进行课前预习。发布智慧水务项目，把理论嵌入课程设计。让学生根据职业定位自主选题，并鼓励学生自主学习，进行课外拓展，独立完成智慧水务项目资料的查阅、展示报告的制作等，提升学生对课程的学习兴趣与参与度，培养学生个性化发展，使其增强学习自驱力，建立岗位自信心，提升综合素质。

② 显性思政：根据课程内容，课前学生通过线上资源库和视频，了解中国环境工程领域的大师和泰斗、巾帼英雄、"大国工匠"、知名校友和时代榜样的事迹。从这些人物的第一人称视角，了解他们是如何以国家需求为第一目标，学习西方先进的科学技术，实现中国现代科学发展，成为环境领域的大师，用个人的成就回报祖国和人民的。通过课前任务，使学生逐步增强对本专业的了解和热爱，同时感受大师和泰斗们青年时期对学习的渴望，及深厚的家国责任感。这些事迹感染和号召学生作为后辈要不忘初心，继往开来，让学生从心底深处建立起对专业的浓厚感情，同时树立远大的理想和家国情怀。

（2）课中。

① 教师：给学生介绍污水厂碳减排的路径。以宜兴概念污水厂为例，向学生介绍未来水厂的理念，以及如何在输出高品质水的目标前提下，构建集智慧

化、低碳化和资源化于一体的新型智慧水厂。未来水厂注重循环，追求资源效率，有利于实现"碳中和"，同时构造城乡共享新空间，还可以满足公众对美好生活和生态的需求。

② 学生：学生课前查阅资料，完成其自选的项目化课程；课上展示项目化课程学习成果，激发学习热情。同时其他学生提问、讨论；教师引导、解惑、点评、鼓励。利用这个案例引导学生思考如何利用科技保护生态环境，同时鼓励学生在信息化、智慧化引领的未来行业发展中，抓住时代给予年轻人的机会，从现在开始做好积累，为以后水务信息化工作做好充足准备。

（3）课后。

完成项目化报告文本，形成学生学习成果资源库。项目化课程报告主要用于过程性评价，体现学生完成课程项目后的收获；除了作为课堂作业获得课程学分外，还可以作为项目学习经历放到简历里。

课后教师深入指导学生修改项目报告书文本及参考文献格式等，通过邮件一对一对每名学生的报告多次（2~5次）进行修改和讲解报告的规范，并对学生报告书的每次改进表达肯定和鼓励。

4. 教学资源

（1）基本教学资源：污水处理厂工艺流程，水厂运维成本分析，智能加药系统，污水概念厂1.0、污水概念厂2.0的图片，智慧污水厂管控平台动态图片；本次课教案、本次课教学课件等。

（2）拓展教学资源："参观光明水厂——工艺流程""曝气池内部构造""中国经济大讲堂——新概念污水厂""宜兴概念厂"等视频。

（四）教学评价

评价采用"三层三度"的工作评价体系（图2），通过育人评价、课程自评、课程他评三个层次，对教师和学生展开三个维度的评价。通过教学管理平台和学生评价系统对学生课前、课中、课后进行全方位的过程性考核，通过教师评价系统形成教师自我评价、学生对课程教师的评价、教学团队互评。同时学校督导、学院教学委员会采取不定期的随访和评价；每学年学院还会组织一次年度评估。此外，课程也在探索邀请毕业学生、用人单位等进行课程思政评价。

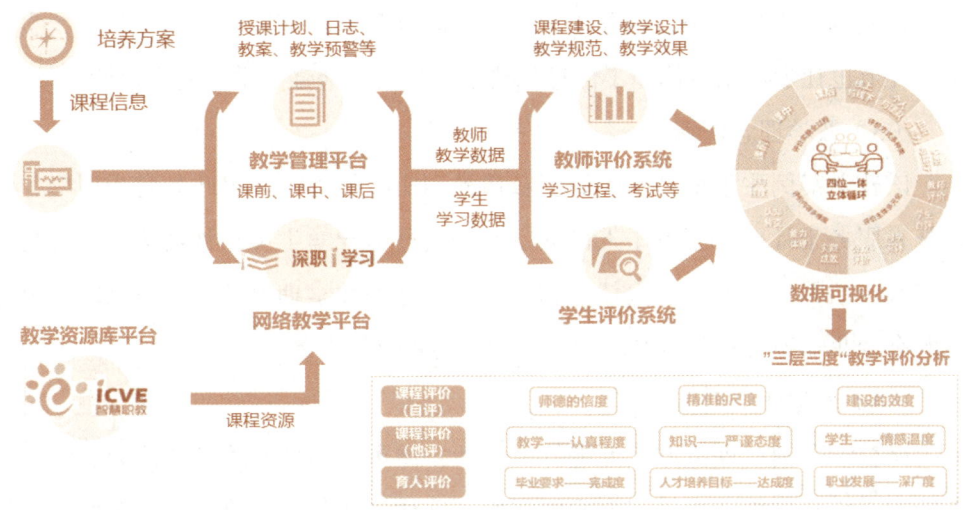

图 2 "三层三度"工作评价体系

在线上教学平台布置课前测试、课后作业，重点考核学生对知识点的掌握与理解。课中侧重以教学任务完成的情况进行实践能力的考核，小组互评与教师评价结合。本次任务的考核重点为智慧水厂建设理念和技术应用，完成集智慧化、低碳化和资源化于一体的新型智慧水厂设计思路报告。通过教学管理系统和学生测评系统对学生的知识、能力、素养进行全方位记录，同时从课后参观"第二课堂"的感悟、课后智能水厂调研报告等方面，细化过程性态度评价，评价学生通过本次课学习在思想意识上潜移默化的改变和收获。

（五）创新与反思

1. 教学创新

（1）教学内容融合创新。

该教学案例将智慧水厂建设技术与思政教育有机结合，通过引入最新的水务信息化技术，如大数据、云计算、物联网等，让学生在学习技术知识的同时，理解其在国家发展、社会进步中的重要作用。这种跨学科的融合创新，不仅拓宽了学生的知识视野，而且加深了学生对国家发展战略和社会责任的认识。

（2）教学方法创新。

该教学案例采用了多种教学方法，如案例教学、小组讨论、实践操作等，以激发学生的学习兴趣和主动性。通过引导学生分析实际案例，探讨信息化在解决现实问题中的应用，培养了学生分析问题和解决问题的能力。同时，实践操作环节也让学生亲身体验了信息化技术的魅力，增强了学习的实效性。

（3）教学理念创新。

该教学案例注重培养学生的创新精神和实践能力，以思政教育为引领，强调技术服务于社会、服务于人民的宗旨。通过引导学生关注社会热点、参与社会实践，培养学生的社会责任感和使命感。这种教学理念的创新，有助于培养出既有专业知识又具备良好思想政治素质的新时代人才。

（4）教学评价创新。

该教学案例在评价方式上进行了创新，注重对学生实践操作能力、团队协作能力、创新思维能力等多方面的评价。这种多元化的评价方式更全面地反映了学生的学习成果和综合素质，也有助于激发学生的学习动力和潜能。

2. 反思改进

（1）为落实立德树人的根本任务，应以学生为中心设计课程内容。课程思政元素要融入专业课程，而不是给学生上思政课，要避免隐性思政显性化或成为"硬思政"，使育人效果减弱。

（2）教学实施过程中，仍存在模仿和打造大量套路化教学模式的现象。典型同质化思政元素挖掘过多，而特色元素挖掘不足，导致产生课堂教学内容"撞车"的尴尬情境。课程思政的设计要结合本专业、本行业的发展及校情、校友、校风等独特元素，通过与专业课程设计紧密结合，把价值观培育和塑造"基因式"地融入专业课程，将教书育人的要求落实在课堂教学上。课程的教学设计流程可以借鉴，但育人的过程需要每名教师倾注心血。教学设计宜百花齐放，教学实施宜独树一帜，没有捷径可走。

（3）学生培养得怎么样，要看拿什么尺子去衡量，以什么眼光去发现。教师需要给每名学生创造一个舞台，每名学生站在舞台上都闪闪发光。通过充分挖掘每名学生对专业学习的兴趣点，激发学生的进取心，从而使每名学生都能品尝到成功的滋味，助力学生成为最好的自己。师生共同成长，互相成就。

教学案例二 "科技赋能智慧养老"——智慧水表守护独居老人

（一）教学任务

（1）了解传统水表基本知识点；

（2）了解水务行业痛点及智能水表存在的问题；

（3）了解智慧水表的应用及整体解决方案；

（4）思考智慧水表给供水企业及城市治理带来的变革；

（5）思考智慧水表如何守护独居老人生活，如何以科技赋能智慧养老。

（二）课程思政教学设计

本教学任务主要涉及课程思政一级目标：科技创新与工程伦理、绿色发展与生态文明。具体涉及的课程思政二级目标为 2-4 科技改变生活，智能引领未来和 3-3 人文关怀与传统美德，对此案例是高支持度。

（三）教学实施

1. 教学目标

（1）价值目标：掌握智慧水表的监测功能，探索科技赋能助推智慧城市建设，持续关注特殊人群，尽己所能不断提高人民群众的获得感、幸福感、安全感。

（2）知识目标：掌握水表的相关知识，包括传统水表的分类、计量原理、组成读数以及安装与维护要求，了解水务行业普遍存在的痛点问题，明确智慧水表未来的发展方向。

（3）能力目标：学生能够掌握智慧水表监测中数据采集、物联网传输和大数据处理等关键技术，并能理解这些技术在智慧养老中的应用。

2. 教学方法

采用正序教学方法，由知识点发散到思政元素。

通过让学生学习智慧水表的技术现状和融合终端，使学生了解智慧水表相较于传统水表可复合搭载多种复杂功能，如计量、通信、传感（压力、温度、水质等），引导学生树立创新意识，培养学生的探究及钻研精神，鼓励学生为建设智慧城市、智慧中国不懈努力。

通过让学生观看视频"智慧水表守护独居老人的生活，实现科技赋能智慧养老"，倡导学生关爱老人、关爱家人，注重培育学生的人文关怀，弘扬中华民族敬老、爱老、助老的传统美德。

3. 教学过程

（1）课前。

利用学生在日常生活中查看水表、计算用水量等具体生活实例，引出水表在水务行业中的重要性。引导学生思考：家里的水表是什么规格型号的？如何读数？水表的工作原理是什么？智慧水表与传统水表的区别体现在哪些方面？

鼓励学生深入思考水务行业的痛点问题和传统水表的局限性，利用课外拓展的方式引导学生学习智慧水表行业发展白皮书，分组完成资料查阅、展示报告制作等，提升学生对物联网、云计算、大数据与水务行业交叉学习的兴趣与参与度，鼓励学生立志成为复合型人才。

（2）课中。

① 教师：通过展示实物与3D模型，给学生介绍水表的相关知识，使学生掌握传统水表的分类、计量原理、组成读数以及安装与维护要求；以水务行业普遍存在的痛点问题，引出传统水表存在的短板与局限，介绍智慧水表的发展现状和融合终端，让学生深刻体会水务行业与物联网、云计算、大数据结合的新模式，领会信息化时代背景下水行业的广阔前景。

② 学生：学生课前查阅资料、课外拓展学习，各小组在课上展示对智慧水表行业发展的研究成果，提出对水务行业信息化的理解与展望。汇报结束后，由教师和其他学生进行提问、讨论，引领学生思考大数据、互联网与传统学科的巧妙融合，鼓励学生思考智慧水表给供水企业及城市治理带来的变革。通过播放"智慧水表守护独居老人的生活"视频，培养学生的人文精神与工程伦理，引导学生关爱特殊人群、弱势群体，号召学生时时刻刻把人民放在心中，培养学生高度的责任心，帮助学生提高综合素质，形成健全的人格品质。

（3）课后。

在各小组整理、总结、分享报告后，组织全班学生评议最佳小组，同时对各小组提出改进意见。可以让学生综合应用多种知识和技能，以加强学生的合作精神、开放精神、沟通能力的培养，实现学生综合素质的提高。

4. 教学资源

（1）基本教学资源：传统水表、远传水表、预付费水表、智慧检测框架体系示意图等；《饮用冷水水表和热水水表 第 5 部分：安装要求》（GB/T 778.5—2018）、《2023 年中国智能水表行业全景图谱》；本次课教案、本次课教学课件等。

（2）拓展教学资源："智能水表守护独居老人"视频。

（四）教学评价

评价采用"三层三度"的工作评价体系，通过育人评价、课程自评、课程他评三个层次，对教师和学生展开三个维度的评价。通过教学管理平台和学生评价系统对学生课前、课中、课后进行全方位的过程性考核，通过教师评价系统形成教师自我评价、学生对课程教师的评价、教学团队互评。同时学校督导、学院教学委员会采取不定期的随访和评价；每学年学院还会组织一次年度评估。此外，课程也在探索邀请毕业学生、用人单位等进行课程思政评价。

在线上教学平台布置课前测试、课后作业，重点考核学生对知识点的掌握与理解。课中侧重以教学任务完成的情况进行实践能力的考核，小组互评与教师评价结合。本次任务的考核重点为学生对水表的分类、计量原理、组成读数以及安装与维护要求，智慧水表行业发展的研究成果，智慧化水表应用技术的认识。通过教学管理系统和学生测评系统对学生的知识、能力、素养进行全方位记录，同时从课后智慧水表守护独居老人的生活调研数据，细化过程性态度评价，评价学生通过本次课学习在思想意识上潜移默化的改变和收获。

（五）创新与反思

1. 教学创新

（1）教学方法的多样性与互动性。

该教学案例秉持以学生为中心、产学研结合的教学理念，采用探究式和研讨式教学引导学生学习，结合课程特点，以生活中的实际应用场景引出课程主题，增强学生对水务问题的敏感性，提高学生的环保意识及对本专业的使命感。

教师在课程教学过程中除了传统地讲授知识外，还会引用日常或者生活中的案例，增强学生的社会参与意识，培养学生的社会责任感。如上海浦东水务集团在完成主责主业的同时，主动承担社会责任，进一步提供延伸服务，切实为群众办实事解难题，充分体现中国共产党以人民为中心的根本立场。

（2）思政教育的深度融入。

课程思政是一种教育理念，也是助力教师提升执教能力的一种很好的方式。课程思政不是每节课都要有思政的设计，不是额外增加学时学分，而是要有机融入、润物无声。要突出课程的专业特色，将"绿色、环保、生态、和谐、共享、发展"的时代理念和社会主义核心价值观融入课堂，为社会主义培养栋梁之材。

2. 反思改进

（1）上一节有温度的课。

课堂上需要再增加体现正向价值观的故事，将富有思政元素的案例故事融入教学内容。要以"显性设计、隐性施工"的思路深挖育人元素，在有助于知识理解和掌握的基础上自然融入思政内容。

（2）上一节有体验的课。

可加入智慧水表设计与维护工程训练项目，达成"真环境＋真项目＋直接做＋直接感受"。课程中融入项目式教学，以团队任务形式开展工厂式全真工程训练，进行融入思政精神的体验式教育，注重工程中的职业素养和关键能力培养。学生通过亲历工程实际，从中获得真切感受，提升职业素养，并激发正确的道德情感。体验式教育能起到"润物无声、春风化雨"的育人效果。

（3）上一节有态度的课。

要细化过程性态度评价，构建行为品德养成教育平台。可采用多维考核，注重促进优良行为习惯养成，强化"知识、技能、态度"三位一体考核，在态度评价维度强调细化过程记录，强调守时守纪、自觉自律、职业态度等。

四、选用教材与参考资料

（一）选用教材

1. 周天舒. 生态环境专业课程思政教学指南[M]. 上海：华东师范大学出版社，2021.

2. 马建辉，文劲宇. 新工科背景下专业课程思政教学指南 [M]. 武汉：华中科技大学出版社，2022.

（二）参考资料

1. 中国经济大讲堂——新概念污水厂

https://v.qq.com/x/page/r31230nl5ny.html

2. 中持——宜兴概念厂宣传视频

https://v.qq.com/x/page/j3304a0wup4.html

3. 上海：智能水表能报警 智慧守护独居老人

http://tv.cctv.com/2020/12/10/VIDEEcfRkYTpAaeO8lMO3Hjm201210.shtml

案例编写人：王欢（材料与环境工程学院）

"GIS 理论与软件实操"课程思政教学案例

一、课程定位

本课程是给排水工程技术专业的一门专业拓展课程，旨在培养学生爱岗敬业、勇于创新的思想政治素养与职业素养，树立科技强国的信念和文化自信，掌握地理信息系统的基本理论和工作原理，具备供排水管网数据采集、储存、管理、分析和输出等方面的能力。

二、课程思政整体设计思路

（一）课程思政整体设计理念

"GIS 理论与软件实操"课程注重锻炼学生的工程思维和实操能力，结合产教融合的高职办学模式和课程的实践特点，在校企共同育人的框架下，将本课程的课程思政建设目标定位为培养学生的爱国情怀、爱社会主义情怀、劳动精神、工匠精神、职业精神和科技强国信念六大目标。

在教学内容总体设计上（图1），以体验与实践为主线，通过 GIS（Geographic Information System，地理信息系统）手段让学生了解从清末到中华人民共和国成立的疆域演变和红色革命，达到文化育人目的；充分利用校内外实训实践基地，让学生完成 GIS 技能实训和实践项目，弘扬劳动精神、工匠精神和职业精神，达到实践育人目的；通过探索日常生活中的 GIS 应用产品和给排水专业领域的 GIS 应用前景，达到创新育人目的。在课程教学中，以学生为主体，通过学习、

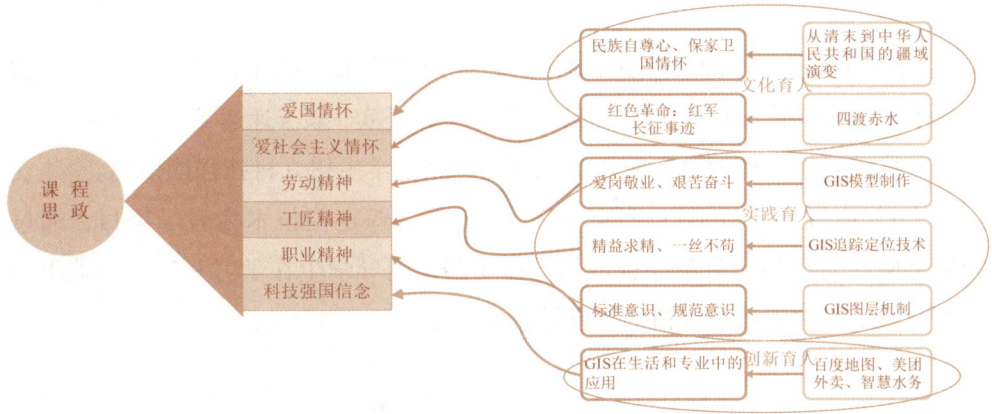

图 1 "GIS 理论与软件实操"基于课程思政的教学内容设计

体验和实践的紧密结合,将价值塑造、知识传授和能力培养有机融合。

(二)课程思政整体设计框架

基于培养学生爱国情怀、爱社会主义情怀、劳动精神、工匠精神、职业精神和科技强国信念的课程思政目标,以课程专业知识教学为核心,依托于校内外实训资源和校企师资队伍,本课程的课程思政实现路径设计如图 2 所示。

(1)项目一:初识地理信息系统。因学生是首次认识 GIS,因此在本项目中通过 GIS 三维模型动画向学生动态展示从清末到中华人民共和国成立的疆域演变过程,让学生建立在实际场景应用 GIS 的概念,同时激发学生的民族自尊心和保家卫国情怀。

(2)项目二:ArcGIS 桌面平台。向学生介绍 ArcCatalog、ArcMap、ArcGlobe、ArcScene 等 ArcGIS 桌面平台的知识,展示上一项目中的疆域演变三维模型的制作过程需要多个 ArcGIS 桌面平台配合才能完成,从而让学生明白 GIS 技能的习得并不是一蹴而就的,而是需要勤加练习。

(3)项目三:ArcGIS 基本操作。在讲授 ArcGIS 的图层和属性数据编辑操作知识时,让学生理解 GIS 的图层机制和操作原理,从而引导学生树立标准和规范操作的意识,再引申到自律有序的生活工作习惯和职业精神。

(4)项目四:ArcGIS 坐标系统。向学生讲述我国 1954 北京坐标系统创建的历史,让学生感受大地测量工作者的艰辛与执着付出,勉励学生向先辈楷模学习。

（5）项目五：ArcGIS 地图制作。在地图制作的实践中，让学生寻找日常生活中的 GIS 产品。通过常用的高德地图、美团外卖、顺丰速运等 GIS 应用产品，说明科技发展对生活的改变源于知识创新，鼓励学生树立科技强国信念。

（6）项目六：ArcGIS 空间查询。以 GIS 追踪定位技术为教学项目，通过微量级属性与空间约束条件查询的操作实践，引导学生在学习和工作中追求一丝不苟，培养学生精益求精的工匠精神。

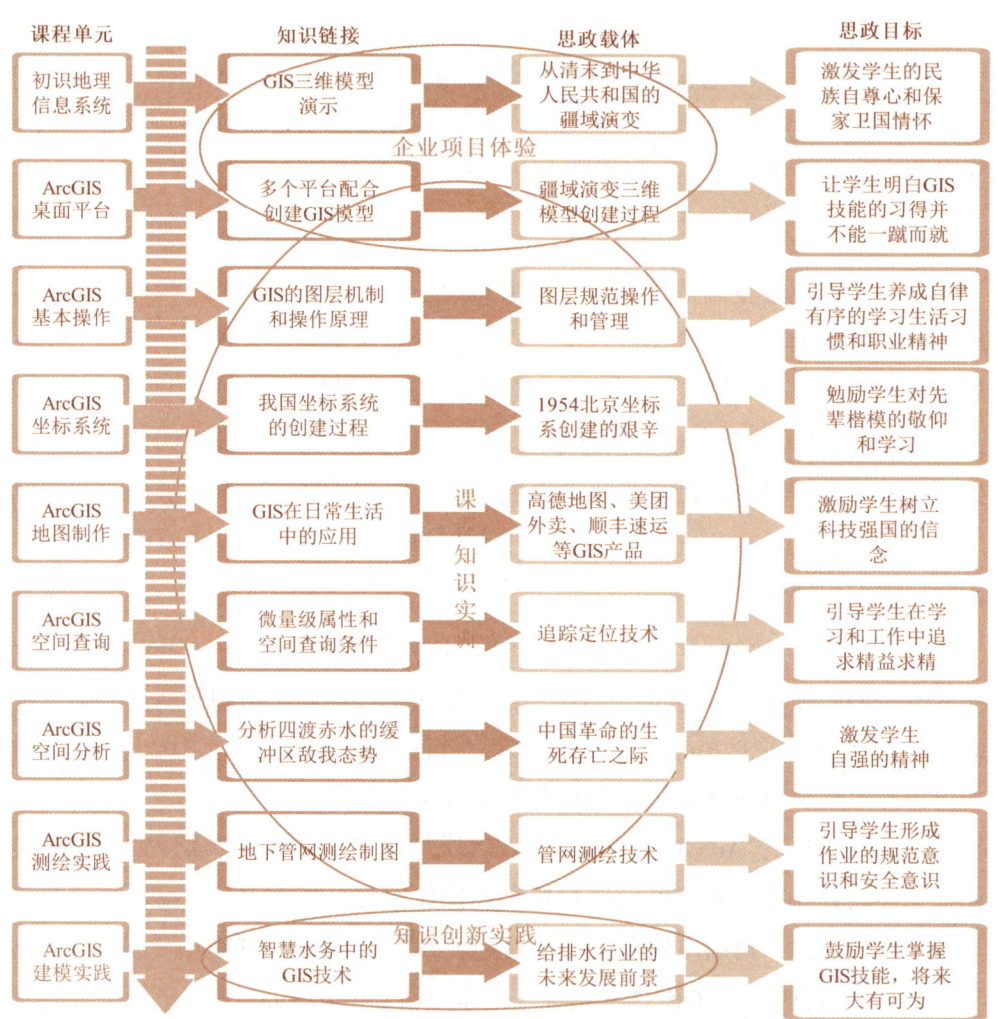

图 2 "GIS 理论与软件实操"课程思政实现路径设计

（7）项目七：ArcGIS空间分析。以红军长征中四渡赤水的缓冲区敌我态势分析为实践项目，激发学生自强的精神。

（8）项目八：ArcGIS测绘实践。通过管道作业的真实事故案例，让学生感受安全事故带来的人员伤亡和财产损失，引导学生树立作业的规范意识和安全意识。

（9）项目九：ArcGIS建模实践。通过企业的智慧水务建设项目，向学生介绍代表给排水行业前景的智慧水务中运用的GIS技术，鼓励学生学好GIS课程，将来大有可为。

三、课程思政教学案例

教学案例一　我国1954北京坐标系创建历史——学习大地测量先辈工作者的劳动精神

（一）教学任务

项目四"ArcGIS坐标系统"之任务4.1：坐标系统查询。

（二）课程思政教学设计

本次教学任务是使用ArcCatalog和ArcMap查询图层坐标系统，在介绍坐标系统概念时引入课程思政案例。

1954北京坐标系（BJZ54）是指以1954北京坐标系为参心大地坐标系，大地上的一点可用经度L54、纬度M54和大地高H54定位，它是以克拉索夫斯基椭球为基础，经局部平差后产生的坐标系。1954北京坐标系可以被认为是苏联1942普尔科沃坐标系的延伸。它的原点不在北京，而是在苏联的普尔科沃（现位于俄罗斯圣彼得堡）。

（三）教学实施

1. 教学目标

（1）价值目标：了解我国1954北京坐标系的创建历史及大地测量工作者的感人事迹，向先辈楷模学习爱岗敬业、艰苦奋斗的劳动精神。

（2）知识目标：理解创建地理坐标系统、投影坐标系统的方法。

（3）能力目标：会使用 ArcMap 创建图层数据框坐标系统，会使用 ArcTool 创建地图坐标系统。

2. 教学方法

采用线上线下混合式教学，以任务驱动为核心，主要运用导师制研学小组、混合式教学法、虚实结合教学法，并辅以动画、视频资源、案例等多种资料。

3. 教学过程

第一步：享心得——提问题。

通过课前任务，各研学小组已明确学习目标，学习了教师发送的材料，完成了自测，准备课前分享。教师组织学生分享学习心得，点评学生表现，引导学生思考。

第二步：讲理论。

学生提出问题：地理坐标系统和投影坐标系统构建过程的差异是什么？教师播放微课视频，结合课件讲解新知：地理坐标系与投影坐标系的创建过程。

思政点睛：1954 北京坐标系的建立过程是极其艰难的，是众多大地测量工作者抱着一颗炙热的爱国心及严谨的科学心艰苦奋斗而得来的伟大成就，提供了统一的国家大地坐标，为国家建设作出了巨大的贡献。

价值引领：学生从历史事件及大地测量工作者的感人事迹中学到了什么？我们应该在学习课程知识时充分了解未来岗位，在学习历史及人物事迹中向先辈学习爱岗敬业、艰苦奋斗的精神。

第三步：做练习。

为巩固所学知识，教师在"学习通"平台上发布课堂练习。

第四步：讲理论。

教师通过课堂提问、播放视频、示范软件操作，讲解新知：ArcMap 软件创建坐标系统的操作步骤。

第五步：验操作。

动手实践：学生在教师的引导下操作，使用 ArcMap 软件完成地理坐标系统和投影坐标系统的构建。同学之间要注意协作学习，互相帮助完成任务。

总结升华：各个步骤的操作需要学生严谨细致，条理清晰。学生只有通过动手实践，才能在一次次的操作中逐渐掌握软件的操作步骤。学生要坚持在做中学，培养严谨细致、踏实耐心的良好品质。

第六步：评结果。

针对软件操作，教师组织学生互动讨论，进行学生自评、组内互评、组间互评、教师评价，发现不足，解决疑难。教师组织小组派代表展示实操过程，通过展示训练学生的实操能力，提升学生的自信心。

第七步：总结评价。

教师分析学生的学习情况，总结本节课知识要点。通过总结回顾，确保全体学生的学习效果。

第八步：升技能。

教师在"学习通"平台发布个性化任务：完成5道管网坐标系统创建基础知识客观题；小组分工，设计、创建某管网的地图坐标系统，并上传作业文件。让学生在任务中再次巩固并综合运用知识。

4. 教学资源

教学资源：1954北京坐标系相关视频、图片；ArcMap软件；线上教学平台全部微课视频；本次课教案、本次课教学课件、作业及测验题目等。

（四）教学评价

本课程的考核以学生学业质量为导向，结合课程知识、技能、素质要求，探索以校内教师、企业指导教师、学生为主体，并以课程项目为节点，过程性评价、终结性评价、增值性评价相结合的三方多元评价模式。

1. 评价内容

知识评测：坐标系统知识点。

能力考核：坐标系统查询操作。

素质评价：爱国情怀、爱社会主义情怀、劳动精神、工匠精神、职业精神和科技强国信念。

2. 评价主体

校内教师、企业指导教师、学生。

3. 评价方式

过程性评价、终结性评价、增值性评价。

（五）创新与反思

结合课程教学项目，融入与课程息息相关的历史事件与人物事迹，不仅拓宽学生的专业视野，而且激发学生的民族自信与爱国情怀，帮助学生培养劳动精神。通过任务驱动教学法，强化学生对知识的理解运用，使其在动手实践中感受学习的快乐，做到知行合一，将价值塑造与知识传授、能力培养有机统一。

在引导学生进行软件操作时，教师要强调学生应注重条理性，做到严谨细致，贯穿工匠精神。学生真正运用和操作软件时，还有一定提升空间，教师要为更好地引导学生做进一步努力。

教学案例二　寻找身边的 GIS 应用——科技改变生活，树立科技强国的信念

（一）教学任务

项目五"ArcGIS 地图制作"之任务 5.1：地图数字化。

（二）课程思政教学设计

本次教学任务是开展地图数字化和矢量化的实践教学。在介绍数字地图的教学环节中，让学生寻找日常生活中的 GIS 应用产品。通过生活中常用的高德地图、美团外卖、顺丰速运等 GIS 应用产品，说明科技发展对生活的改变源于知识创新，鼓励学生树立科技强国的信念。

（三）教学实施

1. 教学目标

（1）价值目标：通过体验日常生活中常用的高德地图、美团外卖、顺丰速运等 GIS 应用，感受 GIS 技术的魅力，提高专业认同感，同时直观体验科技对生活的改变，树立科技强国的理想信念。

（2）知识目标：理解数字地图与矢量地图的概念，了解常用的地图数字化、矢量化方法。

（3）能力目标：会使用扫描仪、相机与截图工具获取栅格数字地图，会使用 AutoCAD 将栅格地图转化为矢量地图，会使用 ArcMap 将矢量地图转化为 GIS 矢量文件。

2. 教学方法

采用线上线下混合式教学，以任务驱动为核心，主要运用导师制研学小组、混合式教学法、虚实结合教学法，并辅以动画、视频资源、案例等多种资料。

3. 教学过程

第一步：享心得——提问题。

通过课前任务，各研学小组已明确学习目标，学习了教师发送的材料，完成了自测，准备课前分享。教师组织学生分享学习心得，点评学生表现，引导学生思考。

第二步：讲理论。

学生提出问题：什么是地图数字化？为什么要将地图数字化？教师播放微课视频，结合课件讲解新知：地图数字化的概念、目的和方法。

思政点睛：让学生寻找身边的 GIS 应用，引出日常生活中常用的高德地图、美团外卖、顺丰速运等 GIS 应用。学生打开高德地图、美团外卖、顺丰速运等手机软件，直观体验地图导航、店铺信息、物流中运用的 GIS 技术，并分析其中的 GIS 原理。

价值引领：GIS 应用改变了我们的日常生活方式，我们应该树立科技强国的信念。

第三步：做练习。

为巩固所学知识，教师在"学习通"平台上发布课堂练习。

第四步：讲理论。

教师通过课堂提问、播放视频、示范操作讲解新知：如何利用数字化设备进行地图数字化。

第五步：验操作。

动手实践：学生在教师的引导下操作，以研学小组为单位，通过小组协作使用扫描仪、相机与截图工具等完成管网地图数字化操作。

总结升华：地图数字化的各个步骤的操作需要学生严谨细致、条理清晰。学生只有通过动手实践，才能在一次次的操作中逐渐掌握软件的操作步骤。学生要坚持在做中学，培养严谨细致、踏实耐心的良好品质。

第六步：评结果。

针对数字化操作，教师组织学生互动讨论，进行学生自评、组内互评、组间互评、教师评价，发现不足，解决疑难。教师组织小组派代表展示实操过程，通过展示训练学生的实操能力，提升学生的自信心。

第七步：总结评价。

教师分析学生的学习情况，总结本节课知识要点。通过总结回顾，确保全体学生的学习效果。

第八步：升技能。

教师在"学习通"平台发布个性化任务：完成 5 道管网地图数字化知识的客观题；使用数字化设备，独立完成管网地图数字化操作，并上传作业文件。让学生在任务中再次巩固并综合运用知识。

4. 教学资源

教学资源：扫描仪、相机、截图工具、AutoCAD 软件、ArcGIS 软件；线上教学平台全部微课视频；本次课教案、本次课教学课件、作业及测验题目等。

（四）教学评价

本课程的考核以学生学业质量为导向，结合课程知识、技能、素质要求，探索以校内教师、企业指导教师、学生为主体，并以课程项目为节点，过程性评价、终结性评价、增值性评价相结合的三方多元评价模式。

1. 评价内容

知识评测：地图数字化知识点。

能力考核：地图数字化操作。

素质评价：爱国情怀、爱社会主义情怀、劳动精神、工匠精神、职业精神和科技强国信念。

2. 评价主体

校内教师、企业指导教师、学生。

3. 评价方式

过程性评价、终结性评价、增值性评价。

（五）创新与反思

思政素材与教学内容契合度高，能提高学生的专业认同感，树立科技强国的信念。地图数字化的概念较为抽象，应结合日常生活中的 GIS 应用，突破教学重难点。

四、选用教材与参考资料

（一）选用教材

丁华，李如仁，成遣，等. ArcGIS 10.2 基础实验教程 [M]. 北京：清华大学出版社，2018.

（二）参考资料

1. 深圳市水务（集团）有限公司. 管网 GIS 系统——供水 CS 操作手册.
2. 深圳市水务（集团）有限公司. 管网 GIS 系统——排水 CS 操作手册.
3. 邬伦，刘瑜. 地理信息系统——原理方法和应用 [M]. 北京：科学出版社，2001.
4. 张超等. 地理信息系统实习教程 [M]. 北京：高等教育出版社，2000.

案例编写人：黄强（材料与环境工程学院）

"急救护理"
课程思政教学案例

一、课程定位

"急救护理"是护理专业的一门核心课程,内容涉及急、危、重症患者病情评估、救治原则、急救技术及护理措施。本课程旨在培养学生具有"敬佑生命、救死扶伤"的职业精神,严肃严谨、细致认真的工作作风,认真负责、团结协作的工作态度,敏锐观察、反应敏捷的工作能力;能够掌握急救护理的基本理论知识与护理基本操作;学会对各科急、危、重症患者进行初步应急处理和配合抢救;按操作规程,正确实施急救护理技术;在面对急、危、重症患者时,能快速进行判断和救护;能肩负起运用多学科知识、多团队协作挽救生命,减轻患者痛苦的神圣使命。

二、课程思政整体设计思路

(一)课程思政整体设计理念

本课程按照"岗课赛证"融通的理念,以护士执业资格考试大纲为基础,对接急、危、重症患者护理岗位需求,按照重症患者从院前到院内救治的程序,将课程分为院前急救、急诊科救护、重症监护三大模块。此外,增加"公共突发事件和灾难救护"模块。

本课程的思政内容对应课程结构和内容改革,整体设计思路紧扣急救护理工作特点,挖掘思政元素,凸显每个模块、每个项目中蕴含的思想价值和精神内涵，体现急救护理旨在培养学生"生命至上""救死扶伤""敬佑生命""大爱无疆"的职业精神。

本课程采用以典型临床情境/典型临床案例为导向的教学模式，采用以任务为驱动、以小组合作学习为主的活动课堂模式，实现知识传授、技能培养和价值观塑造相结合的育人目标。

（二）课程思政整体设计框架

第一个"院前急救"模块，引入本课程任课教师在深圳新型冠状病毒感染流行期间不畏风险、勇敢救人的事迹，让学生感受榜样的力量；在面对突发的各种意外状况或在灾害现场进行急救时，需要有"生命至上、分秒必争"的急救意识，需要有沉着冷静、果敢的职业担当，需要有"人道、博爱、奉献"的红十字精神。第二个"院内急诊科救护"模块，引入电视剧《急诊科医生》中重大车祸事故片段，突出面对嘈杂混乱且复杂多变的急诊科工作，要养成"想病人所想，急病人所急"的职业习惯，需要有"冲锋在前，救死扶伤"的奋斗精神，需要有敏锐观察、反应敏捷的工作能力。第三个"院内重症监护"模块，引入纪录片《生死之门——ICU见证实录》《重症——新闻调查》视频资料片段，以及本课程外聘的重症医学科资深护理专家护理重症肺炎患者的实例等材料，突出面对与死亡角力、奄奄一息、缺少家属陪伴的患者时，在严密监护与治疗的过程中，需要有慎独自律、尊重患者的职业操守，需要有"敬佑生命、永不言弃"的职业情怀，需要有"共情陪伴、关怀备至"的人文素养。第四个"公共突发事件和灾难救护"模块，引入公共卫生事件，如新冠病毒感染以及汶川地震等突发事件中护士冲锋陷阵的先进事迹，让学生感受"甘于奉献、大爱无疆"的职业精神和家国情怀。四大教学模块思政育人元素各具特点，彼此形成合力，解决专业课课程思政中常见的"思政部分和专业课泾渭分明"的问题。

课程思政教学内容设计如图1所示。

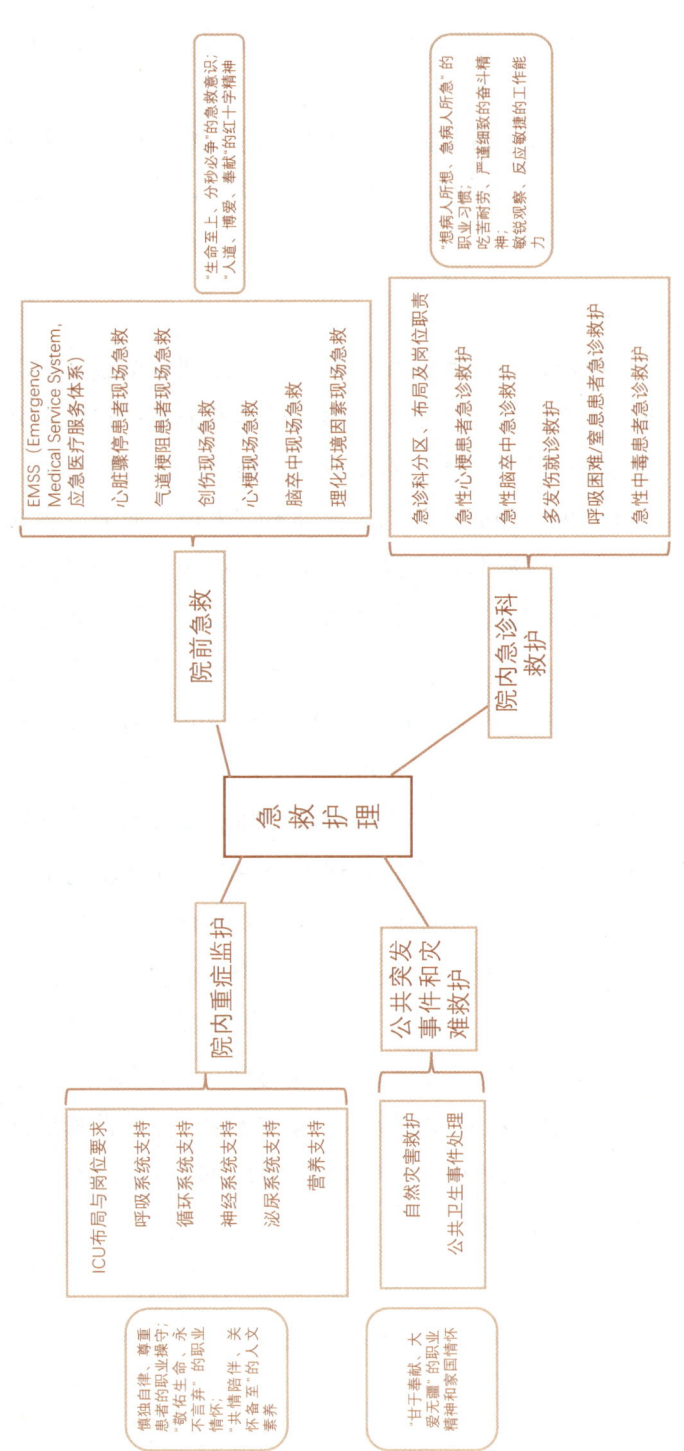

图1 "急救护理"基于课程思政的教学内容设计

三、课程思政教学案例

教学案例一 廓清气道,让呼吸畅通无阻——对咳痰无力患者的紧急救治

(一)教学任务

模块三"院内重症监护"之呼吸系统支持项目:咳痰无力患者的急救护理。

(二)课程思政教学设计

2022年,新型冠状病毒奥密克戎(Omicron)变异株逐渐成为绝对优势流行株,其传播力和免疫逃逸能力显著增强,其引发的重症肺炎及呼吸道症状已经成为威胁人类健康的主要杀手之一。案例中,患者气道内出现大量痰液,而呼吸肌无力的患者难以有效咳嗽,无法清除痰液。此外,重症监护室的患者中有很大一部分人因为严重创伤、休克、脓毒血症、中毒等入院,一般伴单个或多个脏器衰竭,肺部感染率占9%~70%,死亡率高达50%。外伤、休克、感染会导致患者昏迷,病情相对严重的患者免疫力低下,导致全身肌力减弱的同时使咳嗽及吞咽反射能力下降。此类患者容易出现痰液阻塞或者胃内容物反流,进而出现肺部感染,引起通气—换气功能障碍、CO_2潴留、呼吸衰竭及低氧血症,甚至危及危重患者的生命安全。因此,帮助咳痰无力患者清除呼吸道分泌物是救治患者的有效措施之一。口咽通气道是一种非气管导管性通气管道,在上呼吸道梗阻时使用可迅速获得有效通气,具有器具单一、操作简单、放置容易、刺激轻及无口腔黏膜损伤的优点。吸痰则是经口腔、鼻腔、人工气道(气管切开术)将呼吸道的分泌物吸出,以保持呼吸道通畅,预防吸入性肺炎、肺不张、窒息等并发症的一种方法。

教师向学生讲解如何帮助咳痰无力重症新冠肺炎患者廓清气道,让患者的呼吸畅通无阻,提高患者舒适度,提高治愈率。此外,在救治过程中,教师还着重强调廓清气道过程中需要"关注患者感受,减少患者疼痛与不适"。护士在救治重症肺炎患者咳痰无力过程中,不仅应掌握娴熟的操作技能,还应有"敬佑生命、永不言弃"的职业情怀、"共情陪伴、关怀备至"的人文素养。

教师将实施操作的每一个步骤,对患者开展共情陪伴、人文关怀的每一个细节真实呈现给学生,让学生看到、学到、做到、悟到。

（三）教学实施

1. 教学目标

（1）价值目标：具有"敬佑生命、永不言弃"的职业情怀、"慎独自律、尊重患者"的职业操守、"共情陪伴、关怀备至"的人文素养。

（2）知识目标：说出吸痰的概念、适应证；描述吸痰和使用口咽通气道的操作要点，总结使用口咽通气道进行吸痰的操作流程。

（3）能力目标：能够快速反应并识别患者咳痰无力；能够正确使用口咽通气道；能够为患者实施有效的吸痰。

2. 教学方法

以新冠病毒引发的重症肺炎患者呼吸道症状案例导入，激发学生的学习兴趣；采用线上线下混合式教学，开展任务驱动的活动课堂，运用问题教学法、小组合作学习法开展教学，并应用视频资源、案例等多种资料。

3. 教学过程

第一步：导入真实案例，引发学习兴趣。

患者，男，62 岁，因"反复咳嗽半个月余，发热伴气促 4d"于 2022 年 12 月 26 日到急诊科就诊，完善相关检查后考虑肺部感染，经新型冠状病毒核酸检测为阳性，于 12 月 28 日转入 ICU（Intensive Care Unit，重症监护室）治疗。

入院时：体温 37.5℃，脉搏 85 次 /min，呼吸 30 次 /min，血压 113/93mmHg，指脉氧 99%（VC/AC 模式，氧浓度 70%，VT 450mL，PEEP 14mmHg），神志镇静状态，双侧瞳孔等大等圆 2mm，对光反射迟钝，腹部平坦，未见胃肠型及蠕动波，双下肢可见轻度水肿。血气分析显示：pH7.35，氧分压 60mmHg，K3.4mmol/L。CT（Computed Tomography，电子计算机断层扫描）显示双肺多发磨玻璃病灶。

12 月 29 日行支气管镜检查治疗，主气管通畅，左右支气管开口通畅，隆突处可见充血水肿，左侧支气管通畅，可见少许白色黏液，上下支气管分隔处有水肿充血，可见浅咖色痰液，予肺泡灌洗，留取痰液标本送检。12 月 30 日患者氧合指数 140（氧浓度 50%），予以俯卧位通气 12 h。随后几日氧合指数不断提升，继续俯卧位通气治疗，加强病情观察，注重患者的感受，做好基础护理。2023年1月3日，患者神志清醒，经充分评估后予以拔除气管插管，给予高流量湿化氧疗（氧浓度35%，流量3.5 L/min）。但是，拔管后患者随即出现咳痰无力、痰液黏稠的情况，听诊肺部有少量的湿啰音。

启发式提问：重症新冠肺炎患者病情好转了，却在拔除气管插管后出现了新的状况，你观察到了吗？你是怎样观察到的？应如何实施现场救治？

第二步：承转过渡，引入思政。

请学生讨论：如果你是ICU的护士，在收治重症新冠肺炎患者时是否担心自身被感染？如果你是该患者的管床护士，遇到上述情况该如何做？以此引发学生对职业价值、职业精神、职业能力的思考。

ICU是重症患者的聚集地，这里是生与死交锋最激烈的战场。在面对传染性极强的奥密克戎病毒株时，ICU医护人员克服种种困难，直面危险、不顾自我安危，冲在救治重症患者第一线，与病毒进行着艰苦的拉锯战，用生命的担当守住患者生命最后一道防线。教师鼓励学生作为未来的护士应具备"敬佑生命""无私奉献"的职业精神；强调面对重症肺炎患者日益恶化的病情，绝不能放弃积极救护的态度，增强学生尊重生命的理念；在患者好转后，通过密切观察病情，敏锐地发现患者出现了痰液黏稠、咳痰无力的情况，鼓励学生建立"保持患者呼吸道通畅"的急救理念，树立廓清气道的急救意识；针对无人陪伴甚至家属无法探视的重症患者，应增强对其的陪伴、关怀。

第三步：启发引导，任务驱动学习。

如何准确地判断患者需要吸痰？快速判断的指标有哪些？如何实施吸痰？口咽通是什么，在哪里，如何获取，如何使用？如何判断实施的措施是否有效？结合教材资源和线上资源，通过小组合作的方式由浅入深完成任务，以培养学生敏锐的观察能力、扎实的知识积累。

第四步：聚焦任务，知行合一。

动手实践：教师示范带领，手把手教给学生吸痰操作的每一步和口咽通气道的使用流程，再进行小组强化练习。

总结升华：教师根据亲自护理咳痰无力重症新冠肺炎患者的经历和切身的护理体会，将现场实施的每一步救治措施、每一个操作细节、每一点人文关怀真实地呈现给学生。鼓励学生强化吸痰和口咽通气道的使用练习,直到掌握为止。

第五步:操作强化,巩固提升。

课后布置强化练习任务,让学生拍摄完整吸痰和口咽通气道使用视频,上传到平台,进行学生互评和教师评价。以课后任务巩固学生对保持呼吸道通畅的知识的掌握。

4. 教学资源

(1)基本教学资源:教师拍摄的吸痰和口咽通气道使用视频等教学资源以及教学平台上的教学资源。

(2)拓展教学资源:OSCE(Objective Structured Clinical Examination,客观结构化临床考试)护理技能大赛线上资源等。

(四)教学评价

知识评价:通过线上资源观后感和线上测试题的完成情况,了解学生对于咳痰无力患者及急救措施的掌握情况,并及时给予反馈,此评价贯穿学习全过程。

能力评价和素质评价:开拓性地采用OSCE考核方式,分为两个站点。站点一重点考核学生对咳痰无力患者典型情境的分析,重点考查学生是否具备"尊重生命"的理念和"保持呼吸道通畅"的急救意识;站点二给予不同场景下的痰液堵塞案例,重点考核学生对吸痰和口咽通气道急救技术的应用,进行有效性评价。

(五)创新与反思

案例引入是医护专业常用的教学手段。本次任务引入任课教师自身的工作场景案例,更具有真实性和吸引力,自然融入思政元素;以任务的形式驱动学生小组合作、自主学习,符合建构主义教学理念,学生真正通过自己动脑分析、动手实践学习知识与技能。

然而,学生的学习和应用与教学目标尚存在一定的差距。因此后续课程宜设置新冠肺炎患者入院治疗实例,让学生在急诊科进行一次综合性ICU救护演练,强化学生应用技能的意识。

教学案例二 动脉血气分析，带你知心知肺——培养操作技能，提升风险意识，注重患者安全

（一）教学任务

模块三"院内重症监护"之呼吸功能监测项目：重症患者的动脉血气分析。

（二）课程思政教学设计

本次课以 ICU 工作中最常见的患者护理案例引入："一名呼吸衰竭患者被送入 ICU。患者神志呈昏迷状，呼吸急促，面色紫绀。一名护士为患者实施简易呼吸球囊通气，另一名护士正在根据医嘱准备气管插管相关物品，第三名护士在建立静脉通路。这时，医生下达口头医嘱：抽取动脉血进行床边血气分析。一名规范化培训（简称规培）护士立即准备好物品，到达床边，因为时间紧急，未进行艾伦（Allen）试验，直接通过右侧桡动脉抽取动脉血标本。由于技术不熟练，该护士反复穿刺后终于取得动脉血标本。下一班护士交接班时发现患者右手皮温低、紫绀，医生检查后发现患者右桡动脉闭塞，右尺动脉畸形，导致手部供血不足，及时给予妥善处理后，患者手部功能未受影响。"

这个真实案例发生在任课教师在医院工作的时段，虽未对患者造成严重后果，但作为医护专业人员和急救护理教师，这件事让任课教师感触很深：我们不仅要有"生命至上、分秒必争"的急救意识，而且要有风险意识和慎独自律的精神，具备娴熟的技能，并时刻注意自己的言行，不要给患者造成医源性伤害。

在传授如何备物、如何选择血管、如何进行艾伦试验和抽取血标本时，任课教师根据亲身经历和切身体会，将现场实施的每一个操作细节真实地呈现给学生。

（三）教学实施

1. 教学目标

（1）价值目标：具有慎独自律精神和风险意识，注重患者安全。

（2）知识目标：说出患者动脉采血的适应证；描述动脉血气分析结果的正常范围；说出动脉采血的具体操作要点，总结使用动脉采血针采取动脉血气标本的操作流程。

（3）能力目标：能够快速进行艾伦试验，并判断结果；能够正确使用动脉采血针采集标本；体现人文关怀。

2. 教学方法

以教师亲身经历作为案例，激发学生的学习兴趣；采用线上线下混合式教学，开展任务驱动的活动课堂，运用问题教学法、小组合作学习法开展教学，并应用视频资源、案例等多种资料。

3. 教学过程

第一步：导入真实案例，引发学习兴趣。

患者，男，67岁，因"咳嗽咳痰半月余、发热伴气促3d，意识丧失2h"于2月1日入ICU。院前CT检查显示患者头部无明显异常、无肺部感染，桶状胸。既往史：COPD（Chronic Obstructive Pulmonary Disease，慢性阻塞性肺疾病）20余年，高血压3年。入院体温38.3℃，脉搏94次/min，呼吸35次/min，血压163/93mmHg，血氧饱和度95%[无创机械通气下，FiO_2（Fraction of inspiration O_2，吸入气中的氧浓度分数）40%]，瞳孔2+/2+。家人诉：患者最近5年一直接受家庭氧疗。2周前受凉，出现咳嗽，呼吸不畅，所以今天患者自行调高了吸氧浓度，5h后患者发生了昏迷。

启发式提问：根据你学习的知识，判断患者发生了什么。如何快速验证你的想法？

第二步：承转过渡，引入思政。

讨论引入：询问学生，是否有过给清醒患者采血或者注射的经历或者自己作为患者的经历。患者或者自己当时的感受是怎样的。

人文关怀：患者处于一个陌生的环境，不能控制自己的行为，将自身的安危交给了医护人员，医护人员需要告知患者及家属目前的状况、将采取的措施、可能会导致的问题，尽可能减轻患者的恐惧情绪和身体的疼痛，避免医源性伤害。

第三步：启发引导，任务驱动学习。

如何准确进行动脉血气标本采集？需要准备什么物品？需要进行哪些方面的评估？标本的处置要注意什么？结合教材资源和线上资源，通过小组合作的方式由浅入深完成任务，以培养学生敏锐的观察能力、扎实的知识积累。

第四步：聚焦任务，知行合一。

动手实践：教师示范带领，手把手教给学生动脉血气标本采集的操作流程，学生再进行小组强化练习。

总结升华：教师鼓励学生强化练习，强调只有在学校模拟教学过程中将急救的知识和技能学扎实，才能在关键时刻救患者生命于危难之间。

第五步：操作强化，巩固提升。

课后布置强化练习任务，让学生拍摄动脉血气标本采集视频并上传到平台，进行学生互评和教师评价。以课后任务巩固学生对重症监护技能的掌握。

4. 教学资源

（1）基本教学资源：教师拍摄的动脉血气标本采集视频以及教学平台上的教学资源。

（2）拓展教学资源：广东省重症技能大赛线上资源等。

（四）教学评价

知识评价：通过线上资源观后感和线上测试题的完成情况，了解学生对于动脉血气分析相关理论和操作技能的掌握情况，并及时给予反馈，此评价贯穿学习全过程。

能力评价和素质评价：开拓性地采用OSCE考核方式，分为两个站点。站点一重点考核学生对需要血气分析结果指导病情判断的典型情境的分析，重点考查学生是否具备初步判断患者病情的能力；站点二给予不同场景下的动脉血气标本采集案例，重点考核学生对艾伦试验和动脉血气标本采集技术的应用进行有效性评价。

（五）创新与反思

案例引入是医护专业常用的教学手段。本次任务关注对应的重点岗位的工作任务，并以任课教师自身的工作场景案例作为引入，更具有真实性和吸引力，自然融入思政元素；以小组完成任务的形式让学生真正通过自己动脑分析、动手实践学习知识与技能，并真实感受到风险意识的重要性，逐渐培养慎独的职业精神。

血气分析的教学过程包含让学生懂知识、会操作、渗精神、悟理念，是持续强化的培养过程。因此后续课程宜结合"公共突发事件和灾难救护"模块的课程内容进行一次院前、急诊和 ICU 救护的综合演练，在给一批患者进行抢救的过程中，强化学生以患者生命为第一位、慎独自律的职业精神。

四、选用教材和参考资料

（一）选用教材

1. 胡爱招，王明弘. 急危重症护理学 [M]. 北京：人民卫生出版社，2018.
2. 万学红，卢雪峰. 诊断学 [M]. 北京：人民卫生出版社，2018.
3. 尤黎明，吴瑛. 内科护理学 [M]. 7 版. 北京：人民卫生出版社，2022.

（二）参考资料

1. 路玉宇，聂玲玲. 纤维支气管镜吸痰灌洗治疗重症监护室肺部感染患者的效果观察 [J]. 中国社区医师，2022，38（36）：38-40.
2. 李卫东，王芳，赵敏强. 口咽通气道在改良电休克麻醉复苏期气道管理的临床效果 [J]. 兵团医学，2016，48（02）：51-52.
3. 呼格吉乐图，艾冬雪，张晓敏，等. 气道廓清技术在重型颅脑损伤昏迷患者肺康复中的应用 [J]. 中国康复，2022，37（08）：473-476.
4. 颜恺宁. Allen 试验与桡动脉穿刺置管后手部缺血发生率相关性的观察 [D]. 福建医科大学，2018.

案例编写人：杜艳丽（医学技术与护理学院）
易玲　何彬（华中科技大学协和深圳医院）

"护理学基础"课程思政教学案例

一、课程定位

"护理学基础"是护理专业(包括助产专业,下同)的一门专业核心课程,帮助学生学习护理的基本理论、基础知识和操作技能,同时培养学生基本的临床思维能力、独立思考能力、人际沟通能力,以及发现、分析和解决问题的能力,为后期学习临床护理课程和日后走上工作岗位,为服务对象提供整体护理打下坚实的知识、技术和能力基础,并能较好地满足临床护理工作的需要。

二、课程思政整体设计思路

(一)课程设计理念与思路

护理专业主要培养在各级各类医院从事护理工作的应用型高技能人才。"护理学基础"课程根据这一培养目标,结合护士执业资格考试要求,重新整理了教学/学习点(学习内容、知识点)。同时,将这些内容按照学习者的职业认知习惯和护士工作中渗透的理念进行了项目化重构、由简到繁的排序设计。将课程内容按照入院到出院的顺序,重构为六个工作领域(项目),选择了可以基本涵盖护士基础工作的 24 个实际工作任务,要求学生在完成具体工作任务的过程中,将护理思维(护理程序)的工作模式和"五动五会"(动脑——会想、动手——会做、动笔——会写/记录、动口——会宣教、动心——会关怀)的护士素质培养贯穿全课程。

同时，将教学目标对应到相应项目和任务，根据完成每个工作任务必须掌握的知识点、技能点以及素质要求设计了共计70个学习成果检验题目，包括的要素有：①核心知识点；②关键技能点；③护理思维（即护理程序）；④关爱患者；⑤有效沟通；等等。要求学生按要求完成题目以检测学习效果。再辅以在线测试、讨论，线下实操考核、闭卷考试，以及小组评价、教师评价等形成立体评价。本课程实践性极强，因此设计的项目均为实际工作情境，任务均采用为具体某个患者做具体某件事的形式，教师根据任务特点采取任务驱动、小组讨论、案例教学、问题驱动教学法、讨论式教学法等方式实施教学。

（二）课程思政整体设计框架

护士是世界上最温暖的职业之一。护理专业通过三年培养，帮助学生完成知识技能习得和职业素质养成。本课程秉承"细节决定成败、言传身教育人"的宗旨，精心设计教学各环节，在知识传授和能力培养的同时完成价值塑造。通过本课程的学习，学生能够掌握最基本的临床护理知识和技能，内化职业素质，满足患者基本的生理、心理和社会需要。同时，本课程将思政元素渗透教学各环节，通过学习，学生能够在习得基本的临床护理知识和技能的同时，具备最基本的"敬佑生命、救死扶伤、甘于奉献、大爱无疆"、慎独、爱伤以及严谨、细致、规范的职业精神。

课程组根据教学内容集体讨论、精心设计了各个课程思政要素，采取人物访谈、小组讨论、案例教学、标准化病人引入、角色扮演等多种教学方法，力求"仁术"与"仁心"的有机融合（图1）。例如在项目一"认识护士工作"的第一个任务"认识护理的发展史和内涵"，引入了"提灯女神"南丁格尔的故事，使学生理解护士基本的职业精神，同时开展对临床前辈的人物访谈，培养学生的护士职业态度。在第四个任务"认识医院感染及预防"，布置了小组问卷，调查新冠病毒感染流行时学生参加抗疫的意愿，还开展了与在一线抗疫过的往届师兄师姐连线等小活动，使学生既深刻感受护士职业的奉献和大爱精神，又萌生认真学习专业知识技能，服务人民、服务国家的光荣使命感。

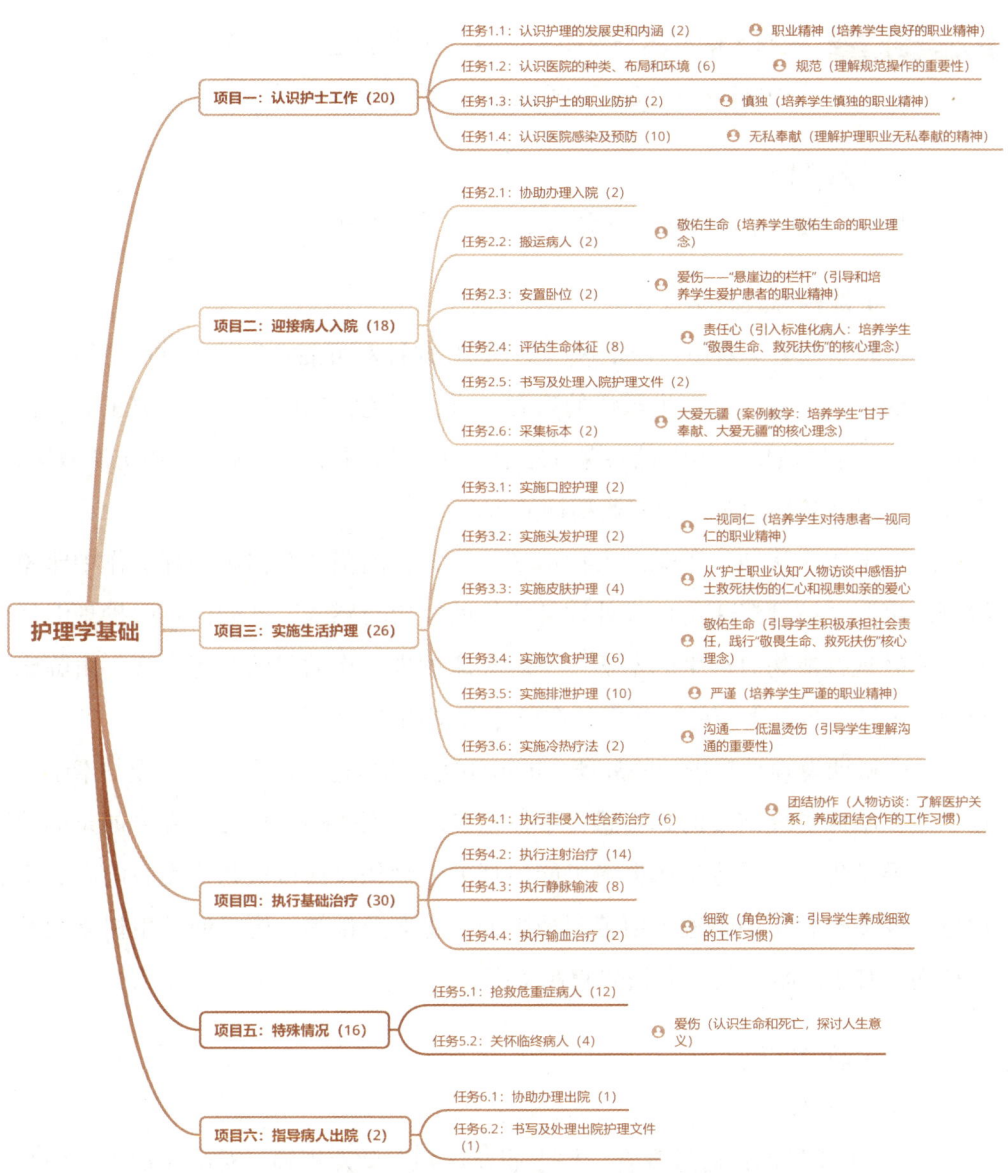

图 1 "护理学基础"基于课程思政的教学内容设计

三、课程思政教学案例

教学案例一 白衣天使的爱与奉献——从"护士职业认知"的人物访谈中感悟护士救死扶伤的仁心和视患如亲的爱心

（一）教学任务

项目三"实施生活护理"之任务 3.3：实施皮肤护理。

（二）课程思政教学设计

本次教学任务是对患者压疮风险的识别，并针对可能发生的各种压疮风险，提出预防措施，对已经发生压疮的患者，进行压疮分期的判断并采取正确的护理措施。在开展情境教学中融入课程思政，通过"护士职业认知"人物访谈微课，引导学生思考和加深对护士职业精神的理解。

"护士职业认知"微课以人物访谈的形式，围绕"在临床护理工作中印象深刻的事""护理溃烂伤口或处理排泄物的经历与感受""如何克服护理溃烂伤口或处理排泄物时产生的不适""对临床护理工作的看法"等方面，由临床资深护士结合自己多年的工作经验向学生分享内心真实的感受与想法。

这个微课视频没有华丽的辞藻，句句朴实，却传递出白衣天使的爱与奉献，让学生在临床护理前辈的真实感受中体悟护士救死扶伤的仁心和视患如亲的爱心，引导学生正确看待临床患者可能出现的溃烂伤口或排泄物，克服内心的不适感，逐步在教学中渗透不怕苦不怕脏的护士职业精神，进而使学生树立起救死扶伤、甘于奉献、大爱无疆的职业态度。

（三）教学实施

1. 教学目标

（1）价值目标：通过观看"护士职业认知"微课视频，对临床护理工作有新的认知，同时能正确看待临床患者身上触目惊心的溃烂伤口或散发恶臭味的排泄物，始终以救死扶伤的仁心和视患如亲的爱心护理好每一名患者，发扬护理前辈甘于奉献、不怕苦不怕脏的职业精神。

（2）知识目标：掌握压疮的概念、病因、高危人群和好发部位，掌握压疮的分期特点。

（3）能力目标：具备识别患者压疮风险的能力，并能针对患者可能发生的各种压疮的风险提出预防措施。对已经发生压疮的患者，具备根据患者的压疮特点进行分期判断的能力，并针对患者不同的压疮分期采取正确的护理措施。

2. 教学方法

基于翻转课堂和线上线下混合式教学理念，采用以学生为中心的项目驱动、任务引领的情境教学法和小组合作教学法开展本次教学。通过引入标准化病人，在课堂上进行情境还原，让学生置身于"真实"的临床护理工作情境中，加强理论知识与实践的联系，引导学生主动思考和探索，提高学生发现问题和解决问题的能力，使学生成为学习的主动者。

3. 教学过程

第一步：导入主题——抛问题引思考。

利用临床患者发生压疮的照片导入主题，激发学生学习兴趣。引导学生思考：什么是压疮？压疮发生的原因是什么？压疮有哪些好发部位？

第二步：走入情境——勤探究多讨论。

通过临床护士在护理各种卧床患者时可能发生的压疮风险的典型案例，分析临床护理患者容易发生压疮的三个节点，分别是患者入院时、患者病情发生变化时、患者病情再次发生变化时，根据这三个节点创设典型护理临床工作情境，每个情境设置若干个任务，让学生以小组讨论等方式去完成，学习任务的设置遵循由简到繁、由浅入深的原则，层层递进，考查学生的综合能力。教师组织学生以头脑风暴、小组讨论、床旁评估等方式完成任务，开展教学活动。

第三步：教师讲评——融思政贯素养。

针对学习任务完成的情况，教师进行点评与集中讲解。通过情境中患者溃烂的伤口和散发异味的排泄物，引发学生对临床护理工作的思考，以"护士职业认知"人物访谈微课视频进一步加深学生对护士职业的了解，并使学生在护理前辈的循循善诱和谆谆教导中感悟白衣天使的爱与奉献。通过对床旁评估的点评与标准化病人的现场反馈，强调护理服务中的五心——爱心、耐心、细心、责任心、同情心，将护士的职业素养贯穿课堂始终。

价值引领：俗话说"三分医疗，七分护理"，护理对于患者的重要性是毋庸置疑的。那我们应该如何正确看待护理工作呢？引导学生在面对繁琐细致的护理工作时，要始终记得用爱和奉献去践行一个护理人的使命。

第四步：聚焦任务——用知识练技能。

动手实践：学生在教师的示范带领下，学会协助患者翻身，学习按摩手法，预防压疮，并分组合作完成操作。小组内有人扮演护士，有人扮演患者和家属，通过角色扮演，让学生在用知识练技能的同时学会换位思考，想患者之所想，急患者之所急。

总结升华：总结压疮的预防措施和发生压疮后的护理措施，巩固所学知识。学生要掌握协助患者翻身的方法和预防压疮的按摩手法，逐步养成压疮的风险评估意识和不怕苦不怕脏的护士职业精神。

第五步：课后拓展——拓思维展成果。

教师布置课后作业。学生总结课堂内容，即压疮的预防和不同分期护理措施，绘制思维导图，并上传到平台，进行自测，巩固学习效果。每组派一名学生完成协助患者翻身的操作，其他学生负责指导和录制操作视频。

4. 教学资源

（1）基本教学资源：临床患者发生压疮的照片、临床患者发生压疮的真实案例；线上教学平台全部微课视频；本次课教案、本次课教学课件、作业及测验题目；配套实操流程（彩图版、表格文字版）、实操评分标准等。

（2）拓展教学资源：特色微课、"护理职业认识"人物访谈。

（四）教学评价

本课程以学生学业质量为导向，结合课程知识、技能、素质要求，探索形成了教师、临床一线专家（含标准化病人）、学生三个评价主体相结合，线上线下相结合的考核与评价模式。评价采用显隐结合的方式，以知识、能力、价值构建三位一体评价目标体系，从课前、课中、课后构建全流程评价体系。

1. 显性评价方式

课前学生通过教学平台完成理论部分的微课学习，并完成课前测试和关于"护理职业认知"的调查问卷；课中根据学生完成教学任务的情况，有针对性地考查学生对知识的运用能力和实践能力，该部分的评价结合自评、小组互评、教师评价与标准化病人的现场反馈评价。本次任务的考核重点为对压疮高危患者的识别与预防和对压疮患者的护理。本次课后，根据学生完成线上教学平台课后测试的情况，考核学生对知识点的掌握与理解，并再次对学生进行关于"护理职业认知"的问卷调查，了解学生在学习前后对护理的职业认知是否发生变化。

2. 隐性评价方式

教师在线上教学平台讨论区发布"交流学习后的收获与体会，谈谈对护理职业的新认知"的主题讨论，通过学生的回复情况评价学生通过本次课学习在思想意识上潜移默化的改变和收获。

（五）创新与反思

本次课通过典型临床护理工作情境和学习任务的精心设计，引入标准化病人，使得学生在"真实"的临床护理工作情境中，运用所学知识和技能解决临床患者的实际问题，使学生成为学习的主动者。在情境的设置中，融入了人文素养和职业素养的课程思政教育，通过"护士职业认知"微课视频，加深学生对临床护理工作的认识，逐步渗透甘于奉献、不怕苦不怕脏的护士职业精神。根据标准化病人的现场反馈，对学生的综合素养进行评价并促进素养的培养。课堂教学始终将课程思政教育贯穿学生的能力培养过程，使得思政教育不再空洞和虚幻，真正落实了"三全育人"的教育理念。

本次课采用线上教学，代替传统的以教师面授知识为主的教学方式，解决了"满堂灌"的弊端，实现了课堂的有效"翻转"。但这对学生的自主学习能力提出了更高的要求，教师在学生自主学习方面仍需进一步加强引导。

教学案例二　"最美逆行者"——面对新冠病毒感染，护士发扬"甘于奉献、大爱无疆"的职业精神

（一）教学任务

项目一"认识护士工作"之任务 1.4：认识医院感染及预防。

（二）课程思政教学设计

本次教学任务是项目一"认识护士工作"中的任务 1.4"认识医院感染及预防"。课程以"2020 年新冠病毒感染导致万城空巷"的视频引入，让学生产生共鸣；再逐步引入 2020 年伊始全国近 4 万名医护人员驰援武汉的短视频、任课教师作为志愿者参与抗疫的经历等材料，让学生感受"一方有难八方支援"的民族精神，体会医护职业"敬佑生命、救死扶伤、甘于奉献、大爱无疆"的职业精神。

（三）教学实施

1. 教学目标

（1）价值目标：具有爱党爱社会主义、担当民族复兴大任的爱国情怀；具有对社会主义核心价值观的情感认同和行为习惯；具有"敬佑生命、救死扶伤、甘于奉献、大爱无疆"的职业精神。

（2）知识目标：掌握医院感染概念、医院感染防控的原则。

（3）能力目标：具备医院感染防控意识和能力。

2. 教学方法

注重课程导入，从学生熟知的新冠病毒感染的暴发与防控入手，激发学生的学习兴趣；采用情境教学法、线上线下混合式教学法等，开展任务驱动的活动课堂，运用问题教学法、小组合作学习法开展教学，并应用视频资源、案例等多种资料。

3. 教学过程

（1）课前：2020 年年初，突如其来的新冠病毒感染打破了春节原有的热闹喜庆，随之而来的却是电视里每日增长的病例数字、空荡荡的街道和全国人民对疫情风暴中心武汉的担忧。随着疫情的进一步发展，全国各地的医院开始驰援武汉。布置小组作业，开展问卷调查：作为未来的护理人员，面对这样的情况，你愿意去一线参与抗疫吗？请学生采访身边抗疫的"最美逆行者"。

（2）课中：分为如下五个阶段。

① 导入：以"2020 年新冠病毒感染导致万城空巷"的视频导入，让学生思考 2020 年年初以来发生了什么。引入传染病的基本概念。

② 第一阶段：通过呈现不同时期全国及全世界新冠病毒感染发展动态，让学生感同身受新冠病毒感染造成的影响，同时产生共鸣。通过引入住院患者的感染案例，让学生了解医院感染给患者和医护人员带来的危害。

③ 第二阶段：思考在新冠病毒感染流行期间，作为普通民众能做什么，作为医护人员要做什么，从而引入医护人员的使命担当。

④ 第三阶段：引入2020年伊始全国近4万名医护人员驰援武汉的短视频、医护人员抗疫系列图片、任课教师作为志愿者参与抗疫并给一名心跳呼吸骤停患者施救的案例等资料，让学生感受"一方有难八方支援"的民族精神，体会医护人员神圣的使命感和高尚的职业精神。

⑤ 第四阶段：对课前任务进行小组汇报，回答作为医学生是否愿意去一线参与抗疫；播放采访最美逆行者的视频。有近半数的学生愿意去抗疫一线；另外的学生因为自己不具备医院感染防控、传染病防控的知识与技能处于"不确定"状态，选择在后方支援；没有学生选择不参与。可见学生均已具备基础的职业素养。在采访"最美逆行者"的环节，学生分别对深圳市第一支援鄂中医医疗队的师兄、驰援武汉的师姐，在广东省各传染病医院、传染病房支援的师兄师姐进行分组访谈，他们在抗疫一线应用所学知识与技能，用爱心、耐心、细心和责任心照顾每一名患者，体现了当代南丁格尔精神。随后教师发布总结性任务，学生总结最美逆行者在驰援时展现的护理职业精神：冲在第一线、强大的身体素质、过硬的心理素质、充足的人文关怀、坚守、尽责、奉献，最终凝聚为"敬佑生命、救死扶伤、甘于奉献、大爱无疆"精神。

（3）课后：查找护士在平凡工作岗位上展现不平凡职业精神的事迹，强化对护理职业精神的认识。

4. 教学资源

（1）基本教学资源：智慧树平台"护理学基础"课程资源。

（2）拓展教学资源：网络新闻和视频资源。

（四）教学评价

根据课前任务的落实、课中汇报、小组配合情况、课堂参与度及课后任务的完成情况，对教学效果进行多元化评价。

为了考查学生的职业素质、思政学习效果，在实操考试的评分标准中设计了若干思政考查点。此外，学生着装、用物准备及整理为扣分项，由实训室教师根据学生实际表现给出扣分建议，上限为 10 分，从形成性考核汇总成绩中扣除。

在以上考核评价的框架下，学生参加以本课程内容为核心的广东省、全国护理技能大赛，屡获佳绩，得到了校内外同行的认可。

（五）创新与反思

本次课将学生熟知的新冠病毒感染情境作为导入，让学生对课程充满兴趣，在已有经验基础上理解新的内容，甚至构建高层次的知识与技能；通过逐层深入的课程设计，自然地融入思政元素。

教学资源以网络报道为主，有较强的感染力，但也有一定的局限性。在后续院感防控、隔离技术等教学内容中可设置新冠病毒感染病房的真实情境，让学生将职业精神落实到对患者的护理过程中。

四、选用教材与参考资料

（一）选用教材

张连辉，邓翠珍. 基础护理学 [M]. 4 版. 北京：人民卫生出版社，2019.

（二）参考资料

1. 参考教材

（1）王霞. 基础护理学 [M]. 北京：中国协和医科大学出版社，2018.

（2）黄惠清，王静芬. 护理学基础 [M]. 北京：人民卫生出版社，2020.

（3）张美琴，邢爱红. 护理综合实训 [M]. 北京：人民卫生出版社，2018.

（4）全国护士执业资格考试用书编写专家委员会. 2024 全国护士执业资格考试指导 [M]. 北京：人民卫生出版社，2023.

2. 课程思政参考资源

（1）"护理学基础"课程平台（思政资源穿插其中）

http://t.g2s.cn/3Boe7XGe

（2）网络资源：

① 微博词条 #3 分钟记录疫情下的中国城市#
https://s.weibo.com/weibo?q=%233%E5%88%86%E9%92%9F%E8%AE%B0%E5%BD%95%E7%96%AB%E6%83%85%E4%B8%8B%E7%9A%84%E4%B8%AD%E5%9B%BD%E5%9F%8E%E5%B8%82%23

② 83 年后，山东四川医疗队会师武汉，机场偶遇互道加油
https://baijiahao.baidu.com/s?id=1657948442886625379&wfr=spider&for=pc

③ 志愿者日记丨深职院党员教师杜艳丽：今天既是"大白"，也是急救员
https://appimg.allcitysz.com/template/displayTemplatev1/dist/index.html#/newsDetail/733599?isShare=true

课程思政设计：史学敏（医学技术与护理学院）
案例编写人：马纯华　杜艳丽（医学技术与护理学院）

"孝道文化与服务伦理"课程思政教学案例

一、课程定位

本课程是智慧健康养老服务与管理专业的一门基础课程，旨在培养学生孝亲敬老、诚信友善、爱岗敬业、守正创新的思想政治素养与职业素养，理解"理解尊重""服务至上""遵章自律""敬业奉献"等老年服务伦理规范的内涵与技巧，掌握活力老年人、失能老年人、失智老年人、临终老年人等不同群体的服务需求与应对策略，具备在各类场景综合应用老年服务操作技巧的能力。该课程是学生辩证感知孝道文化，从而提升自我修养、增强正向心理的素养课程，也是学生辩证感知中华优秀传统文化，从而增强专业认同感、提升职业自豪感的关键课程。

二、课程思政整体设计思路

（一）课程思政整体设计理念

"健康中国"和"积极应对人口老龄化"国家战略的相继实施，将康养领域人才的培养要求与培养标准提升到历史崭新高度。立足"深圳打造'老有颐养'民生幸福城市"的地区发展需要，面向"既具有传统孝道美德又具有现代服务意识、既具有国际康养理念又具有本土职业情怀的康养人才"的产业发展需要，以及"塑造专业之魂——职业价值观和伦理规范"的职业育人需要，"孝道文化与服务伦理"课程在课程思政设计方面，采取"1444"模式，即围绕一个核

图1 "孝道文化与服务伦理"课程思政体系整体设计理念

心育人目标,设计四大思政主题,通过"4F"动态回顾循环法,领悟四个核心价值元素,进而促进学生对伦理规范内涵与技能的掌握,进一步助力核心育人目标的实现(图1)。

在内容体系方面,以"培养孝亲敬老、诚信友善、爱岗敬业、守正创新的现代康养工匠人才"为核心目标,结合孝道文化体系,设计"感知生命起源""感知生命连接""感知生命抉择""感知生命交替"四大思政主题,通过体验活动,让学生领悟"感恩""仁爱""精进""立身"四大核心思政元素,进而理解和掌握"理解尊重""服务至上""遵章自律""敬业奉献"老年服务伦理的深刻内涵与规范要求。

在育人路径方面,遵循"社会思想转化为个体思想,个体思想转化为自觉行为"的价值内化规律,运用体验式学习,设计课堂体验活动,通过"4F"动态回顾循环法,即"fact(游戏体验)—feeling(回顾感受)—finding(反思发现)—future(新技能应用)"提问和引导,使学生在具体情境中,将价值观内化为个人认同的思想理念。当学生认同思想理念后,再通过案例教学,启发学生掌握伦理规范的操作要领,并通过角色模拟练习,带领学生练习操作技巧。

(二)课程思政整体设计框架

在课程设计方面,采取"总—分—总"逻辑架构。首先,通过案例讨论、小组汇报、翻转课堂等教学形式,让学生掌握道德、伦理、职业伦理等概念,了解孝道文化的传统内涵与现代发展，让学生对职业发展趋势、老年服务伦理与孝道文化的内在联系有一个全面的认识。其次，通过让学生认识孝道文化的传统内涵和现代发展情况，使其感受老年服务伦理的思想渊源以及老年服务伦理在现代社会中的体现与应用。再次，建立个体经历与职业精神的联系，使学生内化掌握"理解尊重""服务至上""遵章自律"和"敬业奉献"等伦理要求和操作技巧。最后，根据老年群体分类，按照岗位特点与服务对象需求，指导学生练习并提升综合应用老年服务伦理的能力（图2）。

三、课程思政教学案例

教学案例一　从"孝"字演变看孝文化发展

（一）教学任务

任务3"认识孝道文化的传统内涵"之任务3.1：从"孝"字演变看孝文化发展。

（二）课程思政教学设计

本次教学任务是任务3"认识孝道文化的传统内涵"，在讲授"孝"字的历史演变过程与文化内涵时，注意将知识讲授与情感体验融合，注意将传统文化学习与辩证分析结合。

本次任务采取翻转课堂方式，课前布置作业，让学生以小组为单位，找出历史上"孝"字的不同写法及其内在含义。课堂上，先进行小组汇报，然后教师补充讲解该知识点，最后教师以分享自己感受的方式，启发学生：第一，"孝"的本义是赡养照顾老人（父母）；第二，"孝"反映了代际互动关系，反映了付出与回报、受惠与报恩、爱与被爱；第三，"孝"不是冰冷僵硬的道德要求，而是生动活泼的情感表达。通过这样的设计，让学生更加全面深刻地理解孝道文化的传统内涵，感受到中华优秀传统文化的博大精深。

（三）教学实施

1. 教学目标

（1）价值目标：理解"孝"源自亲子关系的时空互动，感受"孝"所蕴藏的生动活泼的情感表达，以及孝道文化所蕴含的感恩、同理心等。

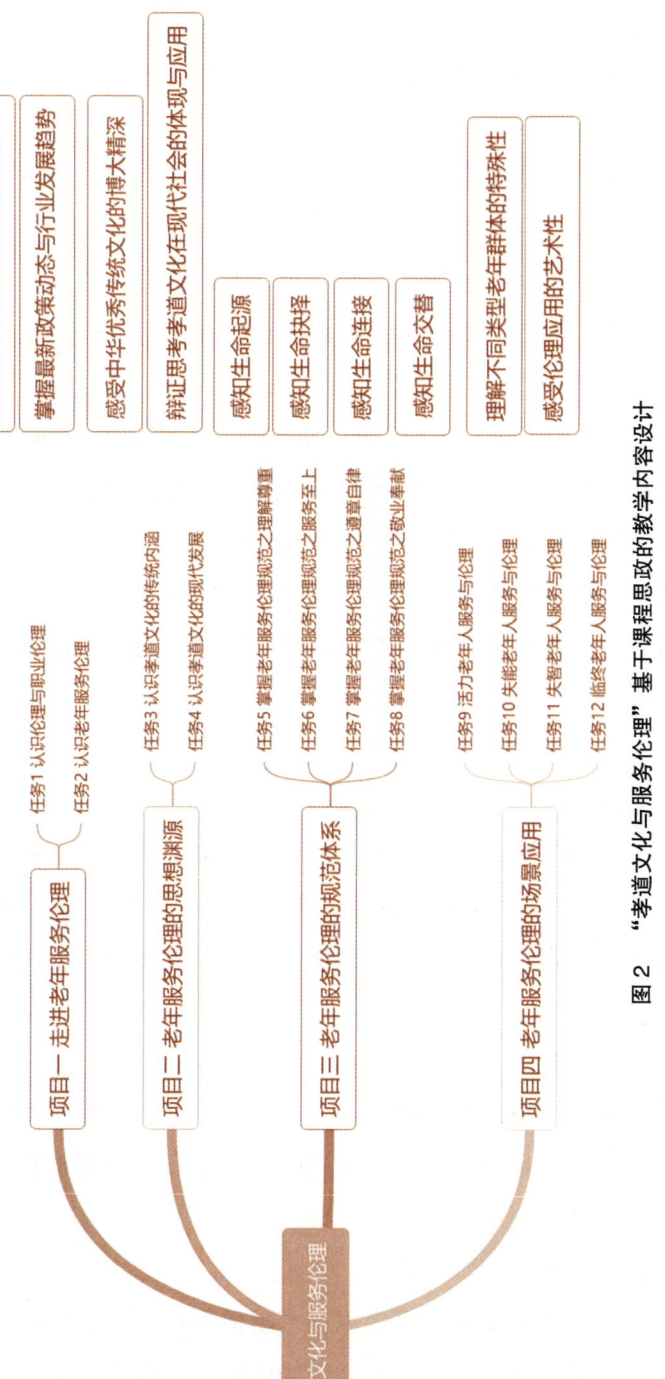

图 2 "孝道文化与服务伦理"基于课程思政的教学内容设计

（2）知识目标：了解孝的演变过程与核心内涵。

（3）能力目标：能进行课堂演示与汇报，能从历史角度辩证看待传统文化。

2. 教学方法

采用线上线下混合式教学、翻转课堂等教学形式，综合运用讲授法与研讨式教学，辅以案例、视频等教学资料。

线上线下混合式教学：教师在"学习通"平台发布作业、参考资料等，学生提交自己的作业；在线下课堂上，教师进行讲评，学生修改完善后再提交一次作业。

翻转课堂：学生分组进行讲解汇报，教师在课堂上进行针对性点评。

讲授法：教师梳理"孝"字的不同写法及不同朝代"孝"的内涵，对学生汇报过的内容简略讲授，未汇报的内容则重点介绍。

研讨式教学：教师凭借个人感悟，将"孝"的本义、蕴含的文化内涵、蕴藏的情感体验要点式地展示出来，在促进师生交流的同时，也启发学生对孝道文化的深入思考。

3. 教学过程

第一步：课前探究。

教师在"学习通"平台上发布作业：找出历史上"孝"字的不同写法及其内在含义。在下节课前，学生将作业提交到"学习通"平台，并以小组为单位，在课堂上进行演示汇报。该步骤旨在让学生以文献查阅和小组讨论的方式提前熟悉相关知识。

第二步：课堂汇报。

分小组进行课堂汇报，教师提出三点要求：一是时间控制在五分钟内（安排一名学生计时），二是前面小组汇报过的内容不用再重复汇报，三是鼓励分享小组的感想与评价。

第三步：教师讲解。

首先，教师对各个小组的汇报表现进行整体点评，指出精彩与不足之处。其次，教师进行讲解，对学生普遍汇报过的内容简要概述，对学生未汇报过的内容则重点讲解。例如，学生普遍查到"孝"字的不同写法及其内涵，但未进一步查阅字体所属朝代。教师重点指出不同朝代对"孝"的定义及思想主张。

第四步：情感升华。

教师凭借个人感悟提出以下三个要点：第一，无论是最初的甲骨文还是后来的楷体，"孝"字都是长者与孩子的组合，这反映了孝的本义是子女赡养照顾年迈的父母；第二，"孝"并不是单一向度地强调子女赡养父母，而是反映了代际互动关系，反映了付出与回报、受惠与报恩、爱与被爱的相互作用；第三，"孝"字表现出代际关系的时空变化，从晚辈在幼年时获得长辈的呵护到晚辈在成年后赡养长辈，其反映的不是冰冷僵硬的道德要求，而是生动活泼的情感表达。通过教师的分享，让学生感受自己与父母的情感联系，将孝的道德要求与孝的情感诉求合二为一。

第五步：课后巩固。

学生针对在汇报中陈述的独特观点，结合教师的点评意见，完善汇报材料，再次提交到"学习通"平台。

4. 教学资源

（1）基本教学资源："孝"字不同时期的字体的图片、"孝"字含义的介绍资料等。

（2）拓展教学资源：《孝经》等经典书籍对"孝"的阐释语句、关于"孝"的写法的视频等。

（四）教学评价

评价采用显隐结合的方式，以知识、能力、价值构建三位一体评价目标体系，从课前、课中、课后构建全流程评价体系。

1. 显性评价方式

课前在"学习通"平台上布置小组作业，重点考核学生的文献查阅能力、资料收集与整理能力；课中以教学任务的执行与开展为中心，教师侧重对学生的汇报能力、对其他小组观点的倾听与理解能力进行评价。课后让学生提交修改版汇报材料，教师再次打分，一是鼓励学生及时补充完善自己的作业，二是通过前后分数对比可以考查学生对知识的吸收情况。在下次课前设置"课堂前测"，将本次课的重要知识制作成选择题，让学生在课堂上利用"学习通"平台进行答题，检测学生对本次课知识点的掌握情况。

2. 隐性评价方式

倾听每一名小组汇报人对孝文化的理解、感想与观点，评价汇报人对道德与情感的判断和感知能力，掌握学生关于道德与情感的评价倾向。

（五）创新与反思

"孝道文化与服务伦理"是深圳职业技术大学首创的培育康养领域人才的人文精神、专业情感与职业素养的课程。我国养老职业化发展与专业化发展是近年来的新趋势，其伦理规范体系仍处于边建设边完善的阶段，但其与孝道文化千丝万缕的联系，促使该专业学生需要全面掌握和辩证看待孝道文化的内涵，并与现代养老服务的职业伦理规范联系起来。

本次课通过翻转课堂的形式，激发了学生的学习兴趣，并通过各个小组课前的文献查阅与课堂的精彩汇报，极大丰富了教师的教学素材，加深了学生对这个任务的理解与掌握，促进了师生在课程初期的相互认识与情感培养。

但是，在布置课前作业时，教师仅要求学生找出历史上"孝"字的不同写法及其内在含义，没有强调让学生提出自己的感受与观点，在课堂汇报时才发现这一疏漏并要求汇报人分享自己的感受与观点。教师应反思，即使是课前作业，也可以引导学生同步完成布鲁姆提出的六个层次的认知任务，在理解与分析的基础上进一步开展评价与创新。

教学案例二　掌握老年服务伦理规范——理解尊重

（一）教学任务

任务 5 "掌握老年服务伦理规范之理解尊重"中的任务 5.1：掌握理解尊重的伦理内涵。

（二）课程思政教学设计

本次教学任务是任务 5 "掌握老年服务伦理规范之理解尊重"，为了让学生掌握老年服务伦理规范之一"理解尊重"的内涵与操作技巧，需要让学生先从理解尊重自己的父母开始。于是，本次教学在设计上，首先通过"绘制家庭图"体验活动，引导学生反思自己与父母的沟通方式以及矛盾处理方式。其次，教师引入真实案例，并根据情节发展逐步设置问题，通过学生的回答与辩论，引导学生领悟"理解尊重"的重要性。最后，讲授"理解尊重"作为老年服务伦理的内涵要义。

（三）教学实施

1. 教学目标

（1）价值目标：反思过去与父母的沟通方式与矛盾处理方式，感受理解他人、尊重他人的重要性。

（2）知识目标：掌握原生家庭、同理心、尊重的含义。

（3）能力目标：能辨认家庭图通用符号，并正确绘制家庭图。

2. 教学方法

采用体验式学习、情境辩论等方式，综合运用讲授法与研讨式教学，辅以案例、视频等教学资料。

体验式学习：教师在课堂上辅导学生绘制家庭图，并让学生以绘制自己原生家庭的家庭图为课堂练习任务。然后，结合"4F"动态回顾循环法，引导学生反思自己与父母的互动模式以及矛盾处理方式。结合前期课程学习的"事亲尽孝"要点，再反思自己当初的处理方式是否恰当。

情境辩论：教师引入一个真实案例"应不应该把孙爷爷送去养老院"，逐步设置选择题，让学生投票并展开辩论。

讲授法：教师讲授"理解"和"尊重"的伦理内涵。

研讨式教学：听完教师的讲授后，引导学生结合孙爷爷的案例讨论：案例中的女儿有没有理解、尊重老人的意愿呢？如果你是女儿，时光重回第一次选择和第二次选择时，你会怎样做？

3. 教学过程

第一步：话题导入。

教师提出问题：什么是原生家庭？为什么我们要探讨原生家庭？引导学生思考原生家庭，尤其是与父母的互动模式对个人成长的重要性。

第二步：活动体验。

教师先介绍家庭图，然后再演示如何绘制家庭图，最后让学生绘制个人原生家庭的家庭图。在绘制过程中，教师对学生进行一对一指导和纠偏。

绘制活动结束后，教师首先邀请几名学生解说自己的家庭图，然后提出问题：请学生回忆一下，当你和父母产生矛盾时，你是怎么处理的？现在回想起来，结合我们前期课程学习的"事亲尽孝"关于"爱亲""敬亲"的要点，你认为当初的处理方式是否恰当呢？

在学生回答问题后，教师不加以任何评价，而是引导学生思考家庭成员彼此"理解""尊重"的重要性，并反思自己是否有做到基于"理解"和"尊重"的"爱亲"和"敬亲"。

第三步：情境辩论。

理解尊重作为老年服务伦理规范，是老年服务工作者必须掌握的。为了让学生深刻理解其内涵，教师引入了一个真实案例"应不应该把孙爷爷送去养老院"。教师设置选择题，让学生在具体的情境下进行选择，并利用学习通"投票"功能，让学生在线投票并公布结果。各方选派代表进行观点陈述，开展辩论活动。

第四步：教师讲授。

教师引导学生思考"理解""尊重"在处理家庭矛盾时的重要性。随后，教师分别对"理解"和"尊重"的伦理内涵进行讲解。

第五步：知识应用。

听完教师的讲授后，学生结合孙爷爷的案例讨论。教师通过引导学生思考和讨论，帮助学生掌握"理解"和"尊重"的内涵，并练习应用"理解"和"尊重"去解决问题。

4. 教学资源

（1）基本教学资源：家庭图的国际通用符号与绘制样例、人本主义思想中关于"理解"和"尊重"的含义、孙爷爷的案例等。

（2）拓展教学资源：家庭系统理论中关于家庭冲突的解释。

（四）教学评价

评价采用显隐结合的方式，以知识、能力、价值构建三位一体评价目标体系，从课前、课中、课后构建全流程评价体系。

1. 显性评价方式

课前在"学习通"平台发布参考资料，重点考核学生提前预习知识的习惯。课中以教学任务的执行与开展为中心，侧重考查学生的家庭图绘制能力，以及在掌握"理解""尊重"的伦理内涵后，对其分析、评价与应用的能力。课后让学生提交绘制的家庭图，教师再次评阅，以保障全班学生均掌握了正确方法。下次课前设置"课堂前测"，将本次课的重要知识制作成选择题，让学生在课堂上利用"学习通"平台进行答题，检测学生对本次课的知识点掌握情况。

2. 隐性评价方式

考查学生反思自己原生家庭互动模式的能力，考查学生在分析案例时所体现的感同身受的能力，考查学生在研讨案例时对"理解""尊重"知识的应用与迁移能力。

（五）创新与反思

该任务难点在于如何让学生将"理解""尊重"伦理规范要求内化。因此，该任务在设计上从"绘制家庭图"这一体验活动入手，在传授专业技能的同时，也完成了学生个体与原生家庭（尤其是父母）的情感连接，唤起其感恩之心，使其认同"理解""尊重"对代际双方的重要性。

此外，通过设置家庭图绘制活动，教师可以快速了解学生的个人特征及其家庭环境，为以后的教学打下基础。

在第一轮教学中，教师发现班级氛围对活动效果有较大影响。例如，学生普遍不太愿意分享自己的家庭关系情况，但有的学生主动分享个人案例，促使班级整体对家庭关系的探讨能够更加深入和开放。而有的班级则缺乏"现场典型案例"，导致讨论的深度不够。因此在第二轮教学中，教师增加了对孙爷爷案例的讨论时间，一方面有助于学生们以旁观者视角感受"理解""尊重"在家庭关系中的作用，另一方面也让教师有了稳定的"典型案例"以阐述"理解""尊重"的重要性。

四、选用教材与参考资料

（一）选用教材

周淑英，化长河. 老年服务伦理与礼仪 [M]. 北京：北京师范大学出版社，2015.

（二）参考资料

1. 李隆基，注，邢昺，疏. 孝经 [M]. 金良年，校点. 上海：上海古籍出版社，2014.

2. 徐玉琼，王平. 中国孝文化知识读本 [M]. 武汉：湖北人民出版社，2014.

3. 李银安，李明. 中华孝文化传承与创新研究 [M]. 北京：人民出版社，2017.

案例编写人：王娟　李卓梅（医学技术与护理学院）

"产科技术"
课程思政教学案例

一、课程定位

本课程是助产专业的一门专业核心课程，旨在培养学生精益求精的工匠精神、护佑母婴的仁爱之心和守望生命的职业素养，使其掌握孕产妇护理、母婴护理的基本理论和工作原理，掌握以病人为中心的整体护理服务内容，具备实施评估、临床护理、指导保健、促进自然分娩、独立实施助产专项技术和协助配合产科医疗干预的职业能力。

二、课程思政整体设计思路

（一）课程思政整体设计理念

助产专业坚持职业教育产教融合、校企合作、学工结合、知行合一的办学特色，依据国家卫生保健事业的发展和人口政策的调整，确立新时代护理助产人才的培养模式，为各类医疗卫生、保健机构输送从事护理、助产和母婴保健服务的高素质助产专业应用型人才。

本课程在校企合作共建的基础上，依据助产士职业需求，以助产士临床工作过程为主线，围绕工作任务实施，融入价值观教育和职业素养教育，使学生构建理论知识、训练职业技能、提升综合素质和岗位胜任能力。除传统教学中所凸显的医学的自然科学属性，本课程强化了医学的社会科学属性和人文科学属性，形成任务驱动、德技并修的课程思政育人模式。

本课程主要针对思政课程主渠道难以覆盖、但对本专业学生未来工作领域至关重要的要素进行课程思政的框架设计。为此，课程围绕"敬佑生命、救死扶伤、甘于奉献、大爱无疆"的精神实施价值塑造，挖掘医学专业所蕴含的思政元素并进行系统设计，提炼了爱国情怀、生命至上等16个思政点，梳理出社会主义核心价值观、传统文化与创新意识、职业规范与行业标准和临床案例资源库四个思政资源库，凝练成以"守望生命、仁心仁术、至精至诚"为核心的课程思政建设目标。

课程采用"理虚实一体、教学做合一"的教学设计，以真实案例为载体，以工作任务为驱动，充分发挥实践操作的浸润、感染作用，通过虚拟仿真、情景模拟、角色扮演、临床观摩、情感体验等丰富多样的实践活动，潜移默化培养学生守望生命的职业情怀，塑造学生无私无我的仁爱之心，增强学生精益求精的劳动精神。

基于校企协同的育人背景、稳定运行的课程平台，专任教师与思政教师、企业教师协同构建了"校内—校外、理论—实践、线上—线下"全方位育人路径，在夯实学生职业本领的基础上，同步实现价值引领。

（二）课程思政整体设计框架

本课程面向新时代对助产服务的新要求，以职业能力为起点，以助产工作流程为主线，对助产士的岗位进行工作过程分析，将教学内容整合优化，形成9个项目，内含19个相对独立、前后关联的工作任务，形成项目化课程体系。

每个任务中的实践能力要求和知识理论要求，均能匹配相互契合的思政元素。在教学实施中，通过故事和人物、情感和体验、讨论和思辨、设计和实践，将操作规范和精益求精的工作态度融合，将操作过程和甘于奉献的仁爱之心融合。本课程通过整体设计，以价值塑造为灵魂、以实践任务为骨架、以知识技能点为血肉，实现了把课程思政元素自然融入项目化课程体系的目标。课程思政教学内容设计如图1所示。

项目一围绕对非孕期女性的生殖系统形态评估和功能评估，重点培养学生的爱国情怀、法治意识和安全意识。在讲解"生殖解剖形态特点""女性一生的分期"等知识点时，融入中国古代医学典籍对女性生殖解剖和生理周期特点

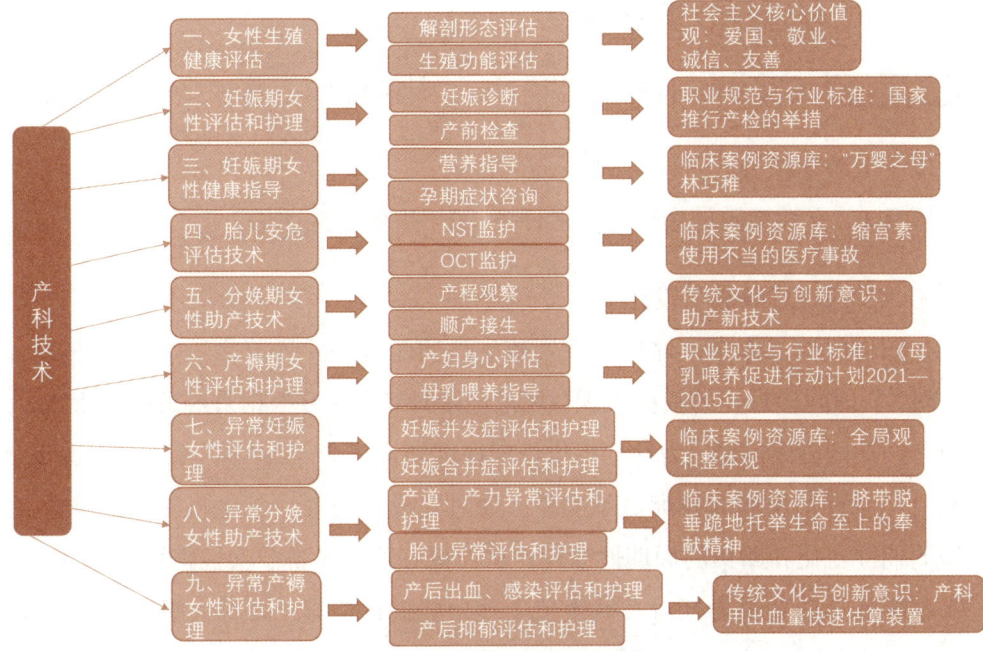

图1 "产科技术"基于课程思政的教学内容设计
注：NST：Non-stress Test，即无应激试验；OCT：Oxytocin Challenge Test，即催产素激惹试验。

的记载；通过妇科检查的实操练习，借助医疗事故案例强调检查禁忌；通过对"卖卵黑产"的课堂讨论，从生殖和生理功能分析其危害，并进行普法教育。

项目二至六主要聚焦正常妊娠期、分娩期和产褥期的各种护理评估技术和助产专项技术。按照学生职业能力发展的基本规律，以临床真实病例为载体，使工作任务从容易到困难、情境从简单到复杂逐层递进，在指导学生完成产前检查、助产接生和母乳喂养指导等工作任务的同时，帮助学生厚植劳动精神，培养劳动能力，践行团结互助和知行合一。

项目七至九主要聚焦异常妊娠期、分娩期和产褥期的各种护理评估技术和助产专项技术，把救死扶伤、生命至上、安全意识、严谨规范和终身学习等内容作为素质目标融入学习目标。通过临床案例分析和临床诊疗观摩，使学生学会全面分析问题，树立全局观和整体观，激发学生护佑母婴安康的社会责任感。

三、课程思政教学案例

教学案例一 卵巢功能评估——正确对待"卖卵黑产",珍视女性多彩一生

(一)教学任务

项目 1 "女性生殖健康评估"之任务 1.2 "生殖功能评估"。

(二)课程思政教学设计

在妇科门诊工作中,评估女性生殖生理功能是必要环节之一。具体包括:一"问",即问诊月经的临床表现、规范记录月经史,并根据月经的临床表现,提出月经期的健康问题,为女性提供经期保健知识指导;二"验",即实验验证,包括月经量评估实验和排卵试纸实验。通过完成该任务,学生将深入理解子宫内膜周期性变化和卵巢的周期性变化,从而更好地指导备孕女性推算排卵日。

本次教学任务主要针对女性生殖生理功能进行检查、评估。按照临床工作流程将本次任务细化为多个子任务,即采集月经史→评估月经情况→计算排卵日→评估卵巢功能。在不同子任务中适当融入相互契合的思政素材。例如:在认识女性生命周期的教学环节,融入《黄帝内经》对女性生命周期的总结,引导学生感受中华传统医学魅力;在模拟月经史问诊过程中融入问诊礼仪,使学生具有尊重、关爱患者,保护患者隐私的职业道德;结合卵巢排卵的生理功能,融入国家相关法律法规,使学生明确商业买卖卵子和代孕是不法行为,提高学生特别是女大学生的安全意识和自我防护能力。

(三)教学实施

1. 教学目标

(1)价值目标:尊重、关爱患者,保护患者隐私;懂得辅助生殖技术的相关法律法规,知法守法护法;自尊自爱,具备正确的性健康观念。

(2)知识目标:能描述正常月经的临床表现,掌握子宫内膜周期性变化特点,掌握卵巢功能和周期性变化。

(3)能力目标:能问诊、记录月经史,会评估月经正常/异常,会运用月经史/基础体温/排卵试纸等计算排卵日。

2. 教学方法

采用线上线下混合式教学，以任务驱动为核心，在教学实施过程中主要运用的教学方法有两种。

（1）讨论法。根据既往教学经验，关于生殖生理功能的教学内容抽象、难理解。本次课引入社会热点问题"卖卵黑产"，鼓励全体学生参与讨论，激发学生的学习兴趣、活跃课堂气氛，加深学生对学习内容的理解。

（2）实验法。在教师的指导下，学生使用排卵试纸进行尿液检测，通过观察、评价检测结果，在分析实验原理的基础上，最终掌握生殖生理功能特点。

3. 教学过程

（1）课前：组织课前活动（图2），利用线上资源，引入任务，提出问题。

布置实验任务"体验：使用排卵试纸"。课前分发排卵试纸，学生根据说明书试用，并尝试回答任务相关问题。

设计讨论主题"过去、现在、未来"。课前组织小组活动，按不同年龄段征集学生本人及女性亲属的照片。

（2）课中。

环节一：任务回顾。组织讨论"过去、现在、未来"。学生分小组展示儿童期、青春期、性成熟期、绝经过渡期、绝经后期的女性照片，总结各时期女性生理特点。教师点评学生展示，引导学生感受女性多彩一生中各时期之美，使学生理解并能帮助自己的母亲顺利度过绝经过渡期，能提出科学的保健措施。最后，教师用《黄帝内经》对女性分期进行总结，使学生了解这部中国医学经典著作对女性生命周期的精准分期，领略中华传统医学智慧。

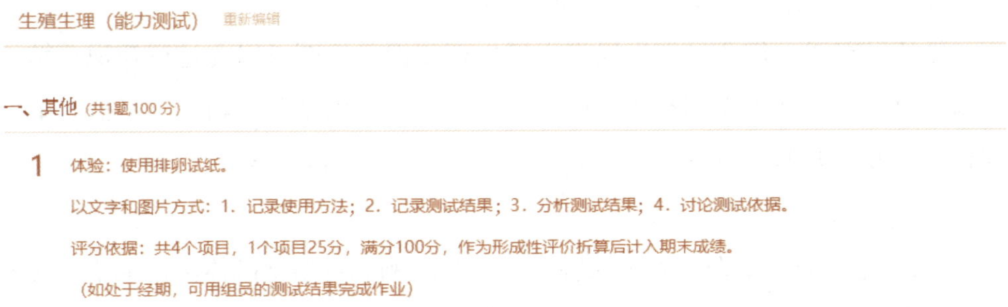

生殖生理（能力测试）　　重新编辑

一、其他 (共1题100分)

1　体验：使用排卵试纸。
　　以文字和图片方式：1. 记录使用方法；2. 记录测试结果；3. 分析测试结果；4. 讨论测试依据。
　　评分依据：共4个项目，1个项目25分，满分100分，作为形成性评价折算后计入期末成绩。
　　(如处于经期，可用组员的测试结果完成作业)

图2　教学案例一课前活动设计

环节二：模拟问诊，两两互助。教师示范月经史问诊和记录方法，并组织学生两两互助，练习月经史的采集和记录。在问诊练习，特别是在对月经史、性生活史、生育史等病史资料进行采集时，提醒学生要尊重患者隐私，协助学生规范问诊礼仪和用语，遵循以患者为中心的服务理念。

环节三：针对热点问题（卖卵广告）进行小组讨论。从社会热点新闻导入话题，介绍促排卵原理和取卵手术操作。组织学生针对广告宣传展开如下讨论：这笔钱能不能赚？真的合法吗？真的对身体无害吗？学生需结合生殖生理、生殖解剖知识完成讨论。

思政素材：国家卫生健康委员会官网《关于政协十三届全国委员会第四次会议第4201号（医疗体育类466号）提案答复的函》中，针对《关于禁止地下"商业买卖卵子"的提案》提出：完善法律法规，依法打击卖卵和代孕等不法行为；加强高校女生安全教育；建立健全合法捐卵、储卵途径。

价值引领：将法治教育与安全教育有机结合，加强权益保护宣传，提升高校学生的法律素养，激励当代女大学生自立自强，提高女大学生的安全意识和自我防护能力。

环节四：计算排卵日→实验验证。设计问题："怎么测的？""结果是什么？""结果说明什么？""测试原理是什么？""这个测试结果能帮助我们做什么？"通过做中学，引导学生总结排卵试纸使用方法、分析应用原理，培养学生勤奋好学、追根究底的科研精神。

环节五：总结点评。教师对激素调控下女性多彩一生的生理特点进行总结，启发学生发现生命之美、健康之美、自然之美，做自尊、自信、自爱的新时代青年。

课后：布置作业、线上讨论→拓展提升。

教师发布线上作业，学生提交生殖生理知识手绘图，以此进行知识总结。教师及时点评，努力做到有求必应、有问必答，态度谦和、耐心，坚持"事事都育人、教师无小节"理念，用实际行动潜移默化地影响学生。

4. 教学资源

（1）基本教学资源：教师从临床收集的案例和各型基础体温记录单；线上教学平台微课视频；本次课教案、本次课教学课件、作业及测验题目等；实验相关资源，如排卵检测试纸、一次性尿杯、基础体温记录单等。

（2）拓展教学资源：《触目惊心 "取卵黑手"伸向女大学生》、《关于政协十三届全国委员会第四次会议第4201号（医疗体育类466号）提案答复的函》中《关于禁止地下"商业买卖卵子"的提案》的回复。（资源源于"学习强国"平台、中华人民共和国国家卫生健康委员会官网）

（四）教学评价

评价采用显隐结合的方式，以知识、能力、价值构建三位一体评价目标体系，从课前、课中、课后构建全流程评价体系。

1. 显性评价方式

在教学平台布置课前测试、课后作业，学生自评和教师评价相结合，评估知识目标达成情况。在课堂问诊实践活动中，学生互评和教师评价相结合，评估问诊结果，了解能力目标达成情况。在课堂讨论社会热点问题环节中，学生自评对现行法律法规的认知程度。

2. 隐性评价方式

教师观察课堂讨论过程的互动，评价学生在讨论环节中是否表现出的自尊、自爱和正确的性健康观念。观察学生在模拟问诊时的仪态和用语，小组和教师共同评价学生在问诊过程中能否尊重、关爱患者和保护患者隐私。

（五）创新与反思

本次教学以工作任务"评估女性生殖生理功能"为载体，设计了完成月经史问诊、排卵期计算两个子任务，组织了模拟问诊、实验验证、热点问题讨论等课堂活动，通过体验性学习，强化了学生的职业认知。教学各环节分别融入了中华传统医学魅力、保护患者隐私、知法守法护法、自尊自爱自信等不同维度且与教学内容契合度高的思政元素。但是，讨论环节的课堂组织还需再改进，课前应预设多种教学实施中可能出现的情景，并做好准备。比如当学生因为不能很好地表达观点导致无法参与讨论时，可以设置多个选项供学生选择；当答案有分歧时，可以此为契机引导学生讨论。

教学案例二 规范宫缩触诊评估——用温暖的手，护佑母婴安康

（一）教学任务

项目 5 "分娩期女性助产技术"之任务 5.1 "产程观察"的子任务"宫缩评估技术"。

（二）课程思政教学设计

产程观察是助产士的核心职能之一，其中产时宫缩评估是产程观察的必备技术。但现有教材未将其列为专项操作技术，且对具体评估方法描述简略。

宫缩评估技术适用于产妇宫缩的评估（包括宫缩频率、持续时间、间歇时间和宫缩强度），以判断产程进展。临床上常用触诊观察法和电子胎儿监护两种方法评估宫缩。但使用电子胎儿监护易受到待产妇体位改变、咳嗽和呼吸的影响，且肥胖或腹部过度松弛的待产妇不适宜用电子胎儿监护来监测宫缩情况。因此，腹部触诊既是评估宫缩质量最简单的方法，又是不能被忽视、不可被替代的重要方法。

本次教学任务是运用腹部触诊法评估宫缩质量，并融入相关的思政元素。具体的思政案例有《唯一一份合格的产程记录》《关爱，是医生给病人的第一张处方》。本次课的思政教学内容是在学生的实训过程中，将操作规范和精益求精的工作态度、严谨求实的职业品格相融合，将操作过程和敬佑生命、甘于奉献的仁爱之心相融合。

（三）教学实施

1. 教学目标

（1）价值目标：增强助产安全服务意识、精益求精的工作态度和严谨求实的职业品格；树立助产人文精神，对产妇仁爱、对母亲感恩、对生命敬畏与热爱。

（2）知识目标：能描述正常宫缩的特点，能解释宫缩评估项目（宫缩频率、持续时间、间歇时间、宫缩间歇期的强度和宫缩强度），能预测影响宫缩的要素。

（3）能力目标：能规范运用腹部触诊法在模型上进行触诊，评估宫缩，能根据宫缩图形记录结果，能判断宫缩评估结果是否正常。

2. 教学方法

采用线上线下混合式教学，以任务驱动为核心，在教学实施过程中主要运用的教学方法有两种。

（1）情境教学法。在触诊评估实训的教学过程中，通过引导性问题，有目的地引入符合临床实际、具有一定情感色彩的情境，激发学生的体验兴趣，帮助学生更好地进入助产岗位学习，理解学习内容，完成学习任务。

（2）案例教学法。通过典型、真实的临床案例（宫缩曲线图形），培养学生分析和解决问题的能力。

3. 教学过程

（1）课前。

组织课前活动（图3），利用线上资源引入任务，提出问题。

布置访谈任务"向有生育经验的女性了解分娩感受"，引导学生思考问题：分娩阵痛从哪里来？发放真实分娩候产记录单，引导学生观察"助产士在评估什么"。

（2）课中。

环节一：任务回顾。学生分享访谈结果，教师提炼出关键词"痛"，引导学生感受生命来之不易，要感恩母亲。教师借助分娩记录单，强调宫缩评估任务在临床工作中的重要性，使学生增强守护母婴安康的责任感。

环节二：任务分析→小组讨论。学生先根据产程记录单分析宫缩评估内容，通过对任务的细致分析，学会规范评估（宫缩频率、持续时间、间歇时间和宫缩强度），体会守望生命的爱心与耐心。接下来，教师再带领学生应用所学知识，识读真实宫缩曲线图，体会临床病例的复杂多样，强化职业责任感，认识到多学、多练的必要性。

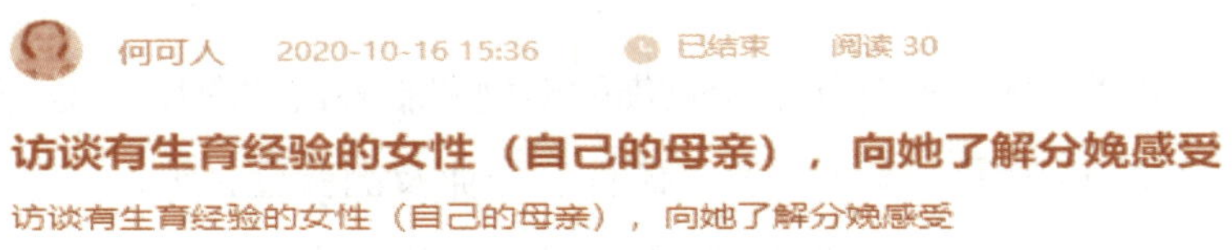

 何可人　2020-10-16 15:36　已结束　阅读 30

访谈有生育经验的女性（自己的母亲），向她了解分娩感受
访谈有生育经验的女性（自己的母亲），向她了解分娩感受

图3　教学案例二课前活动设计

环节三：任务实施→分组实训。学生分配角色，按课堂实训单流程进行演练和自评。实训过程中，教师要确保每个组员承担不同的任务，避免部分学生包揽所有工作，部分学生游离在外，培养学生团结合作的精神。同时，教师观察学生的实训表现，在实训点评中融入"唯一一份合格的产程记录"的故事，帮助学生理解在产房临床工作中，每一名产妇都是独立的个体，规律和经验是助产的依据和基础，从而增强助产安全服务意识，强化精益求精、严谨求实的工作态度。

环节四：临床观摩。播放线上微课，学生观察产妇第一产程中的待产过程，教师设计引导式提问，如"产程中疼痛对母亲和胎儿的影响有哪些？""触诊的同时，我们还可以说些什么，使产妇感到放松和平静？""触诊的同时，我们还可以做些什么，使产妇感到安全和舒适？"教师提出问题后，组织学生交流讨论，引导学生总结触诊时的人文关怀方法。如触诊前，应先告知产妇检查目的，注意温暖双手，避免冰凉的手突然接触产妇身体引起产妇不适；触诊时，避免手法粗暴地按压产妇腹部。最终，使学生能注重观察产妇的行为改变和情绪状态，能作出恰当的语言和行为反馈，会表达对产妇疼痛的同情和理解，培养学生的助产人文精神。

环节五：总结点评。通过《关爱，是医生给病人的第一张处方》，讲述林巧稚仁心仁术、待患如亲的故事，使学生理解"仁者爱人"，医学本就是充满仁爱的学科，是散发着生命"温度"的职业。

（3）课后：布置作业、线上讨论→拓展提升。

教师通过发布线上资源，使学生拓展学习电子胎儿监护评估宫缩的原理和具体操作方法。同时，教师设计多种常见的临床情境（压力探头监测宫缩时多种异常情境）作为思考作业，鼓励学生积极讨论，教师线上及时答复和指导。

4.教学资源

（1）基本教学资源：教师从临床收集的案例和胎心监护图片；线上教学平台微课视频；本次课教案、本次课教学课件、作业及测验题目等；实训相关资源有腹部触诊模型、宫腔压力模拟装置、智能孕产妇模拟人、产程观察记录单等。

（2）拓展教学资源：《唯一一份合格的产程记录》《关爱，是医生给病人的第一张处方》（资源源于"学习强国"平台、中央电视台官网）。

（四）教学评价

评价采用显隐结合的方式，以知识、能力、价值构建三位一体评价目标体系，从课前、课中、课后构建全流程评价体系。

1. 显性评价方式

在教学平台布置课前测试、课后作业，学生自评和教师评价相结合，评估知识目标达成情况。在课堂实训环节，小组互评和教师评价相结合，从规范性、完整性、流畅度等维度评估实践能力达成情况。在实训过程中，用显性、可测评的指标评估素质目标达成情况，如能否用语言或行动表达对产妇阵痛的理解和鼓励，能否做到触诊前温暖双手、触诊时轻柔操作、触诊后主动告知评估结果。

2. 隐性评价方式

教师通过对学生行为的观察，评价学生是否具备良好的工作习惯、学习态度和职业素养。具体评价要素包括：学生进入实训室着装规范、举止得体；在实训室进行课前准备、课中使用和课后整理的过程中，能保持教具完备、教室整洁；积极主动、按时提交本次任务相关作业。

（五）创新与反思

本次教学以工作任务"触诊评估宫缩"为载体，通过人物榜样、案例故事，组织学生讨论、思辨和实施任务，将操作规范和精益求精的工作态度、严谨求实的职业品格相融合，将操作过程和敬佑生命、甘于奉献的仁爱之心相融合，最终使课程思政内容如盐在水、自然融入，真实可信、深入人心。

学生学习成效最终需要接受临床检验，同时学生也需要增强工作体验。因此，对后续教学改进的设想，是在课堂教学、利用智能高仿真设备的基础上，和实习基地加强联系，增加课中见习，定期组织学生进医院观摩和体验。

四、选用教材与参考资料

（一）选用教材

魏碧蓉. 助产学 [M]. 2 版. 北京：人民卫生出版社，2019.

（二）参考资料

1. 小小叶酸药片研究 全面提升中国胎儿健康水平

https://www.xuexi.cn/lgpage/detail/index.html?id=1839927891643686017&item_id=1839927891643686017（"学习强国"平台）

2. 关于印发母乳喂养促进行动计划（2021—2025年）的通知

http://www.gov.cn/zhengce/zhengceku/2021-11/24/content_5653169.htm（中华人民共和国中央人民政府网站）

3. 林巧稚：临床无小事，哪怕是一滴汗

https://www.xuexi.cn/lgpage/detail/index.html?id=13319317378283825028&item_id=13319317378283825028（"学习强国"平台）

4. 卫生部关于产妇分娩后胎盘处理问题的批复

http://www.nhc.gov.cn/wjw/gfxwj/201304/69bbc67d540c4607b8d871b59255da48.shtml（中华人民共和国国家卫生健康委员会官网）

案例编写人：何可人（医学技术与护理学院）

"身边的急救"
课程思政教学案例

一、课程定位

本课程是面向高等院校所有在校生设置的一门通识教育课程,旨在培养学生健康强国的理念、文化自信和敬佑生命、救死扶伤的思想政治素养与职业素养;使其掌握现场急救的概念、特点与原则,日常生活中各类急症、创伤及意外伤害等的基本理论,以及各类急救措施的工作原理;具备对心脏骤停、气道异物梗阻进行合理急救处理的能力,以及对各类常见急症、创伤以及意外伤害进行应急处置和自救互救的能力。

二、课程思政整体设计思路

(一)课程思政整体设计理念

"身边的急救"以"健康深职,急救先行"为理念,是新时代学校卫生与健康教育的重要组成部分,是回应社会关切、保障师生生命安全和提升社会急救能力的有效抓手。本课程的思政建设除了有知识和能力建设目标,更将素质目标融入其中。本课程通过溯源我国的急救文化,激发学生的爱国热情与文化自信;通过弘扬我国急救相关先进人物事迹,引导学生树立正确"四观",即世界观、人生观、价值观、急救观;通过急救知识学习与技能训练,鼓励学生积极参与急救公益宣传与志愿服务活动,为建设"健康中国"贡献自己的力量。课程教学始终以社会主义核心价值观为引领,将思政元素融入知识传授和能力培养的过程中，实现"知—信—行"的三维统一（图1）。

（1）知：强调知识的传授，引导学生走进急救，认识急救。针对学生的学情、特点，有目的、有计划地向学生传播急救的目的与意义、急救四步法标准流程、急救相关法律与患者隐私保护等知识，阐述日常生活急症和意外伤害的急救处理的原则与原理。

（2）信：强调信念的建立，引导学生增强文化自信，树立正确"四观"。通过课程中展现的中国博大精深的急救文化，激发学生的爱国热情，增强学生的文化自信。通过观看与急救相关的新闻、纪录片、短视频等，让学生对急救的伟大意义有更加深刻、直观的感受，引导学生坚持"人民至上、生命至上"的理念，逐步建立"人人学急救，急救为人人"的急救观；通过学习先进人物的先进事迹，引导学生树立正确的世界观、人生观与价值观。

（3）行：强调技能的实践，引导学生敢救、会救、能救。按照现场急救四步法的标准流程，组织学生针对心肺复苏术、AED（Automated External Defibrillator，自动体外除颤器）使用、海姆立克急救法展开反复练习，引导学生树立认真严谨、精益求精的职业精神，具备急救现场良好的人际沟通能力、急救组织能力和团队协作能力。通过实训中尊重模拟人，引导学生尊重同情患者、保护患者隐私，培养人文关怀。

三、课程思政教学案例

教学案例一　心肺复苏术——溯源中国千年急救文化，筑牢人民生命健康防线

（一）教学任务

项目四"急救处理"之任务6.1：心脏骤停的急救——胸外按压技术。

（二）课程思政教学设计

据国家心血管病中心发布的数据显示，我国每年因心脏疾病猝死的人数多达54万人，其中80%以上发生在医院外。心肺复苏术简称CPR（Cardio Pulmonary Resuscitation），是针对心脏骤停的急救技术。CPR在我国古代医学古籍《金匮要略》《肘后备急方》《千金要方》《急救仙方》等中均有记载，

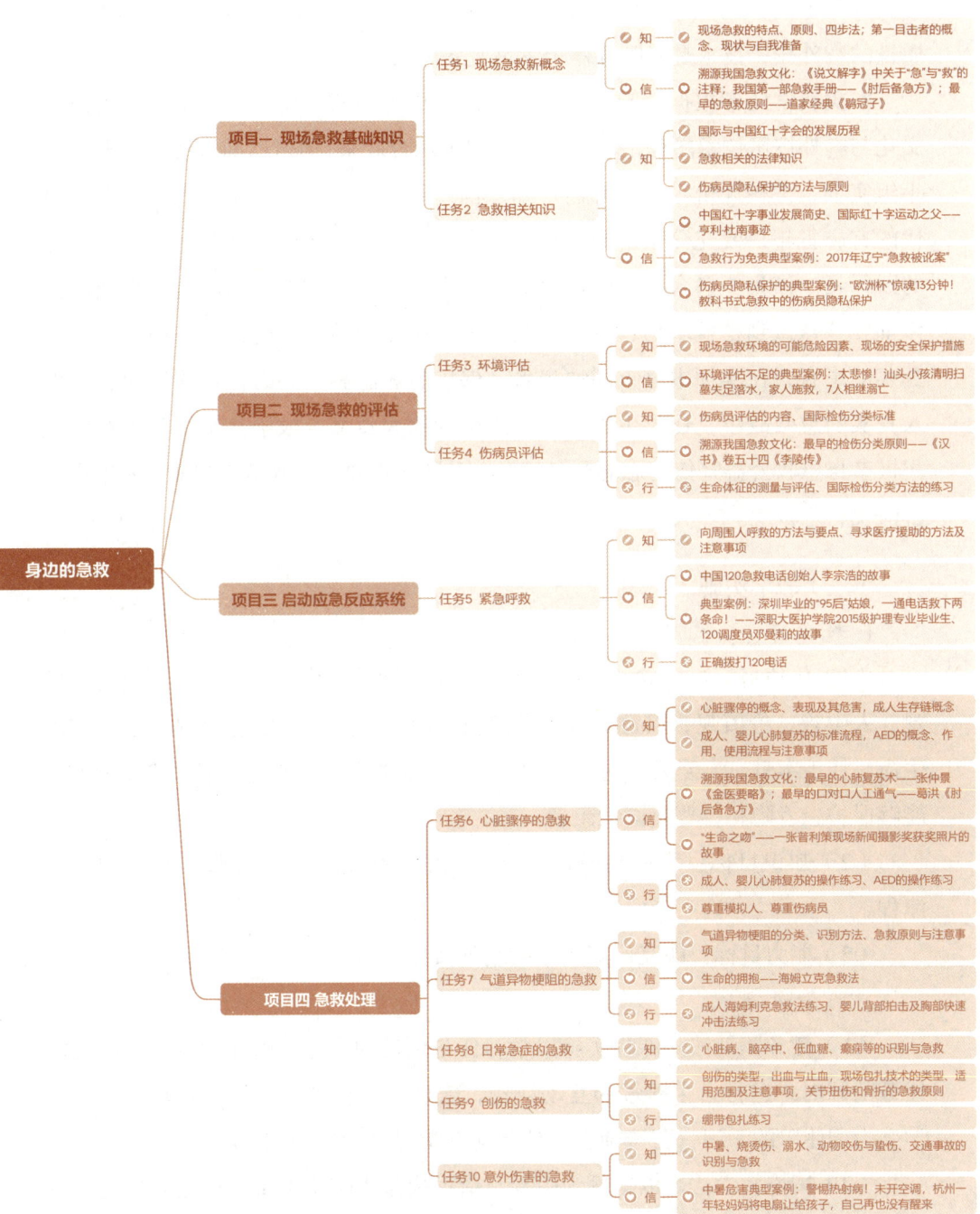

图 1 "身边的急救"基于课程思政的教学内容设计

比西方早了 2000 多年。CPR 包括胸外按压和人工呼吸两项急救技术。其中，高质量的胸外按压技术是心脏骤停患者恢复正常心跳的关键。

本次教学任务根据"知—信—行"课程思政模式，将我国传承千年的急救文化与胸外按压技术的理论学习与技能训练结合起来，通过课前训练、案例导入、小组实训、考核评价等形式开展"知—信—行"思政主题教学。作为一名新时代的有志青年，要充分了解我国博大精深、源远流长的传统文化，做文化自信的践行者。作为一名合格的急救"第一目击者"，对胸外按压的每一项技术操作都要坚持做到精益求精，达到最高质量的按压效果；同时，要将模拟人当作真实的患者，在实训中尊重同情患者、保护患者隐私。同时，在课程内容中引入真实的急救故事，让学生深刻理解急救的伟大意义，鼓励并组织学生在课后积极参与急救公益宣传与志愿服务活动，引导学生建立正确的世界观、人生观、价值观、急救观。

（三）教学实施

1. 教学目标

（1）价值目标：树立"健康强国"理念，增强文化自信；树立正确的世界观、人生观、价值观，以及"人人学急救，急救为人人"的急救观；建立敬佑生命、甘于奉献、大爱无疆的急救意识；具备认真严谨、精益求精的职业精神；能够保护患者隐私、尊重同情患者。

（2）知识目标：掌握高质量胸外按压的评价标准；掌握胸外按压的标准流程。

（3）能力目标：能完成高质量的胸外按压。

2. 教学方法

（1）任务驱动法。课程实施以学习任务活动为中心，引导学生在完成既定任务的同时，进行自主探索和互动协作，实现"以任务为主线、教师为主导、学生为主体"的学习，营造师生良性互动的学习氛围，提高学习效果。

（2）情境教学法。以案例为引导，借助模拟人与实训室环境建立现场急救的场景，加强学生在学习中的体验，激发学生的学习兴趣，并寓教学内容于具体形象的情境之中。将认知活动和情感活动结合起来，在引导学生理解急救相关知识、掌握急救相关技能的同时，树立"敬佑生命、甘于奉献、大爱无疆"的急救意识，及"人人学急救，急救为人人"的急救理念，初步树立在现场急救中注重保护患者隐私、尊重同情患者的意识。

（3）小组教学法。在实践教学环节采用小组教学法。采取随机分组的方式，每组由4~5名学生组成，组内自行选出1名组长。组员在组长的组织下，相互配合完成各任务。组长负责组织组员有序完成实操训练，并对本组实训效果进行监督、评价、反馈。小组教学可促进学生实现组内互助、组间互助学习，有利于调动学生的学习主动性，进一步提高学习效果。

（4）线上线下混合式教学。混合式教学包括课前准备、课中实施与课后拓展三个环节。课前准备主要为学生自主学习，并参与课前的讨论、自测；课中教师按导入、实施、总结开展教学；课后学生针对学习任务内容完成作业，并对相应技能进行自主实训，进一步提高学习效果。

3. 教学过程

教学过程见表1。

表1 教学过程表

课前——知识传递			
教学环节	教师活动	学生活动	设计理念
线上自学线下自练发现问题	1.通过"深职i学习"课程平台发布学习任务和学习资源； 2.发布介绍我国古代心肺复苏术的相关文章与视频； 3.开放实训室心肺复苏模拟人资源，辅助学生进行课前练习	1.应用各类教学资源预习胸外按压的理论知识； 2.了解心肺复苏技术在我国的起源； 3.在模拟人上自主练习胸外按压技术	1.知：让学生了解高质量胸外按压的原理、评价标准与流程； 2.信：让学生了解中国博大精深的急救传统文化，激发学生的爱国热情，增强学生的文化自信； 3.行：让学生初步感受胸外按压技术，激发学习兴趣的同时，发现问题
课中——知识内化			
教学环节	教师活动	学生活动	设计理念
内容导入	播放因心脏骤停死亡的真实案例视频，并组织讨论	观看视频，并参与讨论	1.引起学生对"心脏骤停致死"的关注，激发学生的学习兴趣； 2.通过讨论"心脏骤停"的有效急救措施，回顾之前的知识，引入教学内容

(续表)

讲解高质量胸外按压	1. 讲解高质量胸外按压的标准流程； 2. 讲解高质量胸外按压的判断标准	聆听教师的讲解	知：让学生掌握高质量胸外按压的理论知识
组织讨论	1. 播放真实的胸外按压场景视频； 2. 提问：视频中的胸外按压实施有哪些优缺点？ 3. 提问：视频中对患者的隐私保护有哪些可改进的地方？ 4. 组织学生分组讨论、选取代表汇报并点评	1. 观看视频，参与讨论并汇报； 2. 对小组汇报进行评价； 3. 聆听教师的点评	1. 知：通过分析视频中的操作，加深学生对高质量胸外按压评价标准的理解，突破教学难点； 2. 信：引导学生建立坚持"人民至上、生命至上"的理念，并树立正确的"四观"
演示胸外按压技术	对胸外按压姿势、部位、手法、按压效果进行演示	观看教师演示	激发学生的学习兴趣
组织分组实训	1. 对实训中尊重并正确使用模拟人提出明确要求； 2. 组织分组练习并巡视指导、解疑纠错	1. 分小组，在模拟人上进行胸外按压实训练习； 2. 根据反馈器的提示，反复练习以达到高质量胸外按压的标准	行：反复练习，引导学生树立认真严谨、精益求精的职业精神，突破教学重难点；从尊重模拟人开始，引导学生尊重同情患者、保护患者隐私，培养人文关怀
课程总结与评价	1. 对各组的实训情况进行点评； 2. 对高质量胸外按压的相关内容进行总结	1. 聆听教师对实训情况的总结； 2. 聆听教师对胸外按压相关内容的总结	进一步巩固教学重难点内容
课后——拓展学习			
线上自测线下实训志愿服务	1. 在"深职i学习"平台发布自测题； 2. 开放实训室，为学生课后实训提供条件； 3. 组织学生进行急救科普志愿服务	1. 完成自测； 2. 课后进一步练习胸外按压技术； 3. 自愿参与急救科普志愿活动	1. 知：进一步巩固理论知识； 2. 信：进一步树立正确的"四观"； 3. 行：通过社会实践，鼓励学生敢救、会救、能救

4. 教学资源

（1）学习资源："深职i学习"平台在线课程，包括教学微视频、动画、题库、课件等教学资源。

（2）实训资源：急救培训室1间，面积为75m^2；理实一体化实训室4间，面积为130m^2/间；数字化心肺复苏模拟人12个；高质量心肺复苏评估系统1套。

（四）教学评价

课程考核评价探索线上线下相结合的方式，注重过程性评价和以学习成果为导向的形成性考核模式。其中，课程小测试评价学生对理论知识的掌握情况，并设置案例分析题，注重考查学生的高阶思维能力。同时，关注学生在学习活动全过程中的参与情况，注重考查学生的学习主动性、自觉性和协作能力。在技能考核中融入思政相关内容的考核，应用高质量心肺复苏评估系统对学生胸外按压技能操作进行考核的同时，注重对学生在操作中展现出的职业精神、人文关怀进行评估。

（五）创新与反思

1. 创新

（1）溯源我国的急救文化，激发学生的爱国热情与文化自信。

我国不仅最早创立"急救"这一专业词汇，而且在急救技术的研发上拥有诸多首创。如：《黄帝内经》的《素问·八正神明论》中提出最早的急救原则；《汉书》卷五十四《李陵传》中记载的最早的急救检伤分类方法；张仲景在《金匮要略》中记载的最早的心肺复苏术；等等。这些均充分展现出我国急救文化的博大精深，有效激发了学生的爱国热情，坚定学生的文化自信。

（2）观看急救相关视频资料，引导学生树立正确的"四观"。

"四观"即世界观、人生观、价值观、急救观。通过观看与急救相关的新闻、纪录片、短视频等，让学生对急救的伟大意义有更加深刻、直观的感受，逐步建立"人人学急救，急救为人人"的急救观；通过先进人物的先进事迹，引导学生树立正确的世界观、人生观与价值观。

（3）从尊重模拟人开始，引导学生建立对患者的人文关怀。

本课程急救技能的实操均需在模拟人上完成。在实操开始前，教师会明确提出使用模拟人的注意事项，如训练中不允许对模拟人做出不雅动作；训练中对模拟人的操作要轻柔，不能使用暴力；每组训练完成后要整理好模拟人的衣物等，以此为真正急救中对患者的人文关怀打下良好的基础。

2. 反思

（1）课程思政教学案例还需进一步丰富；

（2）在已有的各类教学资源中，课程思政点的融入应进一步加强。

教学案例二 海姆立克急救法——爱的拥抱，创造生命奇迹

（一）教学任务

项目四"急救处理"之任务 7：气道异物梗阻的急救——海姆立克急救法。

（二）课程思政教学设计

在我国，每年因吞咽异物或气道异物梗阻等引起意外窒息死亡的儿童超过 3 000 名。气道异物造成窒息，是 3 岁内儿童非故意伤害性死亡的首要原因，其中 1~2 岁幼儿为高发人群。对于清醒的、1 岁以上的儿童，可采用上腹部冲击法（即海姆立克急救法）进行急救处理。

本次教学任务是应用海姆立克急救法对气道异物梗阻进行急救处理。教学过程中根据"知—信—行"课程思政模式，通过课前训练、案例导入、小组实训、考核评价等形式开展"知—信—行"思政主题教学。首先，通过气道异物梗阻的真实案例激发学生的学习兴趣，并通过学习气道异物梗阻的理论内容，让学生掌握气道异物梗阻的识别与急救原则；其次，观看海姆立克急救法成功救活气道异物梗阻患者的真实影像资料，增强学生学习掌握该项技术的兴趣与信心，并建立将其应用于日常救助他人的信念；最后，通过在模拟人上进行反复实训，引导学生坚持职业精神，在技术上精益求精，并鼓励、组织学生在课后积极参与急救公益宣传与志愿服务活动。通过以上方式，实现本次课程知、信、行的统一。

（三）教学实施

1.教学目标

（1）价值目标：树立"人人学急救，急救为人人"的急救理念；树立敬佑生命、甘于奉献、大爱无疆的急救意识；树立认真严谨、精益求精的职业精神；具备急救现场良好的人际沟通能力；能够尊重同情患者。

（2）知识目标：掌握气道异物梗阻的识别要点；掌握气道异物梗阻的现场急救原则；掌握气道异物梗阻的急救流程。

（3）技能目标：能正确识别气道异物梗阻；能正确应用海姆立克急救法处理1岁以上儿童的气道异物梗阻。

2. 教学方法

（1）任务驱动法。课程实施以学习任务活动为中心，引导学生在完成既定任务的同时，进行自主探索和互动协作，实现"以任务为主线、以教师为主导、以学生为主体"的学习，营造师生良性互动的学习氛围，提高学习效果。

（2）情境教学法。以案例为引导，借助模拟人与实训室环境建立现场急救的场景，加强学生在学习中的体验，激发学生的学习兴趣，并寓教学内容于具体形象的情境之中。将认知活动和情感活动结合起来，在引导学生理解急救相关知识、掌握急救相关技能的同时，树立"敬佑生命、甘于奉献、大爱无疆"的急救意识，及"人人学急救，急救为人人"的急救理念，初步树立在现场急救中注重保护患者隐私、尊重同情患者的意识。

（3）小组教学法。在实践教学环节采用小组教学法。采取随机分组的方式，每组由4~5名学生组成，组内自行选出1名组长。组员在组长的组织下，相互配合完成各任务。组长负责组织组员有序完成实操训练，并对本组实训效果进行监督、评价、反馈。同时，小组教学可促进学生实现组内互助、组间互助学习，有利于调动学生的学习主动性，进一步提高学习效果。

（4）线上线下混合式教学。混合式教学包括课前准备、课中实施与课后拓展三个环节。课前准备主要为学生自主学习，并参与课前的讨论、自测；课中教师按导入、实施、总结开展教学；课后学生针对学习任务内容完成作业，并对相应技能进行自主实训，进一步提高学习效果。

3. 教学过程

教学过程见表2。

表2　教学过程表

	课前——知识传递		
教学环节	教师活动	学生活动	设计理念
线上自学线下自练发现问题	1. 通过"深职i学习"平台发布学习任务和学习资源； 2. 开放实训室模拟人资源，辅助学生进行课前练习	1. 应用各类教学资源预习气道异物梗阻的理论知识； 2. 在模拟人上自主练习海姆立克急救法	1. 知：让学生了解气道异物梗阻的常见原因、判断方法及急救流程； 2. 行：让学生初步感受海姆立克急救法，激发学习兴趣的同时，发现问题
	课中——知识内化		
教学环节	教师活动	学生活动	设计理念
内容导入	1. 播放因气道异物梗阻造成儿童死亡的真实案例视频； 2. 提问：气道异物梗阻后有什么有效的急救方法吗？	观看视频，并参与讨论	1. 引起学生对"气道异物梗阻"的关注，激发学生的学习兴趣 2. 通过讨论"气道异物梗阻"的有效急救措施，引入教学内容
讲解海姆立克急救法	1. 讲解气道异物梗阻的识别要点； 2. 讲解气道异物梗阻的现场急救原则； 3. 讲解气道异物梗阻的急救流程； 4. 讲解海姆立克急救法的操作要点	聆听教师的讲解	1. 知：让学生掌握气道异物梗阻急救的理论知识； 2. 信：通过视频引导学生建立坚持"人民至上、生命至上"的理念，并树立正确的"四观"
演示海姆立克急救法	对海姆立克急救法的姿势、部位、手法进行演示	观看教师演示	激发学生的学习兴趣
组织分组实训	1. 对实训中尊重并正确使用模拟人提出明确要求； 2. 组织分组练习并巡视指导、解疑纠错	分小组，在模拟人上反复进行海姆立克急救法的练习	行：引导学生树立认真严谨、精益求精的职业精神，突破教学重难点；从尊重模拟人开始，引导学生尊重同情患者、保护患者隐私，培养学生的人文关怀
组织讨论	1. 播放真实的实施海姆立克急救法的视频； 2. 提问：视频中的海姆立克急救法实施有哪些优缺点？ 3. 提问：视频中对患者的隐私保护有哪些可改进的地方？ 4. 组织学生分组讨论，选取代表汇报并点评	1. 观看视频，参与讨论并汇报； 2. 对小组汇报进行评价； 3. 聆听教师的点评	1. 知：通过分析视频中的操作，加深学生对海姆立克急救法要点的掌握，突破教学重难点； 2. 信：通过视频引导学生建立坚持"人民至上、生命至上"的理念，并树立正确的"四观"
课程总结与评价	1. 对各组的实训情况进行点评； 2. 对气道异物梗阻的相关内容进行总结	1. 聆听教师对实训情况的总结； 2. 聆听教师对气道异物梗阻相关内容的总结	进一步巩固教学重难点内容

（续表）

	课后——拓展学习		
线上自测 线下实训 志愿服务	1. 在"深职i学习"平台发布自测题； 2. 开放实训室，为学生课后实训提供条件； 3. 组织学生自愿参加急救科普志愿服务	1. 完成自测； 2. 课后进一步练习海姆立克急救法； 3. 自愿参与急救科普志愿活动	1. 知：进一步巩固理论知识； 2. 信：进一步树立正确的"四观"； 3. 行：通过社会实践，鼓励学生敢救、会救、能救

4. 教学资源

（1）学习资源："深职i学习"平台在线课程，包括教学微视频、动画、题库、课件等教学资源。

（2）实训资源：急救培训室1间，面积为75m^2；理实一体化实训室4间，面积为130m^2/间；模拟人12个。

（四）教学评价

课程考核评价探索线上线下相结合的方式，注重过程性评价和以学习成果为导向的形成性考核模式。其中，课程小测试评价学生对理论知识的掌握情况，并设置案例分析题，注重考查学生的高阶思维能力。同时，关注学生在学习活动全过程中的参与情况，注重考查学生的学习主动性、自觉性和协作能力。在技能考核中融入思政相关内容的考核，对学生海姆立克急救法实施效果进行评估的同时，注重对学生在操作中展现出的职业精神、人文关怀进行评估。

（五）创新与反思

1. 创新

（1）组织形式的创新。传统的海姆立克急救法教学大多采用理论讲解和实操演练相结合的方式，而新时代海姆立克急救法课程思政则更加注重学生主体的参与和创造性思维的培养，通过小组讨论、案例研究、角色扮演等多种形式，激发学生的学习兴趣和主动性。

（2）内容结构的创新。在传统的海姆立克急救法教学中，教师注重教授技术和操作规范，而新时代海姆立克急救法课程思政则更加注重知识的深入挖掘和与实践结合，强化职业道德、公益精神、人文关怀等方面的思政教育，从而提高学生的思想素质和道德水平。

（3）教学方法的创新。新时代海姆立克急救法课程思政通过多种教学方法的创新，如利用在线学习平台等，创造性地提升学生的学习效果和教学效果，促进学生的主动参与和创造性思维发展。

2. 反思

（1）对于技能培养的重视。新时代海姆立克急救法课程思政注重职业道德、公益精神、人文关怀等方面的教育，但不能忽视技能培养方面的拓展，特别是在应对突发事件和危急情况时的应急处置能力方面，要加强培养。

（2）对于实践环节的优化。新时代海姆立克急救法课程思政注重将理论知识和实践操作相结合，但实践环节仍有待优化，特别是要加强在模拟演练和实际操作中对学生的指导和监督。

（3）对于课程管理的加强。新时代海姆立克急救法课程思政需要加强课程管理，如教学设备的更新与维护、教学资源的共享与整合等，以提高教学效果和教学质量。

四、选用教材与参考资料

（一）选用教材

中国红十字会总会. 救护员 [M]. 北京：人民卫生出版社，2017.

（二）参考资料

1. 红十字会与红新月会国际联合会 .2016 年国际急救与复苏指南 . 日内瓦，2016.

2. 祝益民，石泽亚 . 现场救护第一目击者行动专家共识 [J]. 实用休克杂志（中英文），2019，3（6）：359–372.

3. 张利远，陈建荣 . 校园健康与医学急救知识 [M]. 镇江：江苏大学出版社，2016.

案例编写人：牛茂　白倩茹（医学技术与护理学院）

"汽车电气与电子技术"
课程思政教学案例

一、课程定位

"汽车电气与电子技术"是智能网联汽车技术专业的核心课程，是一门与汽车售后服务岗位相对应，理论与实践高度结合的职业课程。该课程以学生通过学习达到"1+X"证书考核标准要求为培养目标，使学生掌握汽车电气与电子技术的电路图识读、电路分析与诊断的专业理论知识和实操技能，使学生毕业后在汽车售后服务岗位上具备扎实的技能。

本课程内容建设与一汽大众奥迪合作，引入奥迪 ELSA 系统和奥迪专用诊断设备，严格按照国家职业教育汽车专业领域"1+X"证书考核要求和全国职业院校技能大赛汽车技术赛项的车身电气技术模块的考核要点来构建，以岗位能力为核心，以培养专业技能型人才为原则，涵盖汽车售后服务领域的最新政策、标准、规程及新设备、新技术、新工艺，重点培养学生具备汽车电气与电子技术的专业知识及在汽车电路图识读、汽车电气相关系统电路故障检测与诊断方面的职业能力。课程学习结束后，学生可考取汽车电子电气与空调舒适系统技术模块的"1+X"证书。

二、课程思政整体设计思路

（一）课程思政整体设计理念

智能网联汽车技术专业坚持职业教育产教融合的办学特色和为深圳经济社

会发展服务的定位，确立新时代"大国工匠"的培养模式，为汽车售后服务领域输送高技能人才。"汽车电气与电子技术"课程内容适应汽车行业新技术升级和新能源汽车产业的高质量发展，通过课堂教学和实训教学，提高学生的基本素质和综合职业能力，重点培养学生科学严谨的工匠精神和吃苦耐劳的劳动精神，树立民族自信，引导学生做一名"有理想、有本领、有担当"的新时代高素质"大国工匠"。

本课程聚焦汽车售后服务技术领域，以职业岗位能力为起点，以企业真实案例为载体，从课程的知识、能力和价值三位一体的教学目标出发，紧紧围绕如何解决"提升技能水平，打造'大国工匠'"这一命题，抓住劳动教育和习近平新时代中国特色社会主义思想这两个基本维度，紧扣故障诊断分析与操作这一核心能力，引入企业真实故障案例，以工作任务为驱动，完成教学实施。本课程重点将家国情怀、大国重器、"四个自信"、爱岗敬业、劳动价值和工匠精神等元素融入课程体系设计、理论与实践教学环节、课程资源建设、考核评价中，实现润物无声的效果。

（二）课程思政整体设计框架

本课程设计了八个分别对应若干工作任务和知识技能点的项目，构建"一个项目、一个主题、一个思政融入点"的课程思政体系，即每个项目确立一个课程思政主题，每个课程思政主题找准一个课程思政融入点，完成本门课程思政体系构建。本课程将学生个人的综合素养提升、职业发展与我国当下新能源汽车产业高质量发展，中国制造彰显强国梦、中华魂和爱国情的整体要求紧密结合，以习近平新时代中国特色社会主义思想为指导，以工作任务为引领，让学生"学中做、做中学"，构建浸润式特色课程思政模式。

项目一主要围绕汽车电路图识读分析，介绍汽车电路图特点、电路图符号等知识点，结合汽车电路图识读的方法和企业真实故障案例，融入科学严谨的工匠精神和认真负责的职业素养，重点培养学生脚踏实地、做事严谨认真的劳动精神。项目二主要围绕汽车供电系统的故障诊断方法，结合在新能源汽车动力电池市场中国企业占据半壁江山、中国制造引领全球这一思政融入点，适时融入家国情怀和"四个自信"的课程思政元素，增强学生的民族凝聚力，培养学生的爱国主义精神。项目三主要是完成汽车灯光系统的分析诊断任务，在训练学生对灯光系统故障诊断能力的同时，结合全国职业院校技能大赛和世界技能大赛的比赛内容，鼓励学生积极参加相关汽车技术赛项的比赛，引导学生争做新时代的"大国工匠"。项目四主要聚焦现代汽车防盗技术，完成汽车舒适与防盗系统的故障诊断任务，在讲解汽车中控门锁系统时，通过一则实时热点新闻——小孩被锁车内意外身亡，探讨中控锁工作原理，传递关爱生命、技术向善的意识与理念。项目五主要介绍汽车空调系统故障的诊断分析方法，在介绍空调制冷剂知识时，由制冷剂的种类引申到制冷剂 R12 对环境的破坏，引导学生关注习近平总书记关于生态文明建设的重要论述，重点培养学生的人与自然和谐共生理念和环保意识。项目六通过介绍汽车信息娱乐系统，分享凝结了中华民族创新智慧的中国北斗卫星导航系统的发展历史，培养学生的民族自豪感。项目七主要聚焦汽车智能驾驶辅助系统工作原理及常见故障诊断，讲述中国企业积极研发汽车自动驾驶系统，中国自动驾驶技术位列全球第一梯队的行业故事，培养学生科技强国的理念，鼓励学生努力实现中华民族伟大复兴的中国梦。项目八为综合训练项目，主要针对"1+X"证书考核内容进行综合训练，训练内容结合企业真实故障案例，以"大国工匠"理念培养学生科学严谨、精益求精、团结协作的职业素养和工匠精神。课程思政教学内容设计如图 1 所示。

三、课程思政教学案例

教学案例一 "使用新型的环保空调制冷剂"——人与自然和谐共生，强化环保意识

（一）教学任务

项目五"分析诊断汽车空调系统故障"之工作任务 5.2：空调制冷系统效果测试与评价。

（二）课程思政教学设计

本次教学任务是完成汽车空调制冷系统效果的测试与评价，在介绍"空调制冷介质——制冷剂"时引入课程思政案例。

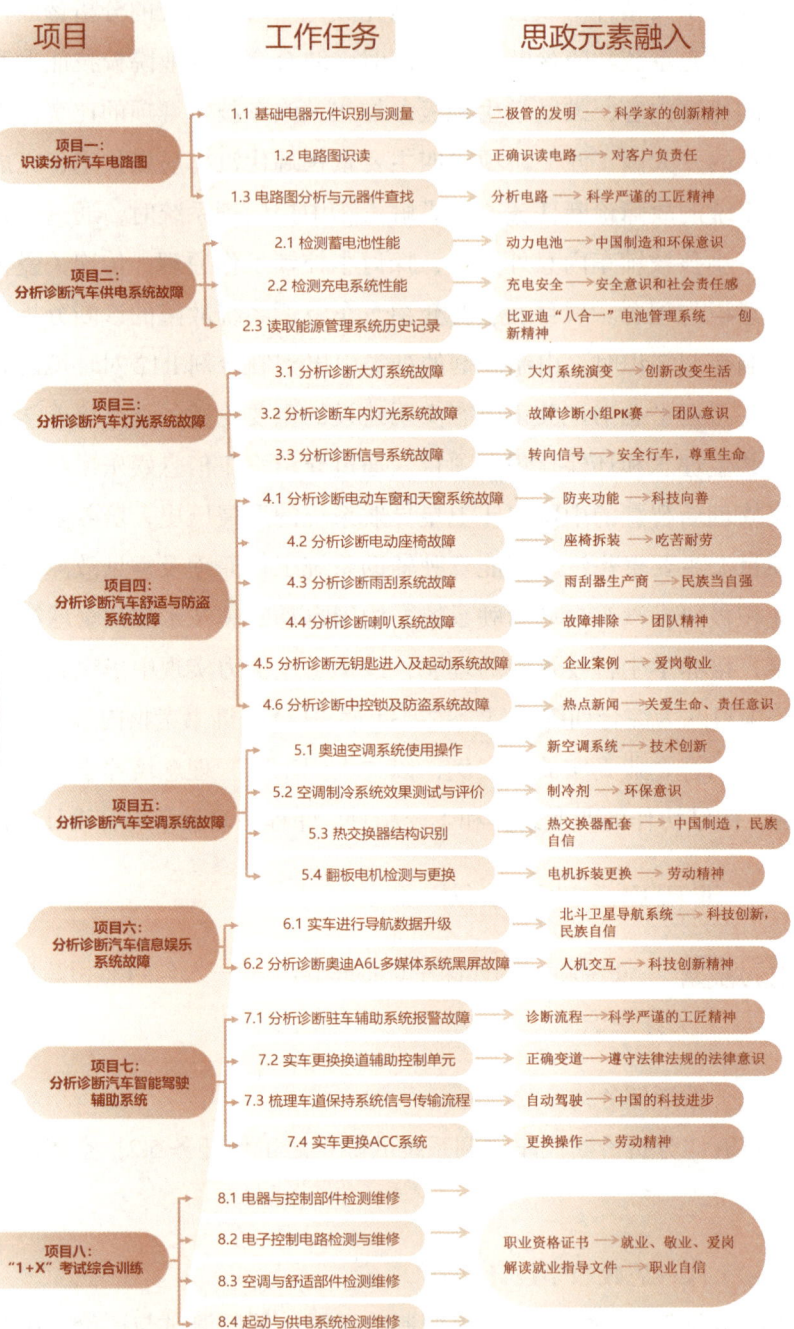

图1 "汽车电气与电子技术"基于课程思政的教学内容设计
注：ACC：Adaptive Cruise Control，即自适应巡航控制。

制冷剂又称制冷工质，是制冷循环的工作介质，利用制冷剂的相变来传递热量，即制冷剂在蒸发器中汽化时吸热，在冷凝器中凝结时放热。当前能用作制冷剂的物质有80多种，最常用的是氨、氟利昂类、水和少数碳氢化合物等。其中汽车空调使用的制冷剂种类有R12、R134a、1234YF 和 CO_2 制冷剂。由于R12制冷剂含有氟利昂，对大气中的臭氧层具有破坏作用，是一种非环保的空调制冷剂，我国在2007年停止了R12制冷剂的生产以及在新制冷空调设备上的初装。目前R12已经被新型环保制冷剂R134a取代。党的十八大以来，我国在生态文明建设和生态环境保护方面提出了一系列新思想、新要求、新目标和新部署，着力解决大气、水、土壤污染等突出环境问题，持续提升生态环境质量，取得了显著成效。与此同时，我国还积极参与全球环境治理，迄今已加入30多项与生态环境有关的多边公约或议定书，引导为应对气候变化而开展的国际合作，成为全球生态文明建设的重要参与者、贡献者、引领者。

这个案例展现了我国在推进绿色发展、解决环境问题、加大生态系统保护力度方面的决心和成就。通过这个案例强化学生的环保意识的同时，引导学生在日常生活当中多关注环境保护问题，通过自己的实际行动为推动人与自然和谐发展，实现美丽中国的目标而努力。

（三）教学实施

1. **教学目标**

（1）价值目标：了解汽车空调制冷系统介质——空调制冷剂，树立环保意识；了解我国作为全球生态文明建设的重要参与者、贡献者、引领者对全球环境保护所作出的成绩和贡献，激发民族自豪感和民族自信；通过使用诊断仪，完成对汽车空调制冷系统制冷效果的检测与评价，培养严谨、细致、协作的工匠精神。

（2）知识目标：说出汽车空调的作用、特点及组成；说出制冷系统组成部件的结构特点；解释制冷系统组成部件的工作原理。

（3）能力目标：能识别实车空调制冷系统组成部件；熟练操作空调系统制冷能力检测；对空调系统故障进行诊断分析。

2. 教学方法

采用线上线下混合式教学，以任务驱动为核心，主要运用理论讲授法、任务驱动法、分组探究法和实操训练法，并辅以课程网站、视频资源、案例等多种资料。

3. 教学过程

环节一：绘图——分组探究。

利用动画和微课视频讲解汽车空调制冷系统的工作原理，并让学生绘制空调控制系统拓扑图，让学生了解汽车空调系统的组成及控制原理和方式，为后面的系统诊断环节做准备。

环节二：识件——示范讲解。

思政点睛：教师介绍空调制冷系统的组成部件之一制冷剂，通过介绍制冷剂的种类及特性，说明 R12 制冷剂对环境的破坏，由此引申到臭氧层破坏和全球变暖所带来的危害。引导学生关注我国对于生态环境保护所作出的努力，以及习近平总书记关于生态文明建设的重要论述，使学生树立环保意识，保护环境，从身边的小事做起。

教师布置任务：识别实车空调制冷系统部件，让学生了解奥迪 A4L/A6L 空调制冷系统部件结构和原理，且能够在实车上找到奥迪 A4L/A6L 空调制冷系统部件的安装位置。

环节三：检测——实车测试。

利用奥迪 ELSA 系统查询空调系统制冷能力的检测步骤。教师布置实车检测空调制冷系统的任务，让学生检测空调系统制冷能力，培养学生的实践动手能力和分析能力。

环节四：诊断——真实案例。

利用专用诊断仪 VAS6150 读取空调制冷系统的相关数据，并布置任务：实车分析诊断空调不制冷故障。在培养学生对专用仪器操作能力的同时锻炼学生对故障的分析诊断能力，传递科学严谨的工匠精神。

4. 教学资源

（1）基本教学资源：奥迪 ELSA 系统软件、空调制冷系统组成部件动画；

线上教学平台全部微课视频；本次课教案、本次课教学课件、作业及测验题目等。

（2）拓展教学资源：奥迪汽车空调系统自学手册、奥迪维修手册、奥迪汽车电路图等。

（四）教学评价

学生评价由过程性评价、终结性评价和增值性评价三部分组成。在课前、课中、课后三个阶段，综合考虑学生的课堂学习行为、在线学习行为以及实操效果，基于多元化评价，提升教学评价的公平公正性。

1. 过程性评价方式

过程性评价主要是利用在线学习平台记录学生线上的学习过程来进行评价，由课堂签到、在线视频浏览、课堂小活动、章节学习、分组任务、课后作业组成，各自占一定的比例。评价方式有教师评价、学生评价和生生互评。本次任务的考核重点为汽车空调制冷系统效果测试与评价。根据分组任务的完成情况，对学生的工作态度和职业素养进行记录。

2. 终结性评价方式

终结性评价是通过线上理论考核和线下实操考核相结合来进行评价。本次任务的终结性评价是通过线下实操考核来进行评价，记录每个小组对汽车空调制冷系统效果测试、操作的过程和结果，通过教师评价和生生互评来完成该任务的综合评价。

3. 增值性评价方式

本次任务的增值性评价主要是根据学生的作业完成情况和实操训练情况，给较上一个工作任务有进步的学生加分，给帮助组员取得进步的学生加分。在完善评价方式的同时，鼓励学生之间团结协作、共同进步。

（五）创新与反思

结合课程教学项目，融入与本次课程内容息息相关的环保话题，不仅让学生对环保理念和国家建设"美丽中国"的目标有了更深的认识，而且通过介绍中国在全球生态保护方面的引领作用，激发学生的民族自信与爱国情怀。通过任务驱动教学法，强化学生对知识的理解运用，使学生在实操训练中感受学习的快乐，做到知行合一，将价值塑造与知识传授、能力培养有机统一。

在进行空调系统故障诊断操作时，学生要注重故障诊断的逻辑性，做到细致、认真、有条理，整个实操过程贯穿科学严谨的工匠精神。学生要真正地应对各种复杂的故障，在诊断能力方面还有一定提升空间；教师在更好地帮助学生提升能力方面还需进一步努力。

教学案例二 "中华民族创新智慧——北斗导航"——从北斗精神中感悟科技兴则民族兴，科技强则国家强

（一）教学任务

项目六"分析诊断汽车信息娱乐系统故障"之工作任务 6.1：实车进行导航数据升级。

（二）课程思政教学设计

本次教学任务是进行实车导航数据升级，更新车载导航数据，在介绍车载导航系统概念时引入课程思政案例。

在讲授车载导航系统组成及工作原理时，带领学生观看"中华民族创新智慧——北斗导航"的介绍视频。视频介绍了目前世界上几种全球导航定位系统，其中中国北斗导航系统无论在技术上还是定位精度上都赶上甚至超过了美国的 GPS（Global Positioning System，全球定位系统）系统，领先其他几种定位系统，打破了美国在全球定位系统领域的垄断地位。但与美国不同的是，中国从来不以定位系统要挟任何国家，并且鼓励各个国家和平使用北斗导航系统，为其他国家的导航定位提供免费服务，在国际上树立了一个负责任的大国形象。以介绍北斗导航系统的视频，激发学生的爱国热情和强烈的自豪感，进而引导学生了解北斗导航成功组网的背后，无数科技人员在默默耕耘，以科技创新为驱动，以国家强大为己任，以精益求精、追求卓越的精神投入研发工作。习近平总书记在参观北斗系统建设发展成果展览时强调，26 年来，参与北斗系统研制建设的全体人员迎难而上、敢打硬仗、接续奋斗，发扬"两弹一星"精神，培育了新时代北斗精神，要传承好、弘扬好。

(三）教学实施

1. 教学目标

（1）价值目标：通过制订并实车拆装信息电子控制单元 J794 的工作流程，树立工作流程规范意识，了解作为工科大学生应具备的职业素养，培养科学严谨的工匠精神。

（2）知识目标：说出导航系统的结构；解释导航系统工作原理。

（3）能力目标：熟练操作信息电子控制单元 J794 的拆装；熟练操作导航系统数据升级。

2. 教学方法

采用线上线下混合式教学，以任务驱动为核心，主要运用理论讲授法、任务驱动法、分组探究法和实操训练法，并辅以课程网站、视频资源、案例等多种资料。

3. 教学过程

环节一：绘图——分组探究。

利用动画和微课视频讲解汽车导航系统的组成及工作原理，并布置任务：绘制汽车导航系统电路图。让学生了解汽车导航系统的组成及工作原理，为后面的系统诊断环节做准备。

思政点睛：在讲解汽车导航系统的组成及工作原理时，给学生介绍中国北斗卫星导航系统，通过介绍中华民族创新智慧——北斗导航，向学生传递科技兴则民族兴，科技强则国家强的爱国理念，激发学生肩负起科技强国的使命和责任，培养学生民族自豪感，坚定"四个自信"。

环节二：识件——示范讲解。

教师依据实车示范讲解汽车导航系统的组成及安装位置，布置任务：实车识别汽车导航系统部件。让学生了解奥迪 A4L/A6L 导航系统部件结构和原理，且能够在实车上找到奥迪 A4L/A6L 导航系统部件的安装位置。

环节三：拆装——实车训练。

利用奥迪 ELSA 系统查询信息电子控制单元 J794 的拆装步骤和规范的工作流程，并布置任务：实车拆装信息电子控制单元 J794，培养学生的实践动手能力和流程规范意识。

环节四：升级——实车操作。

学生分组讨论并制订导航数据升级工作流程，教师布置任务：在实车上对导航数据进行升级，培养学生实车操作的能力，同时传递科学严谨的工匠精神。

4. 教学资源

（1）基本教学资源：奥迪 ELSA 系统软件、奥迪诊断软件 ODIS、北斗导航介绍视频；线上教学平台全部微课视频；本次课教案、本次课教学课件、作业及测验题目等。

（2）拓展教学资源：奥迪信息娱乐系统自学手册、奥迪维修手册、奥迪汽车电路图等。

（四）教学评价

学生评价由过程性评价、终结性评价和增值性评价三部分组成。在课前、课中、课后三个阶段，综合考虑学生的课堂学习行为、在线学习行为以及实操效果，基于多元化评价，提升教学评价的公平公正性。

1. 过程性评价方式

过程性评价主要是利用在线学习平台记录学生线上的学习过程来进行评价，由课堂签到、在线视频浏览、课堂小活动、章节学习、分组任务、课后作业组成，各自占一定的比例。评价方式有教师评价、学生评价和生生互评。本次任务的考核重点为汽车导航系统数据升级方法和步骤。根据分组任务的完成情况，对学生的工作态度和职业素养进行记录。

2. 终结性评价方式

终结性评价是通过线上理论考核和线下实操考核相结合来进行评价。本次任务的终结性评价是通过线下实操考核来进行评价，记录每个小组对汽车导航数据升级的操作过程和升级结果，通过教师评价和生生互评来完成该任务的综合评价。

3. 增值性评价方式

本次任务的增值性评价主要是根据学生的作业完成情况和实操训练情况，给较上一个工作任务有进步的学生加分，给帮助组员取得进步的学生加分。在完善评价方式的同时，鼓励学生之间团结协作、共同进步。

（五）创新与反思

结合课程教学项目，融入与本次课程内容息息相关的北斗卫星导航系统发展史，不仅让学生对中华民族创新智慧——北斗导航系统有了更深入的了解，而且告诉学生一个道理：科技兴则民族兴，科技强则国家强；培养学生的民族自豪感和爱国情怀，坚定"四个自信"，激发学生肩负起科技强国的使命和责任，做一个有理想、有担当、有本领的新时代"大国工匠"。

本课程通过任务驱动教学法，强化学生对知识的理解运用，使学生在实操训练中感受学习的快乐，做到知行合一，将价值塑造与知识传授、能力培养有机统一。

在对导航系统进行数据升级的操作时，学生要注重升级操作的工作流程，做到细致、认真、有条理，整个实操过程贯穿科学严谨的工匠精神。本次任务只是针对一种车型进行导航升级，而学生要面对不同车型的导航进行升级，后续还有一定的能力提升空间；教师在更好地帮助学生加强举一反三的能力方面还需进一步努力。

四、选用教材与参考资料

（一）选用教材

毛峰. 汽车电器设备与维修 [M]. 3版. 北京：机械工业出版社，2019.

（二）参考资料

1. 中国北斗卫星导航系统科学纪录片《北斗》

https://www.bilibili.com/video/BV12a4y157ef/?p=1

2. 落后就要挨打，10分钟告诉你北斗导航有多重要！

https://www.bilibili.com/video/BV1wa4y1a7Pd/?spm_id_from=333.337.search-card.all.click

3. 重温习近平总书记关于生态文明建设重要论述综述

https://baijiahao.baidu.com/s?id=1719918533711889589&wfr=spider&for=pc

4. 李干杰：到2035年，生态环境根本好转　美丽中国基本实现

https://baijiahao.baidu.com/s?id=1582039360046797031&wfr=spider&for=pc

案例编写人：马德粮（汽车与交通学院）

"城市轨道交通运营组织"
课程思政教学案例

一、课程定位

本课程是城市轨道交通运营管理专业的一门专业核心课程，旨在培养学生自信自豪、爱岗敬业、守正创新、安全至上、合作求同、精益求精的工匠精神，使其掌握车站客流组织的方法，会根据不同车站的特点（包括车站的客流特点、总体布局和平面布局特点）撰写车站的客流组织方案（包括日常客流组织和特殊客流组织方案），会使用车站的设施设备进行客流管理与客流服务，根据线路客流特点组织行车安排，具备团队协作及独立指挥车站运营的职业能力和职业素养。

二、课程思政整体设计思路

（一）课程思政整体设计理念

城市轨道交通运营管理专业坚持职业教育产教融合的办学特色，将轨道交通行业"安全、质量、服从、服务、吃苦、敬业"六大核心特质融入教学实施过程，做到"一课一思政"的精准思政，培养学生成为"自信自豪、爱岗敬业、精益求精"的地铁从业人员，真正实现知识传授、技能实践与价值引领相统一的人才培养目标。

课程的教学设计采用综合学习的教育理念，对接岗位工作过程，设计教学内容，依据岗位能力要求，划分任务单元。这样的任务划分符合学生认知发展规律。在教学实施过程中，创设真实的工作情境，并且融入企业真实案例和城市轨道交通发展的大事件，丰富育人载体，优化教学内容，培养学生善于实践、勇于探索的创新意识，塑造学生精益求精、追求卓越的职业精神，增强理想信念，厚植科技报国之志。通过校内教育与校外实践结合，专业教师与思政教师、企业教师协同，实现课程思政建设与专业教育质量的双向提升。

（二）课程思政整体设计框架

本课程以城市轨道交通站务人员、行车组织人员的职业能力为起点，以岗位工作任务为载体，从课程的知识、能力和价值三位一体的教学目标出发，立足价值目标核心，确立"有职业情怀和使命担当"的素质培养这条主线（图1），挖掘课程思政教育切入点，依托轨道交通发展史、轨道交通重大事件等思政素材展开案例设计，将课程内容分解为六个分别对应若干实践任务和知识技能点的项目，针对每一个项目进行思政素材与教学内容的整合优化，形成以价值塑造为内涵、以实践任务为骨架、以知识技能点为内容的"城市轨道交通运营组织"项目化课程体系。课程思政教学内容设计如图2所示。

模块一为初步认识城市轨道交通运营体系，融入对于行业发展的认识，结合中国城市轨道交通40年巨变，让学生了解中国城市轨道交通发展历程，此外引入课外读物《大国速度：中国高铁崛起之路》，让学生了解中国高铁崛起的

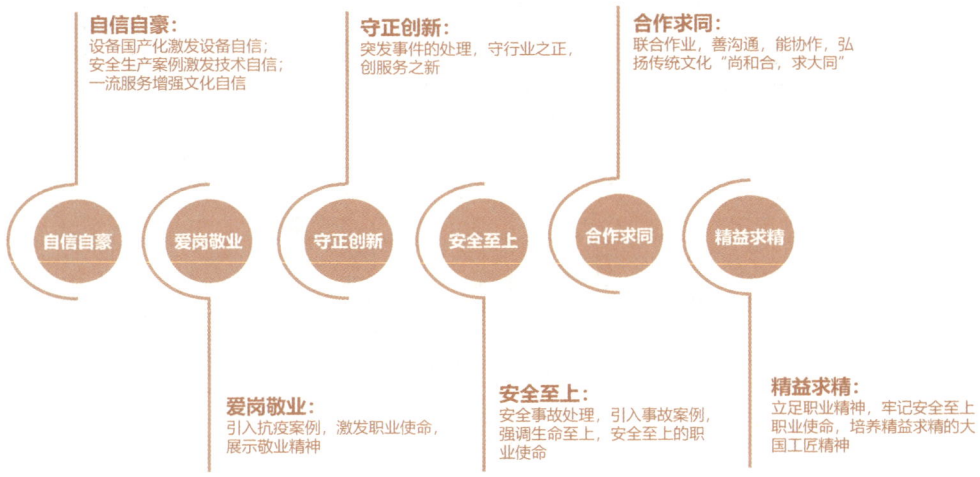

图1　课程思政主线设计

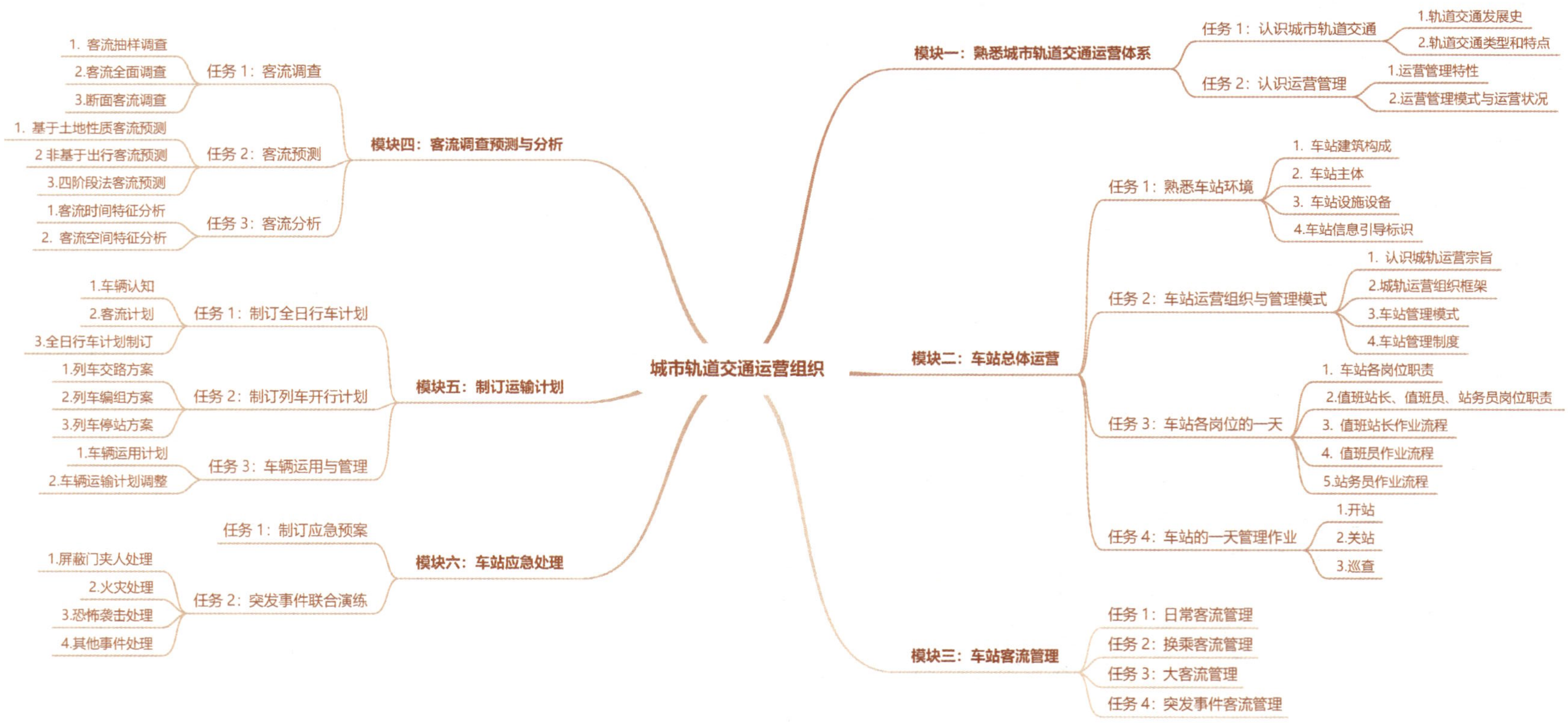

图 2 "城市轨道交通运营组织"基于课程思政的教学内容设计

过程，提升学生的民族自豪感，培养学生脚踏实地、创新创业、科技报国的理想信念和实干精神。

模块二为培养学生的车站运营能力，在培养学生会使用、会操作、会维护车站设备的同时，融入地铁车站设备国产化的国家政策。从 1998 年以来，在国家地铁装备国产化的英明决策下，经过 20 多年的发展，我国已成为全球城轨种类最多的国家。我国创新了全套地铁信息化装备系统，实现了 95% 以上的自主知识产权，零部件国产化率达到 100%，我国城轨运营规模、城轨装备制造实力跃居全球首位，以此激发学生的民族自豪感。

模块三为培养学生的客流组织能力，通过韩国首尔踩踏事故分析，以及湖南衡阳火车站 617 次列车乘客拥挤踩踏事件分析，培养学生安全至上的职业使命。客流组织工作是个联合作业的过程，可培养学生合作求同的职业精神。

模块四和模块五培养学生的行车组织能力，在思政设计上注重正反面案例的融入。负面事故案例为上海地铁 1 号线列车相撞事故，以激发学生"安全、服从、敬业"的职业使命，强化学生的专业技能。此外，通过正面典型案例——全国劳动模范谢光明的事迹为学生树立榜样的力量。通过正反面的思政教育，将安全至上的原则深深植入学生内心，同时激发学生的职业使命感和责任感。

模块六以轨道交通安全事故为切入点，引入韩国大邱地铁纵火案的案例，组织学生进行分析讨论，在反思中成长，在分析中提升自己独立思考和创新解决问题的能力，培养学生"生命至上"的职业素养，最终为国家培养具有家国情怀，具有使命担当精神的"大国工匠"。

三、课程思政教学案例

教学案例一 "励精图治，设备国产化"——设备国产化发展过程，激发民族自信、技术自信

（一）教学任务

模块二任务 1 "熟悉车站环境"之任务 1.2：自动闸机（Automatic Gate Machine，AGM）的操作使用。

(二)课程思政教学设计

本次教学任务是闸机的日常维护作业,在介绍闸机的基本组成时引入课程思政案例。

我国城市交通基础设施建设始终把自主创新作为根基,攻克关键核心技术,形成安全可控的技术体系和产业链,走出了一条艰辛而又辉煌的发展道路。以城市轨道交通为例,20年前,我国主要依靠引进先进国家的产品和技术,广州地铁1号线关键设备(车辆、信号、自动售检票系统)全部进口,当时我们连一个小小的车站站台门控制单元都做不出来,还面临着"天价困境"。但如今,我国城轨交通正式迈入自动化、自主化、智能化的发展阶段,逐步建立自主可控、安全高效、主导发展的城轨交通技术链和产业链,一大批民族企业开始崛起,通过技术创新实现"国产替代",完成中国城轨交通由高速发展向高质量发展的转变。今天,我国轨道交通已经打破了国外技术垄断,整车和车辆关键系统均已实现自主化,车站关键设备的国产化率达95%以上,并且在广州、上海、深圳等地建成了全球首批智慧地铁车站。自动售检票系统、站台门系统、综合监控系统及通信系统(含视频监控)等城轨核心系统完全自主掌控,已经达到国际一流甚至领先水平,部分产品装备走向国际市场。

这个案例展现了国内企业坚持自主研发技术的创新意识,可激发学生的民族自豪感,引导学生脚踏实地,从"车站设备的使用和维护"这样的基础任务做起,进而树立技术强国的远大理想信念。

(三)教学实施

1. 教学目标

(1)价值目标:通过了解地铁设备国产化、技术专业化的案例,树立民族自豪感,激发科技报国的使命担当。通过探索技能、实践操作、完成闸机的日常操作和维护作业,培养严谨、细致、协作的工匠精神。

(2)知识目标:了解闸机的结构,掌握票箱回收作业,了解闸机故障处理方式。

(3)能力目标:会进行票箱回收作业,会处理闸机的基本故障,在动手实践过程中培养逻辑思维分析与总结能力。

2. 教学方法

以学生为中心，以岗位具体工作任务为导向，以解决工作问题为目标，采用"探、讲、练、拓"四个环节组织教学实施，并辅以官方网站、视频资源、案例等多种资料。

3. 教学过程

教学过程三阶段分别是课前、课中、课后，其中课中分为探技能、讲新知、练操作、拓能力四个环节。教学环节如图3所示。

（1）课前：发布学习资料与调研任务。

课前在"学习通"平台发布闸机异常情况的调研任务，引入本次课程的主题——学习闸机的操作和维护。此外，发布中国设备国产化的学习资料，引发学生的思考。

（2）课中：通过"探、讲、练、拓"四个环节引导学生达成知识、能力和素质目标。

步骤一：探技能——案例探究。

教师总结课前学生的调研任务情况，提出典型案例——闸机夹人事件，引导学生思考为什么、怎么办。同时在学生心中埋下一颗安全至上的责任意识种子。

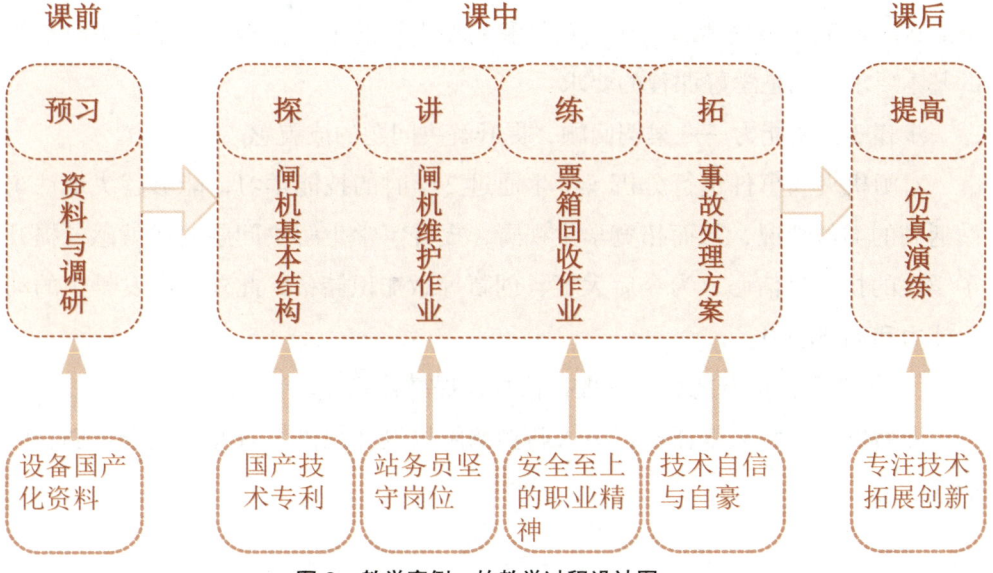

图3　教学案例一的教学过程设计图

步骤二：讲新知——闸机操作，设备发展。

针对讨论结果，教师进行集中讲解，利用丰富的视频、微课资源，对知识和技能进行讲解，同时融入各部位技术专利发展历程，并重点强调设备供应商作为"国之重器、大国脊梁"的担当和创新精神。

思政点睛：过去，我国主要依靠引进先进国家的产品和技术，但如今，我国城轨交通正式迈入自动化、自主化、智能化的发展阶段，逐步建立自主可控、安全高效、主导发展的城轨交通技术链和产业链，一大批民族企业开始崛起，通过技术创新实现"国产替代"，完成中国城轨交通由高速发展向高质量发展的转变。今天，我国轨道交通已经打破了国外技术垄断，整车和车辆关键系统均已实现自主化，车站关键设备的国产化率达95%以上。

价值引领：学生应该如何做好当下？引导学生落脚到当下的教学任务，脚踏实地、一丝不苟、从易到难，逐渐掌握课程知识与技能，为今后科技报国打下坚实基础。

步骤三：练操作——票箱回收，安全至上。

动手实践：学生在教师的示范带领下，学会值班员、站务员票箱回收作业，注意安全至上的工作原则。同学之间要注意协作学习，互相帮助完成任务。

总结升华：总结实践操作流程，体验学习获得感。掌握票箱回收作业流程，树立逻辑严谨、条理清晰的科学精神和精益求精的工匠精神，这是对工科学生的基本要求，也是学好课程的要求。

步骤四：拓能力——案例回顾，提升解决问题的成就感。

对闸机夹人事件进行分析，学生通过2学时的技能学习，能够解决地铁车站遇到的类似情况，从而拓宽学生视野，提升了学生解决问题的成就感，提升了学生的技术自信心，为今后大赛、创新等做知识储备，此外，激发学生的动手能力和创新潜力。

（3）课后：提升能力——虚拟仿真，提高技能。

课后发布头脑风暴任务，引入新型的闸机设计想法，激发学生守正创新的职业能力。

4. 教学资源

（1）基本教学资源：设备国产化历程基本情况介绍、闸机产品应用相关新闻视频；线上教学平台全部微课视频；本次课教案、本次课教学课件、作业及测验题目等。

（2）拓展教学资源：阅读资料《交通强国下轨道交通从业者的基本素养》、特色微课"设备检修员作业流程"（融入思政案例的教学微课）等。

（四）教学评价

评价采用显隐结合的方式，以知识、能力、价值构建三位一体评价目标体系，从课前、课中、课后构建全流程评价体系。

1. 显性评价方式

在线上教学平台布置课前测试、课后作业，重点考核学生对知识点的掌握与理解；课中侧重以教学任务完成的情况进行实践能力的考核，小组互评与教师评价结合。本次任务的考核重点为闸机的操作使用流程。依据课程目标开发"工匠精神发展测评"工具，对学生的价值精神体认进行记录。本次课进行第一次问卷调查，后续课会持续跟踪，最终形成学生态度发展轨迹报告。

2. 隐性评价方式

根据学生设备操作的严谨性、对设备的认识和态度，评价学生通过本次课学习在思想意识上潜移默化的改变和收获。

（五）创新与反思

结合课程教学项目，融入与课程息息相关的技术话题，不仅能拓展学生的专业视野，而且能激发学生的民族自信与爱国情怀。通过任务驱动教学法，强化学生对知识的理解运用，使学生在动手实践中感受学习的快乐，做到知行合一，将价值塑造与知识传授、能力培养有机统一。

票箱回收作业的操作需要学生注重条理性，做到细致认真，贯穿工匠精神，但学生真正操作起来，还有一定提升空间。教师需要为更好地引导学生而进一步努力。

教学案例二 "安全至上，榜样的力量"——培养行车守规则、工作负责任的交通强国建设者

（一）教学任务

模块五"制订运输计划"之任务 1：制订全日行车计划。

（二）课程思政教学设计

本次教学任务是解读对行车调度员、行车值班员技能和素质要求的文件，学习行业标准，理解相关岗位的工作内容和意义，学会安排行车计划，在学习制订行车计划时引入课程思政案例。

课堂上带领学生观看视频。我国城市轨道交通发展至今，通过技术改进大大缩短了运行间隔，提高了安全程度和通过能力。在国家政策推动及国内城市轨道交通蓬勃发展的背景下，我国信号系统生产商紧跟国际技术发展，走自主创新研发道路，经过技术攻关，研制出具有独立知识产权的、先进的 CBTC（Communication Based Train Control System，基于通信的列车自动控制系统）。以此案例激发学生的民族自豪感和技术自信心，提升学生的学习热情。

（三）教学实施

1. 教学目标

（1）价值目标：通过绘制列车运行图，训练严谨的逻辑性和清晰的条理性，了解作为工科大学生应具备的职业素养，培养精益求精的工匠精神。

（2）知识目标：掌握全日行车计划制订依据，掌握全日行车计划图的绘制。

（3）能力目标：会制订全日行车计划，会安排交路计划，实现高效的客流输送安排。

2. 教学方法

以学生为中心，以岗位具体工作任务为导向，以解决工作问题为目标，采用"探、讲、练、拓"四个环节组织教学实施，并辅以官方网站、视频资源、案例等多种资料。

3. 教学过程

教学过程三阶段分别是课前、课中、课后，其中课中分为探技能、讲新知、

练操作、拓能力四个环节。教学环节如图4所示。

（1）课前：发布学习资料与调研任务。

课前在"学习通"平台发布上海地铁1号线撞车事故案例学习资料，引发学生对安全至上的思考。

（2）课中：从"探、讲、练、拓"四个环节引导学生达成知识、能力和素质目标。

步骤一：探技能——安全故障探究。

教师播放列车运行安排的视频，组织小组讨论列车运行时间如何确定，从而提出列车全日行车计划安排的概念。介绍劳动模范谢光明的先进事迹，培养学生的劳模精神与工匠精神。

步骤二：讲新知——全日行车计划制订。

对学生的课前预习效果进行分析，组织学生学习微课视频，教师集中讲解全日行车计划制订的原理、方法，启发学生思考如何制订全日行车计划。引入本次课程的学习主题。

思政点睛：引入上海地铁1号线撞车事故的分析。在2001年1号线上海

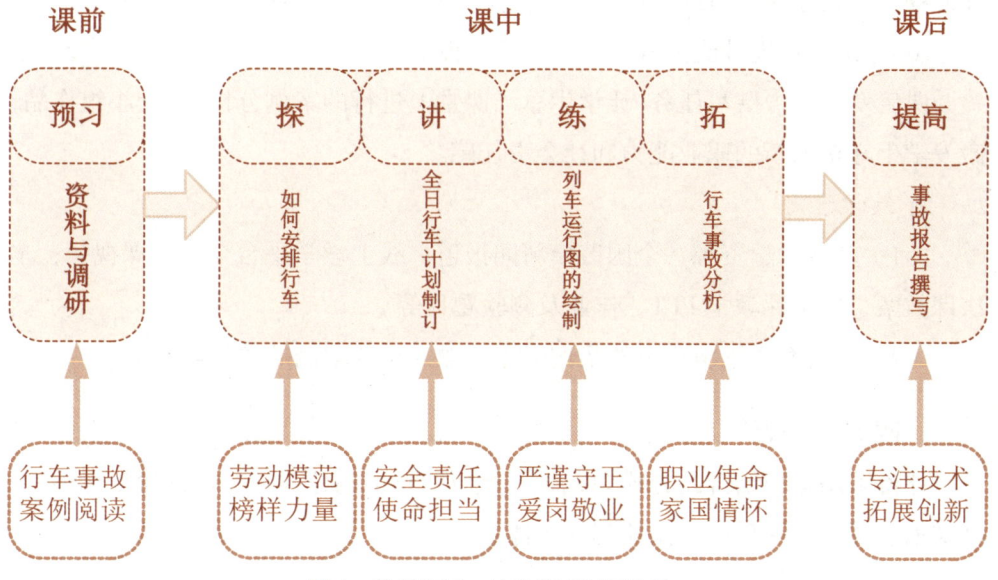

图4　教学案例二的教学过程设计图

火车站站点改造项目的配线图修改时，因设计技术人员个人工作疏漏，N11-1438轨道区段编码电路配线出错。在运营部门因供电系统故障、采用临时非正常交路折返的情况下，信号系统在该轨道区段应该向150号车发出时速20公里的信号，却错发成时速65公里，造成制动距离不足，致使150号车与正在折返的117号空车发生侧面冲撞事故。事故调查组责令申通地铁集团分管运营的负责人作出深刻检查，对相关责任人严肃处理；由上海市建设和交通委员会牵头，抓紧研究完善本市轨道交通突发事故的应急指挥体系，进一步提高应急救援能力。

步骤三：练操作——列车运行图的绘制。

教师发布线路客流数据情况，学生经过计算、分析，绘制列车运行图。教师按照全日行车计划制订步骤，首先分析全日客流分布情况；然后根据全日客流每个小时客流情况确定发车列数；接下来根据发车情况确定发车时间间隔，在列表上调整发车时间间隔；最后根据列车发车时间间隔，编排列车运行计划，绘制列车运行图。

步骤四：拓能力——事故分析，提升解决问题的成就感。

绘制列车运行图之后，根据运行情况分析异常情况处理方法，总结异常处理流程。引入导入环节的案例，引发学生思考，提升学生解决问题的成就感。

（3）课后：提升能力——事故的总结报告撰写。

课后发布报告撰写任务，让学生总结课堂上进行的案例分析，提交小组作品，激发学生守正创新的职业能力和社会责任感。

4. 教学资源

（1）基本教学资源：全国劳模新闻报道；线上教学平台全部微课视频；本次课教案、本次课教学PPT、作业及测验题目等。

（2）拓展教学资源：事故案例资源（融入思政案例的教学微课）。

（四）教学评价

评价采用显隐结合的方式，以知识、能力、价值构建三位一体评价目标体系，从课前、课中、课后构建全流程评价体系。

1. 显性评价方式

在线上教学平台布置课前测试、课后作业，重点考核学生对知识点的掌握与理解；课中侧重以教学任务完成的情况进行实践能力的考核，小组互评与教师评价结合。本次任务考核重点为全日行车计划制订和列车运行图的绘制。本次课进行第二次"工匠精神发展测评"，对学生的价值精神体认进行跟踪记录。

2. 隐性评价方式

根据学生对制订全日行车计划的积极性和认识程度，评价学生通过本次课学习在思想意识上潜移默化的改变和收获。

（五）创新与反思

思政素材与教学内容契合度高，能激发学生的民族自豪感，培养工科学生的职业素养和工匠精神，课程思政教育做到润物无声、如盐在水。

制订行车计划是难点，学生第一次接触和操作起来会有一定的难度。教师要遵循循序渐进的教学规律，让学生边讲边学，边学边做，引导学生逐步建立工科思维。

四、选用教材与参考资料

（一）选用教材

裴瑞江. 城市轨道交通客运组织 [M]. 2版. 北京：机械工业出版社，2014.

（二）参考资料

1. 高铁见闻. 大国速度：中国高铁崛起之路 [M]. 长沙：湖南科学技术出版社，2017.

2. 深铁集团品牌全面升级"为民实事"提升百姓幸福感

https://baijiahao.baidu.com/s?id=1684856194428410801&wfr=spider&for=pc

3. "全国五一劳动奖章"获得者谢光明：用平凡铸就非凡

https://baijiahao.baidu.com/s?id=1600703424235377324&wfr=spider&for=pc

4. 上海地铁一号线两车相撞事故

https://baike.baidu.com/item/%E4%B8%8A%E6%B5%B7%E5%9C%B0%E9%9

3%81%E4%B8%80%E5%8F%B7%E7%BA%BF%E4%B8%A4%E8%BD%A6%E7%9B%B8%E6%92%9E%E4%BA%8B%E6%95%85/6741352?fr=aladdin

案例编写人：周丽丽（汽车与交通学院）

"驱动电机及控制技术"课程思政教学案例

一、课程定位

本课程是新能源汽车技术专业的一门专业核心课程，旨在培养学生科技强国的信念和文化自信，培养学生爱岗敬业、严谨细致、勇于创新、攻坚克难的思想政治素养与职业素养；使学生掌握电动汽车驱动电机结构与驱动控制技术等基本理论和工作原理，具备电动汽车驱动电机的生产、制造、测试、应用与维护等方面的能力。

二、课程思政整体设计思路

（一）课程思政整体设计理念

新能源汽车技术专业围绕国家新能源汽车产业需求，立足粤港澳大湾区，面向新能源汽车整车及关键零部件试制与试验、生产制造及售后技术服务等职业群，培养扎实掌握本专业知识和技术技能的复合式、创新型、高素质人才。"驱动电机及控制技术"课程重点培养学生掌握驱动电机的驱动原理与控制方法等基本知识，具备驱动电机的制造、测试与运维相关岗位的职业能力，提升专业认同感和职业使命感；引导学生运用辩证思维科学看待问题，树立产业自信和科技报国的理想信念。

本课程以新能源汽车产业国家政策与国家标准为指引，将我国驱动电机及关键零部件发展历程中"无畏技术封锁，坚持自主创新，助力弯道超车"的精神内核深植于教学过程之中,使学生始终带着行业使命、职业认同与技术自信进行课程知识与技能的学习。同时,通过实训与实践教学环节的设计,在学生学与做的过程中培养其坚持、克难、精准、细致、谨慎、严格、尽责的劳动精神及工匠精神,形成显性、隐性双主线的思政教学体系。两条主线相互独立,互为补充,做到与思政课程同向同行,将显性教育与隐性教育相统一,形成协同效应,构建"三全育人"大格局。

课程采用"教、学、做合一"的教学设计,融入企业真实案例和技术发展大事件,挖掘行业典范与身边故事,丰富育人载体,优化教学内容,培养学生善于实践、勇于探索的创新意识,塑造学生精益求精、追求卓越的职业精神,增强理想信念,厚植科技报国之志。通过校内教育与校外实践结合,专业教师与思政教师、企业教师协同,实现课程思政建设与专业教育质量的双向提升。

(二)课程思政整体设计框架

课程思政以信念塑造与素养培育双主线进行,即以坚持自主创新的必要性和发展民族企业的使命感为主线设计理论主题,培养学生的科技报国信念与职业认同感;以劳动精神和工匠精神(精准、细致、谨慎、严格、尽责等)的培养为主线设置实训教学任务,培育学生的职业素养。课程按照电动汽车常用驱动电机类型设置七个教学单元(图1),每个教学单元均依据教学内容挖掘合适的思政素材,思政案例涵盖国家、行业、企业、个人各个层面。课程以国家政策为切入点,引导学生认识国情,了解行业技术发展历程,筑牢意识根基,以信念和精神助推教学内容的开展,实现显性思政主线促进隐性思政主线的实施。

教学单元一通过新能源汽车、驱动电机以及电驱动系统的发展概述,讲述我国发展新能源汽车的战略意义,以及驱动电机作为新能源汽车关键部件之一的重要地位,通过政策解读、报告解析、影音资料分享等树立学生的行业使命感与职业认同感。

教学单元二设置了电磁学、自动控制以及电力电子技术的理论与实训教学内容,为学生后续学习电机驱动原理与控制技术打牢理论基础。在教学中植入对我国稀土永磁材料及其研究现状的讲解,并带学生参观走访永磁电机的大型

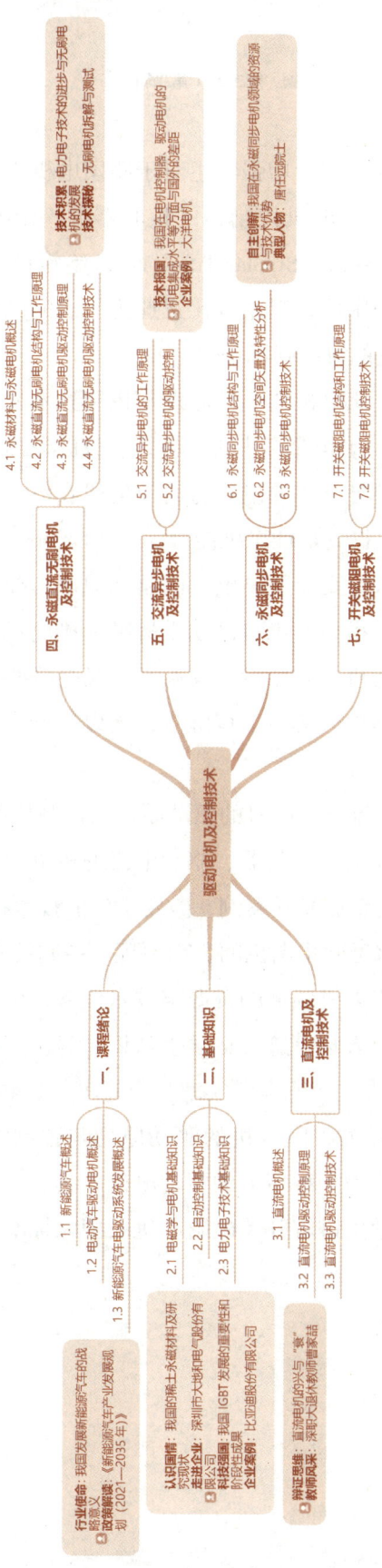

图 1 "驱动电机及控制技术"基于课程思政的教学内容设计

制造企业——大地和公司，增强学生对于我国电机生产制造国情和行业企业的认知。重点讲述我国在电机控制器的核心器件、影响电动汽车性能的核心技术——IGBT（Insulate-gate Bipolar Transistor，绝缘栅双极晶体管）的研发制造领域面临的技术封锁困境，以及以比亚迪为代表的民族企业坚持自主创新走出突围之路，增强学生的科技强国信念。

教学单元三为直流电机的驱动原理与控制技术的理实一体化教学内容。直流电机为学习其他所有电机的基础，但其自身已退出汽车驱动电机的行列。在这一单元内，重点引导学生通过思考直流电机在汽车领域的兴与"衰"，辩证看待事物的两面性，提高辩证思维能力。

教学单元四为永磁直流无刷电机的驱动原理与控制技术的理实一体化教学内容。在思政方面，指导学生自己动手拆解无刷电机，进行技术探秘，引导学生思考为什么无刷电机一开始没发展起来，又是哪些技术的进步促进了无刷电机技术的成熟，使学生理解"不积跬步，无以至千里"，明白技术积累的重要性和必要性。

教学单元五为交流异步电机的驱动原理与控制技术的理实一体化教学内容。引导学生正视我国在电机控制器、驱动电机的机电集成水平等方面与国外的差距，引入大洋电机的企业发展案例，激发学生的技术报国情怀。

教学单元六为永磁同步电机的驱动原理与控制技术的理实一体化教学内容。分析我国在永磁同步电机领域的资源与技术优势，引入我国永磁同步电机学科创始人唐任远院士的人物事迹，让学生认识到我国坚持自主创新，发展新能源汽车，从汽车大国迈向汽车强国、实现弯道超车的战略举措的前瞻性和必然性。

教学单元七为开关磁阻电机的驱动原理与控制技术的理实一体化教学内容。开关磁阻电机作为一种新型的驱动电机，具有广阔的应用前景，发展之路任重道远。通过为学生讲解开关磁阻电机的国家标准，树立学生的标准意识和规范意识。

三、课程思政教学案例

教学案例一 从"缺芯少核"到"强芯硬核"——国产 IGBT 的突围之路

（一）教学任务

教学单元二"基础知识"之任务 2.3：电力电子技术基础知识。

（二）课程思政教学设计

本次教学任务是介绍电机控制器中常用的电力电子变换电路以及常见的功率器件，在介绍 IGBT 的原理与应用时引入课程思政案例。

IGBT 是一种电动汽车驱动电机控制器中常用的功率器件，是汽车电控的核心。一辆纯电动汽车需要数百个 IGBT 模块，其成本占整车成本的近 10%。IGBT 模块和芯片设计门槛高，制造技术难，资金投入大，一直被称为新能源汽车核心技术的"珠穆朗玛峰"。相当长一段时间内，我国企业都没有掌握最先进的车规级 IGBT 技术。最初，我国在 IGBT 芯片方面 90% 以上依靠进口，IGBT 市场一直被以日本和欧洲国家为首的国外厂商垄断，中国企业在国际市场上毫无话语权。中高端 IGBT 的"一芯难求"使电力电子装备关键器件供货存在潜在风险，制约了我国新能源汽车产业大规模商业化的发展。

以比亚迪为代表的民族企业有感于受制于人的困境，立志研发我国自己的车规级 IGBT。2005 年，比亚迪组建了 IGBT 研发团队，正式布局 IGBT 产业。2009 年 9 月，第一代 IGBT 芯片研发成功，成功通过中国电器工业协会电力电子分会组织的科技成果鉴定。IGBT1.0 的发布，标志着中国在 IGBT 芯片技术上实现零的突破。2018 年，比亚迪发布了达到国际一流水准的车规级 IGBT4.0（图 2），打破了国外专利和技术封锁，同时也成为了国内唯一一家拥有 IGBT 完整产业链并量产的车企。2021 年比亚迪推出了 IGBT6.0 芯片，成功进入高端汽车芯片领域。正是由于有比亚迪这样坚持自主创新的民族企业，研发具有自主知识产权的 IGBT 产品，打破欧洲国家和日本对 IGBT 的技术垄断，中国已逐步实现和欧洲国家、日本三分新能源汽车市场。正是有了 IGBT4.0、IGBT6.0 这样的"中国芯"做后盾，我国的新能源汽车产业才能加速逆袭。

这个案例展现了以比亚迪为代表的民族企业坚持进行技术自主研发的创新

图 2　比亚迪 IGBT4.0 在电动汽车上的应用

意识和持之以恒的精神，不寻求捷径，近 20 年耗资超 10 亿元投入"卡脖子"技术的研发，从"缺芯少核"到"强芯硬核"，实现了核心技术和产业安全不受制于人的全新局面。通过讲述该案例，使学生明白暂时的落后不可怕，只要有信念、敢坚持，不怕困难，厚积薄发，就可以积跬步而至千里，实现技术突破与超越，从而激发学生的科技强国信念。

（三）教学实施

1. 教学目标

（1）价值目标：通过了解以比亚迪为代表的民族企业潜心研发国产车规级 IGBT 的历程，激发技术自信、民族自豪感，树立科技强国的信念与使命感。通过常用电力电子器件的认知与测试实训，培养谨慎、细致、协作的精神。

（2）知识目标：了解我国 IGBT 技术的发展历程；掌握常见的功率器件的原理与应用，以及电动汽车驱动电机控制器中常用的几种电力电子变换电路的组成结构与工作原理。

（3）能力目标：能熟练认知两种常用电力电子器件[IGBT 和 MOSFET（Metal-oxide-semiconductor Field-effect Transistor，金氧半场效晶体管）]并掌握其检测方法，能利用两种器件的特性搭接实现特定功能的简单电路，在动手操作中培养理解、思考、分析问题的能力。

2. 教学方法

采用线上线下混合式教学，运用案例教学法、启发教学法等引导学生了解以比亚迪为代表的民族企业如何实现 IGBT 等功率元器件的技术突围。运用小组教学法、问题教学法，设计自主学习型实训单，引导学生进行探究式实训学习与操作，培养学生分析问题、解决问题的能力，以及谨慎、细致、协作的工匠精神。

3. 教学过程

第一步：任务导入——提出问题。

课前在课程网络学习平台上传学习资料，发布预习任务，让学生初步了解常用的功率器件有哪些，它们为什么被称为功率器件；其与普通电子元器件有什么区别，有什么用处。

第二步：案例探究——小组讨论。

给每个小组分发一个功率器件电路展示板，带领学生认识 IGBT、MOSFET、功率三极管、晶闸管等，布置任务，让学生自己查资料，了解功率器件的型号和主要参数，然后以学习小组为单位讨论并探究各功率器件在电路中的作用，课堂上使用的 IGBT 是国产的还是进口的，我国的中高端 IGBT 制造商有哪些。

第三步：教师讲评——思政点睛。

针对讨论结果，教师进行集中讲解，介绍几种常用类型的功率器件的工作原理、特性与应用场景。重点讲解我国 IGBT 的技术发展史和产业现状，利用教师走访比亚迪的照片，引出比亚迪 IGBT 的技术突围之路，强调该公司作为"国之重器、大国脊梁"的担当和创新精神。

思政点睛：我国 IGBT 技术起步较晚，很长一段时间内生产不了车规级 IGBT。中高端 IGBT 的核心技术被英飞凌等欧洲国家的企业以及三菱电机、富士电机等日本企业把持在手中，且这些国家的企业对我国实行核心技术封锁。我国 IGBT 长期依赖进口，国内约 90% 的市场被海外巨头控制，这对我国大规模发展新能源汽车产业是潜在的风险。以比亚迪为代表的民族企业不畏困难,立志开发我们自己的 IGBT 技术,10 余年坚持自主创新,成功制造出车规级 IGBT,打破国际巨头技术垄断。我们要清醒地认识到,只有拥有自己的知识产权与核心技术,才能够不受制于人。

价值引领:作为新能源汽车技术专业的学生,从比亚迪坚持研发中国自己的 IGBT 的奋斗历程中能学习到什么?引导学生在以后的学习和工作中坚持奋斗不止、坚持自主创新、不畏困难、脚踏实地、团结协作、从易到难,逐渐掌握课程知识与技能。

第四步:聚焦任务——知行合一。

理论讲解:介绍功率器件组成的电力电子变换电路的构成与原理,及其在电机控制器中的使用情况。

动手实践:发布自主学习型实训单,学生按小组根据实训单指引对具体型号的 IGBT 和 MOSFET 进行认知和静态测试,并搭建简单电路进行动态测试,全面了解功率管的工作特性。在这个过程中充分发挥学生的主观能动性,引导学生注意协作学习,互相帮助完成任务。实训教学真正实现了以学生为主体、以教师为辅的教学理念。

总结升华:总结常用功率器件、电力电子变换电路的工作原理与特性,使学生体验学习获得感。经过实践,学生掌握常用功率器件的静态与动态测试方法,能利用其特性搭接实现特定功能的简单电路,树立自主钻研、逻辑严谨的科学精神和精益求精、安全规范的工匠精神。

第五步:课后作业——巩固提升。

教师课后在网络教学平台布置理论作业,要求以考试的形式限时完成,检验学生的学习效果;布置实践任务,让学生自主认知 DC-DC 模块(常用电力电子变换电路之一),搭接电路并进行升压、降压、稳压以及极限试验,使学生了解 DC-DC 模块的工作原理与作用,锻炼学生的知识迁移与运用能力、动手能力以及协作能力。另外,布置拓展任务:查阅比亚迪 IGBT 的最新技术并总结其优势。根据学生的完成情况可给予适当的平时成绩加分,让学生进一步认识到自主创新永无止境。

4. 教学资源

（1）基本教学资源：比亚迪 IGBT 研发的技术路径与发展历程的影音、图文资料，国外 IGBT 技术发展情况图文资料，教师走访企业的图片；网络教学平台微课视频与演示动画；本次课教案、本次课教学课件、自主学习型实训单、自主学习型理论作业等。

（2）拓展教学资源：比亚迪最新的 IGBT 技术与英飞凌、三菱电机等企业 IGBT 技术对比的资料，几种不同类型 MOSFET 器件的原理视频，电力电子技术基础知识教学材料（融入思政案例的教学微课）等。

（四）教学评价

评价采用显隐结合的方式，以知识、能力、价值构建三位一体评价目标体系，从课前、课中、课后构建全流程评价体系。

1. 显性评价方式

在线上教学平台布置课前测试、课后作业，重点考核学生对知识点的掌握与理解；课中侧重以教学任务完成的情况进行实践能力的考核，小组互评与教师评价结合。本次任务的考核重点为功率器件（尤其是 IGBT、MOSFET）的原理、特性与测试方法，电力电子变换电路（尤其是 DC-DC，DC-AC）的结构、原理与作用。依据课程目标开发"工匠精神发展测评"工具，对学生的价值精神体认进行记录。本次课进行问卷调查，后续课会持续跟踪，最终形成学生态度发展轨迹报告。

2. 隐性评价方式

根据学生对国内外多家电机核心器件制造企业的认知，观察学生对于国产企业通过自主创新掌握核心器件关键技术的认识和态度，评价学生通过本次课学习在思想意识上潜移默化的改变和收获。

（五）创新与反思

结合课程教学项目，融入与课程息息相关的技术话题，不仅能拓展学生的专业视野，而且能激发学生的民族自信与爱国情怀。通过任务驱动教学法，强化学生对知识的理解运用，开发自主学习型实训单，让学生成为学习的主体，在动手实践中感受自主学习的快乐，做到知行合一，将价值塑造与知识传授、能力培养有机统一。

在功率器件认知与测试的实训过程中，学生要注重条理性，做到细致认真，贯穿工匠精神。本教学任务是为课程后续开展高阶任务打下基础的教学内容，理论性较强，可能导致学生的注意力难以长时间集中，后续教师要调整实践环节的分布与时长，与理论内容穿插进行，确保学生的学习效果。

教学案例二　从最好到更好——我国永磁同步电机的技术进阶之路

（一）教学任务

教学单元六"永磁同步电机及控制技术"之任务6.1：永磁同步电机结构与工作原理。

（二）课程思政教学设计

本次教学任务是介绍永磁同步电机的结构与工作原理，在介绍我国永磁同步电机技术发展情况时引入课程思政案例。

与异步电机相比，永磁同步电机具有很多明显的优势，比如功率因数高、驱动能力指标好、能量转换效率高、能耗低、体积小、重量轻、温升低等，同时可以较好地提高电网的品质因素，充分发挥现有电网的容量，节省电网的投资。

我国超过90%的新能源汽车搭载永磁同步电机，而欧美新能源车企多采用大体积、大重量、综合能效也不够高的异步电机，其主要原因是稀土资源（如钕、铁、硼）稀缺导致电机成本上升，同时担心进口原材料可能导致的供应链问题。我国拥有的易开采稀土资源占全球稀土资源的70%以上，在发展永磁同步电机方面占据得天独厚的资源优势，因此制造成本不是我国永磁同步电机的制约因素，反而成为优势之一。

在技术发展层面，唐任远院士是我国稀土永磁电机领域的奠基者和开拓者。1979年，他带领团队成功研制我国第一台稀土永磁电机。他创建了稀土永磁电机理论研究体系和开发技术，在防失磁和永磁磁路设计等关键技术上有重大突破。正是因为有唐任远院士这样的科学家坚持不懈，攻坚克难，我国永磁同步电机的技术才能不断进步，拥有广阔的发展空间和应用领域。

在《节能与新能源汽车产业发展规划（2012—2020年）》和《中国制造2025》的指导下，我国新能源汽车产销规模不断扩大，作为核心零部件和关键上游产业，电机产品实现了突破性增长。我国自主开发的永磁同步电机已经实现了产业配套，系列化产品的功率范围满足了200kW以下新能源汽车用电机动力需求，系列化和市场应用程度走在世界前列。随着电力电子技术、大规模集成电路和计算机技术的快速发展，永磁同步驱动电机将迎来一个更加快速发展的时期，朝着高功率密度、高转矩密度、高可控性、高效率、高性能、高价格比等方向发展，以满足新能源汽车不同应用场景的实际需求。但永磁同步电机也存在退磁现象、控制技术等方面的难题，需要电机行业企业与从业人员不断地进行研究与攻克。

这个案例展现了我国电机行业企业结合国情，合理利用资源优势发展永磁同步电机技术，坚持自主创新，不断追求卓越。驱动电机是新能源汽车的核心部件，我国永磁同步电机技术的不断进步为新能源汽车产业的发展提供了强大助力，我国永磁同步电机的关键指标与新能源汽车的整体水平均处在世界前列，这些都能激发学生的民族自豪感。

（三）教学实施

1. 教学目标

（1）价值目标：通过了解我国永磁同步电机技术的发展历程与现状趋势，激发技术自信、民族自豪感，树立科技强国的信念与使命感。通过了解以唐任远院士为代表的科学家努力钻研稀土永磁电机关键技术的故事，培养不畏困难、脚踏实地、精益求精的精神。

（2）知识目标：了解我国永磁同步电机技术的发展历程与现状趋势，掌握永磁同步电机的结构与工作原理，理解永磁同步电动机的电枢反应、功率关系、功角特性等概念。

（3）能力目标：能对照永磁同步电机的实物认知电机的各组成部分，理解定转子磁场与合成磁场的关系；能够总结对比国内外永磁同步电机技术的发展情况，并能总结我国新能源汽车多搭载永磁同步电机的原因，培养自主学习、分析归纳、辩证思维等能力。

2. 教学方法

采用线上线下混合式教学，运用讲授法、启发教学法、问题教学法等，引导学生思考我国稀土永磁电机技术如何在起步较晚的情况下后来居上，培养学生查阅资料、自主学习、归纳总结的能力。

3. 教学过程

第一步：任务导入——提出问题。

课前在课程网络学习平台上传学习资料，发布预习任务，让学生了解我国新能源汽车绝大多数搭载的是何种类型的驱动电机，尝试分析这种情况的可能原因是什么，我国的永磁同步电机技术与国外相比处于什么位置。

第二步：聚焦任务——知行合一。

理论讲解：教师结合动画、视频等资源对永磁同步电机的基本结构和工作原理进行讲解。

结构认知：对照永磁同步电机解剖件，让学生自行认知各组成部分，并与异步电机的结构进行对比，找出异同。

第三步：启发探究——思政融入。

讨论汇报：在课前问题的基础上，教师深化问题，布置任务，让学生以小组为单位自行查阅资料并总结答案，然后各小组汇报国内外永磁同步电机技术的发展对比、我国永磁同步电机领域的资源与技术优势，以及我国新能源汽车多搭载永磁同步电机的原因。

思政融入：针对讨论结果，教师进行集中讲解。虽然我国永磁同步电机技术起步较晚（2000 年前后），但现在我国永磁同步电机的关键性能指标已跻身世界第一梯队，助力我国新能源汽车产业的蓬勃发展。这得益于国家政策支持、稀土资源优势，以及以唐任远院士为代表的科学家与工程技术人员不懈的努力与自主创新。虽然我国永磁同步电机的技术已算先进，但要让我国在新能源汽车领域实现弯道超车，跻身世界汽车强国之列，永磁同步电机的技术需要持续更新、发展。作为将来的新能源汽车产业从业者，学生要坚定科技报国的信念，将自主创新、持之以恒的精神继承下来，传承下去，发扬光大。

总结升华：总结永磁同步电机的结构、原理与特性，使学生体验学习获得感。经过探究学习，学生了解我国永磁同步电机技术的发展历程与优势，学会搜集资料、信息检索的方法，学会总结归纳、分析问题。在树立技术自信的同时，要抱定坚持进行自主创新的信念，为我国新能源汽车产业的持续发展贡献力量。

第四步：课后作业——巩固提升。

教师课后在网络教学平台布置理论作业，要求以考试的形式限时完成，检验学生的学习效果；布置拓展任务：分析永磁同步电机与永磁直流无刷电机、交流异步电机在结构、组成以及工作原理方面分别有什么异同（需要图文并茂）。

4. 教学资源

（1）基本教学资源：我国永磁同步电机技术发展历程与现状的影音、图文资料，国外永磁同步电机技术发展情况图文资料，典型人物事迹的资料；网络教学平台微课视频与演示动画；本次课教案、本次课教学课件、自主学习型理论作业等。

（2）拓展教学资源：永磁同步电机控制器的拆装与检测的相关微课、特斯拉加入永磁同步电机阵营的视频和关于永磁同步电机结构与工作原理的教学材料（融入思政案例的教学微课）等。

（四）教学评价

评价采用显隐结合的方式，以知识、能力、价值构建三位一体评价目标体系，从课前、课中、课后构建全流程评价体系。

1. 显性评价方式

在线上教学平台布置课前测试、课后作业，重点考核学生对知识点的掌握与理解；课中侧重以教学任务完成的情况进行学生自主学习能力的考核，小组互评与教师评价结合。本次任务的考核重点为国内外永磁同步电机的技术对比、我国永磁同步电机领域的资源与技术优势，以及我国新能源汽车多搭载永磁同步电机的原因。依据课程目标开发"工匠精神发展测评"工具，对学生的价值精神体认进行记录。

2. 隐性评价方式

根据学生对国内外永磁同步电机主流技术与关键性能指标的认知，观察学生对于我国永磁同步电机关键技术不断取得突破的认识和态度，评价学生通过本次课学习在思想意识上潜移默化的改变和收获。

（五）创新与反思

思政素材与教学内容契合度高，能有效激发学生的技术自信心、民族自豪感和坚持自主创新的意识，思政教育做到润物无声、如盐在水。本课程以启发探究的方法，培养学生自主查阅资料、搜集信息、总结归纳、分析问题的能力，让学生成为学习的主体，感受自主学习的快乐，做到知行合一，将价值塑造与知识传授、能力培养有机统一。

本次教学任务以理论教学为主，可通过控制学生进行自主学习的时长来调整教学进度。由于接下来的教学任务涉及永磁同步电机的矢量控制原理，较为抽象，不易理解，因此可以在本次教学任务中适量进行矢量等相关概念的铺垫，确保下次教学任务的顺利开展和教学效果。

四、选用教材与参考资料

（一）选用教材

朱小春, 贺萍. 驱动电机及控制技术 [M].2 版 . 北京: 清华大学出版社, 2021.

（二）参考资料

1.「芯历史」估值 300 亿元的比亚迪半导体，如何助力国产 IGBT 打破垄断？

https://baijiahao.baidu.com/s?id=1679872324829211823&wfr=spider&for=pc

2. 国产主流电动汽车电机盘点：永磁同步 VS 交流异步

https://www.jishulink.com/post/1832316

3. 新能源汽车永磁同步驱动电机的技术发展现状与趋势

https://mp.weixin.qq.com/s?__biz=MjM5NTk1NzY4NA==&mid=2658177519&idx=8&sn=4038e5a8cbd98c2cf2f79b2dcee0530f&chksm=bd74af348a0326228c3b43c27edd772c03c645480b9206f4b46de02f1930e4838ede43cde9ae&scene=27

案例编写人：宋鹤然（汽车与交通学院）

"电动汽车综合性能检测与评价"课程思政教学案例

一、课程定位

本课程是新能源汽车技术专业的一门专业核心课程，旨在培养学生面向电动汽车整车企业产品综合性能测试岗位所需要的整车综合性能检测与评价的职业能力、职业素养和创新能力，为学生进入电动汽车整车企业进行新车定型相关的性能检测工作奠定坚实基础。

二、课程思政整体设计思路

（一）课程思政整体设计理念

新能源汽车技术专业坚持职业教育产教融合的办学特色和为深圳经济社会发展服务的定位，确立新时代新能源汽车装备制造人才的培养模式，为新能源汽车领域输送关键人才。"电动汽车综合性能检测与评价"课程重点培养学生掌握电动汽车各项性能的基本知识、理解电动汽车各项性能的影响因素、熟悉电动汽车各项性能评价的参数指标以及检测的内容与方法；能够依据国家电动汽车的检测标准，应用电动汽车整车的各项性能检测设备对电动汽车进行性能测试、数据记录以及数据分析，具备电动汽车整车企业产品综合性能测试岗位所需要的职业能力，提升专业认同感和职业使命感；能够科学运用创新思维分析问题，理解"优秀民族新能源检测车型及创新科技元素"，从而树立民族汽车产业自信，以及制造强国、交通强国的理想信念。

本课程将中国汽车产业的"弯道超车"精神与电动汽车的"新科技"创新发展紧密结合，形成创新实践引领、制造质量铸魂的课程思政育人模式；围绕"讲述民族车型故事，弘扬质量创新精神"主线实施价值塑造，着力从中国检测、中国标准、中国高性能车中挖掘思政元素，凝练成以"交通强国之理想信念、精益求精之工匠精神、守正创新之开拓意识"为核心的课程思政建设目标。

课程以任务为驱动，采用"教、学、做合一"的教学设计，融入企业真实案例和学科发展大事件，丰富育人载体，优化教学内容，培养学生善于实践、勇于探索的创新意识，塑造学生精益求精、追求卓越的职业精神，增强理想信念，厚植交通强国、汽车报国之志。

（二）课程思政整体设计框架

本课程基于绿色发展、高质量发展的党的二十大精神，聚焦新能源汽车检测技术领域，以职业能力为起点，以检测项目为载体，从课程的知识、能力和价值三位一体的教学目标出发，立足价值目标核心，确立"讲述民族车型故事，弘扬质量创新精神"一条主线，挖掘课程思政教育切入点，依托"民族车企、民族车型、中国标准、中国质量"等思政素材展开案例设计，将课程内容分解为八个分别对应若干实践任务和知识技能点的项目，针对每一个项目进行思政素材与教学内容的整合优化，形成以价值塑造为内涵、以实践任务为骨架、以知识技能点为内容的"电动汽车综合性能检测与评价"项目化课程体系（图1）。

项目一是课程基础知识导入部分，主要传授汽车检测领域的基本概念与原理，在这一部分融入中国新能源汽车产业"弯道超车"及民族车企科技创新的发展史，结合"中国检测"的案例，激发学生对民族新能源汽车产业整体的认同感和自豪感，引导学生关注产业中的"中国检测、中国标准、中国质量"；接下来的项目二至项目八主要聚焦整车性能的检测与评价方法，每个项目都依据国家的相关检测标准以及依托比亚迪公司的实际测试项目来实施教学，并进行较为复杂的实际检测操作。整个课程培养学生精益求精的检测实践能力，在教学过程中注重学思结合、知行合一，使学生形成逻辑严谨、耐心细致、团结协作、精益求精的职业素养和工匠精神。同时，在每一项目的整车性能检测与评价部分对应介绍展示优秀民族新能源车型性能和自主研发的检测标准，激发

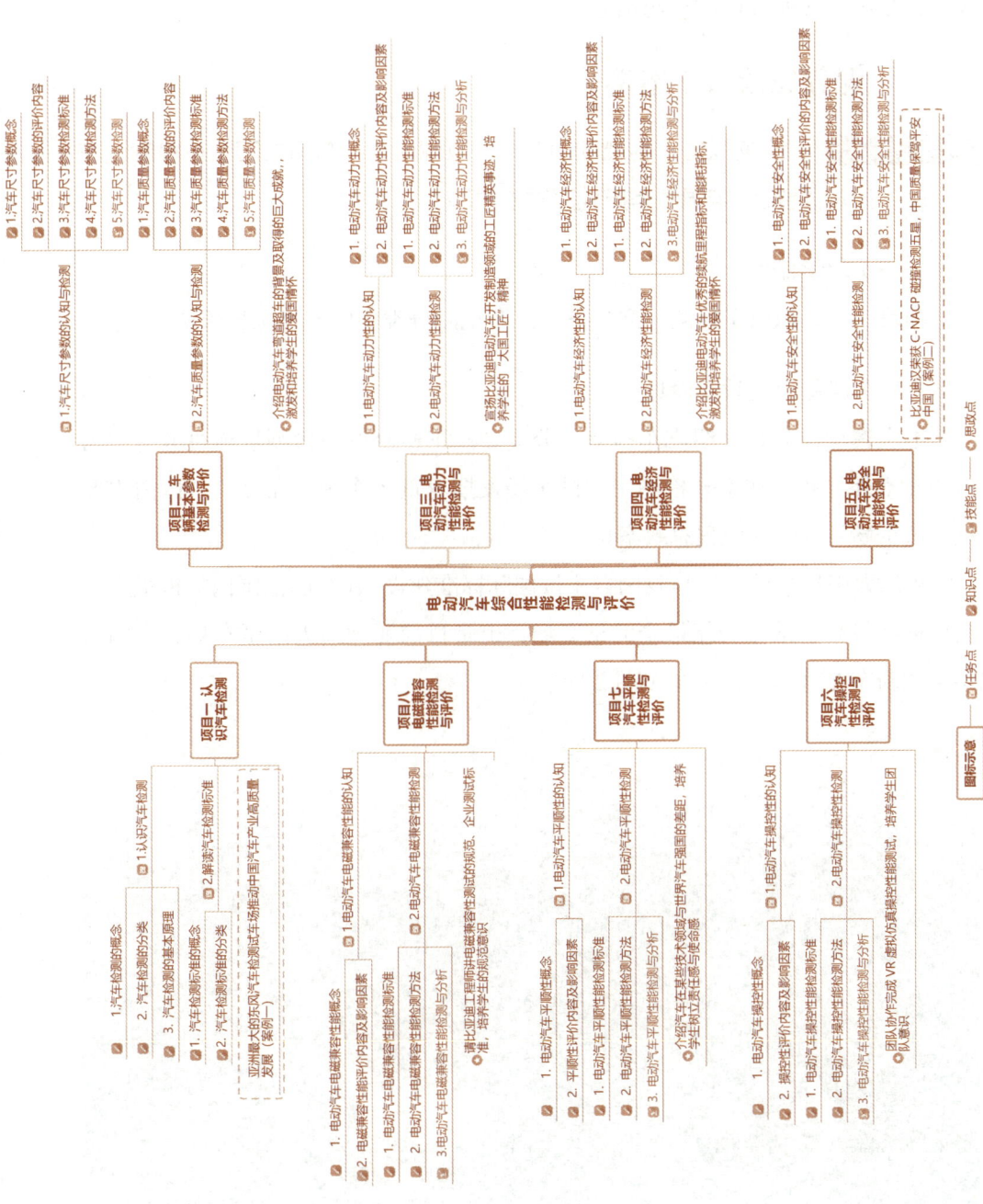

图 1 "电动汽车综合性能检测与评价"基于课程思政的教学内容设计

学生对国家新能源汽车产业的信心和热爱，使学生树立民族汽车产业自信，以及制造强国、交通强国的理想信念。

三、课程思政教学案例

教学案例一 "交通强国，检测助力"——亚洲最大的东风襄阳汽车检测试车场推动中国汽车产业高质量发展

（一）教学任务

项目一"认识汽车检测"之任务：汽车检测分类中的室外场地检测。

（二）课程思政教学设计

本次教学任务是介绍汽车检测的分类。汽车检测按照检测场地可分为室内检测和室外检测，在室外检测中，试车场发挥着重要作用。在介绍"国内主要汽车试车场"时引入课程思政案例。

东风襄阳检测试车场是我国自主按国际标准建设，在全国范围内规模最大、设计标准最高、试车功能最全的试车场，也是目前亚洲最大的试车场，全国有70%的新车在这里检测试车（图2）。

图2　东风襄阳检测试车场

东风襄阳检测试车场由创业的"二汽"（第二汽车制造厂）人在 1985 年自主筹建，他们在建设初期就确立了建成国际一流检测试车场的目标，建设前考察了英国及当时的西德境内的 7 个汽车试车场。在总结国际经验的基础上，他们克服技术上的重重困难，依照高标准自主创建，历经 38 年的发展积累，东风襄阳检测试车场始终保持着国内领先的行业地位。当前，东风襄阳检测试车场占地 3.67 平方公里，拥有 1 个汽车试车场和 17 个专业方向的试验室，业务范围遍布海内外 1200 余家整车及零部件生产企业，每年为大量自主品牌新车型进行定型测试，强大的测试能力推动中国汽车产业高质量发展。

这个案例源于自主汽车品牌——东风汽车，体现了自主汽车品牌自立自强的创新创业精神；同时，案例中的亚洲最大汽车试车场展现了"中国检测"的强大能力，广大的检测场地、先进的检测设备、一幅幅图片的展示激发学生对民族新能源汽车产业整体的认同感和自豪感。同时自主品牌的"中国检测"保证了"中国质量"，推动汽车产业高质量发展，助力实现交通强国的宏伟目标。

（三）教学实施

1. 教学目标

（1）价值目标：通过自主品牌汽车检测试车场与国外汽车检测试车场的对比，激发爱国热情、民族自豪感和学习的积极性；通过观看东风襄阳检测试车场的高水平汽车试验项目，树立检测强国、交通强国的奋斗精神。

（2）知识目标：认识汽车检测，掌握汽车检测的分类，理解汽车检测按照检测场地可分为室内检测和室外检测，在室外检测中汽车试车场对保证检测汽车质量发挥着重要作用。

（3）能力目标：学会在不同类别的汽车检测中确定汽车检测项目，识别相关检测设备的功用。

2. 教学方法

采用线上线下混合式教学，以任务驱动为核心，主要运用启发教学法、问题教学法和小组教学法，并辅以企业官网、动画及视频、案例等多种资源。

3. 教学过程

第一步：任务引入——提出问题。

给出汽车正在进行不同检测项目的图片。引导学生观察并思考：所看到的是什么？这些检测项目如何构成保证汽车质量的汽车试车场？是不是所有汽车试车场都是一样的？教师提供线上视频及图片资源。

第二步：案例探究——线上查阅。

对照不同检测项目的图片，带领学生认识不同检测项目的功能，从而进行一定的分类；布置任务，让学生在线上查找资料，然后在线上教学平台进行线上讨论，探究汽车检测的分类。

第三步：教师讲评——思政点睛。

针对讨论结果，教师进行集中讲解，展示汽车检测试车场的照片，并展示东风襄阳检测试车场的案例。讲解东风襄阳检测试车场的创立发展过程，结合东风襄阳检测试车场官网资料，介绍东风襄阳检测试车场的完备检测试验项目，重点介绍其如何实现中国检测的国际水准，并成为亚洲最大的检测试验场，服务国内外众多车型，保证汽车质量，实现交通强国。

思政点睛：汽车检测试验是保证汽车产业高质量发展的核心环节，直接影响汽车最终的性能和交通运输的安全，也是我国建设社会主义现代化产业体系的有机组成部分，是实现交通强国的重要支撑。

价值引领：作为新能源汽车技术专业的学生，从东风襄阳检测试车场的发展历程中能学习到什么？引导学生在以后的学习和工作中坚持继承和创新相结合，奋斗不止、团结协作，实现交通强国的目标。

第四步：聚焦任务——小组讨论总结。

小组讨论：教师在讲评后进行课堂分组，让学生分组讨论汽车检测试车场如何保证汽车质量，推动汽车产业高质量发展。在讨论前，让各组在组长的带领下，先利用VR（Virtunl Reality，虚拟现实）技术资源进行汽车检测虚拟试验，理解汽车检测项目的检测性能和质量保证，然后小组成员利用手机查找新车相关的检测项目，并讨论这些项目中有哪些是在汽车检测试车场完成的。讨论时，学生之间要注意协作学习，互相帮助完成任务。

总结升华：总结汽车检测试车场在汽车检测分类中的重要地位和汽车检测试车场测试项目对保证汽车质量的重要意义。同时，让学生总结学习感受，培养学生树立逻辑严谨、条理清晰的科学精神和精益求精、学无止境的学习精神。

第五步：课后作业——巩固提升。

课后布置拓展任务，提出问题：汽车检测试车场如何为新一代智能网联新能源汽车服务？引导学生思考汽车检测如何在新发展格局中进行技术创新和业务演进，锻炼学生的逻辑思维能力和运用新知识的能力。

4. 教学资源

（1）基本教学资源：东风襄阳检测试车场基本情况介绍、东风襄阳检测试车场图片、东风襄阳检测试车场展示和项目试验的相关视频；线上教学平台汽车检测动画、微课视频；本次课教案、本次课教学课件、作业及测验题目等。

（2）拓展教学资源：东风襄阳检测试车场发展历程资料、东风襄阳检测试车场与国外试车场之间的对比资料，汽车检测试车场的检测项目教学材料（融入思政案例的教学微课）等。

（四）教学评价

评价采用显隐结合的方式，以知识、能力、价值构建三位一体评价目标体系，从课前、课中、课后构建全流程评价体系。

1. 显性评价方式

在线上教学平台布置课前测试、课后作业，重点考核学生对知识点的掌握与理解；课中侧重以教学任务完成的情况进行实践能力的考核，小组互评与教师评价结合。本次任务的考核重点为汽车检测的分类、汽车室外检测、汽车检测试车场的基本情况、试车场的各种检测试验项目。依据课程目标开发"工匠精神发展测评"工具，对学生的价值精神体认进行记录。本次课进行问卷调查，后续课会持续跟踪，最终形成学生态度发展轨迹报告。

2. 隐性评价方式

根据学生对国内外多家汽车检测试车场的认知，观察学生对于中国自主品牌汽车检测试车场的认识和态度，评价学生通过本次课学习在思想意识上潜移默化的改变和收获。

（五）创新与反思

结合课程教学项目，融入与课程息息相关的检测新技术和新装备，不仅能有效拓展学生的专业视野，而且能激发学生的民族自信与爱国情怀。通过任务驱动教学法，强化学生对知识的理解运用，使学生在班级分组讨论和小组资料查找、对比实践中感受学习的快乐，做到理实结合，将价值塑造与知识传授、能力培养有机统一。

汽车检测试车场在汽车分类检测中发挥着巨大作用，在现代汽车产业体系中占有重要的地位。在强大的国力支持下，以东风襄阳检测试车场为代表的我国多个汽车检测试车场规模宏大、检测项目完备，但限于行业规则（试车场有众多涉及商业机密的新车型在进行测试，外人不能进入），无法带领学生现场感受学习。今后将考虑使用更多元的方式让学生有更多的直观学习机会，同时，积极探索和国内知名的汽车检测试车场合作建立校外学习基地的可能。

教学案例二 "中国标准，铸造中国质量"——比亚迪汉荣获C–NACP碰撞检测五星，中国质量保驾平安中国

（一）教学任务

项目四"电动汽车安全性能检测与评价"之任务：电动汽车安全性检测。

（二）课程思政教学设计

本次教学任务是掌握电动汽车安全性能检测国家标准和测试项目，熟悉不同项目的测试流程和判定依据，在讲述标准测试过程时引入课程思政案例。

电动汽车碰撞起火等安全事故近来不绝于耳，电动汽车碰撞的安全性已成为交通安全领域公众关注的焦点。同时，随着电动汽车的保有量不断增大，电动汽车碰撞的安全性对国家安全和社会稳定也具有重要意义。为了提高电动汽车设计制造质量、保障电动汽车的安全性，各国都会对电动汽车进行安全性测试，通过测试评价电动汽车的安全性，从而引导企业提高电动汽车的设计制造质量，保障电动汽车的碰撞安全。中国汽车技术研究中心在深入研究和分析国外新车评价规程的基础上，结合我国的汽车标准法规、道路交通实际情况和车

型特征，并进行广泛的国内外技术交流和实际试验，确定了C-NCAP（China-New Car Assessment Program，中国新车评价规程）。对比国际标准，中国标准不仅增加了偏置正面碰撞试验，还在两种正面碰撞试验中在第二排座椅放置假人，并且增加更为细致严格的测试项目，设计的技术要求也更加全面，从而引导国内汽车企业在汽车设计制造时，铸造高水平的中国质量，保障汽车碰撞安全，保驾平安中国。

对标中国标准，一批民族汽车品牌电动车例如比亚迪汉EV电动车开展高标准设计、高质量生产，在中国标准C-NCAP安全碰撞测试中荣获安全碰撞检测五星级，达到安全性的最高标准。在新能源汽车时代，中国标准C-NCAP保障了电动车的交通安全，实现了中国电动车坚持以人民安全为宗旨，夯实国家安全和社会稳定基础，促进了高质量发展、安全发展目标的实现。

（三）教学实施

1. 教学目标

（1）价值目标：通过学习电动汽车安全性能检测标准和测试项目，树立标准意识、质量意识、安全意识，具备电动汽车检测行业相应的职业素养，培养精益求精的工匠精神；树立民族自立自强自信的理念，明确理解国家高质量发展、安全发展的路径。

（2）知识目标：掌握电动汽车安全性能检测标准的主要测试项目，掌握中国标准C-NCAP的检测内容。

（3）能力目标：学会查看标准原文测试项目和要求，能够利用标准整理出测试工作流程。

2. 教学方法

采用线上线下混合式教学，以任务驱动为核心，主要运用启发教学法、课堂练习法和小组教学法，并辅以标准原文、技术解析、应用案例等多种资料。

3. 教学过程

第一步：任务引入——提出问题。

通过特斯拉碰撞起火导致安全问题的新闻报道进行任务导入，提出问题：如何保证电动汽车碰撞不起火？引导学生思考，保障电动汽车安全可以从哪些方面着手,从而提出标准引领质量的概念。

第二步:案例分享——思政融入。

交流分享:请学生讨论交流,查找身边各类标准应用的场景并简单分享。教师提示其中与安全性相关的标准的重要意义。

思政融入:导入案例表明电动汽车碰撞的安全性已成为交通安全领域公众关注的焦点。同时,随着电动汽车的保有量不断增大,电动汽车碰撞的安全性对国家安全和社会稳定也具有重要意义。在提高电动汽车设计制造质量、保障电动汽车的安全性方面,国家安全检测标准起到了重要作用。NCAP 是最早在美国开展,并已经在欧洲国家、日本等运行多年的汽车安全碰撞检测标准,NCAP 的测试公开、严格、客观,为消费者所关心,也成为汽车企业产品开发的重要规范,对提高汽车安全性能作用显著。但盲目照搬国外做法来建立中国的 NCAP 是缺乏科学分析基础和不切实际的,我们必须自立自信,建立中国的 NCAP 标准。经过努力,中国汽车技术研究中心成功建立中国标准 C-NCAP,成为国内汽车企业公认最为全面的汽车安全碰撞测试标准,试验能力和条件在国际上也获得同行认可。中国标准 C-NCAP 在新能源汽车时代保障了电动车的交通安全,保驾中国高质量发展、安全发展。

第三步:教师讲解——标准学习。

标准内容:学习电动汽车安全性测试的相关国家标准原文,重点学习中国标准 C-NCAP 的内容,理解 C-NCAP 确立了符合中国特点的车辆碰撞安全性能评价体系,在政府管理和法规实施的基础上,引导和鼓励企业提高汽车产品安全技术水平。

第四步:聚焦任务——小组讨论总结。

小组讨论:教师在讲解后进行课堂分组,让学生分组讨论汽车安全性检测如何保证汽车质量,推动汽车产业质量发展。在讨论前,让各组在组长的带领下,先观看视频资源,即比亚迪汉 EV 的 C-NCAP 汽车碰撞检测试验,然后小组成员利用手机查找比亚迪汉 EV 的相关技术资料,并讨论这些技术是如何保证比亚迪汉 EV 在 C-NACP 测试中获得五星级标准的。讨论时,学生之间要注意协作学习,互相帮助完成任务。

总结升华：总结汽车安全性检测试验对保障汽车安全的重要作用以及比亚迪汉 EV 保障 C-NCAP 汽车碰撞检测试验五星级成绩的各种技术。同时，让学生总结学习感受，培养学生理论联系实际的能力，关注中国车企研发的典型车型。

第五步：课后作业——巩固提升。

课后布置拓展任务，查找其他车型通过中国 C-NCAP 安全碰撞检测试验的案例，引导学生关注不同品牌车型为提升安全性而采用的各种创新技术，锻炼学生的逻辑思维能力和运用新知识的能力，进一步检验和巩固学习效果。

4. 教学资源

（1）基本教学资源：电动汽车安全性检测相关国家标准，C-NACP 标准的建立、演进历程资料以及测试内容和测试案例；特斯拉安全事故案例、比亚迪汉 EV 案例；教学平台微课视频；本次课教案、本次课教学课件、作业及测验题目；试验设备及其介绍等。

（2）拓展教学资源：国家标准化管理委员会网站资料、特色微课："C-NACP 测试标准和项目"（融入思政案例的教学微课）。

（四）教学评价

评价采用显隐结合的方式，以知识、能力、价值构建三位一体评价目标体系，从课前、课中、课后构建全流程评价体系。

1. 显性评价方式

在线上教学平台布置课前测试、课后作业，重点考核学生对知识点的掌握与理解；课中侧重以教学任务完成的情况进行实践能力的考核，小组互评与教师评价结合。本次任务的考核重点为安全性标准测试项目及其判定依据。进行"工匠精神发展测评"，对学生的价值精神体认进行跟踪记录。

2. 隐性评价方式

根据学生对如何保证"中国质量"的思考等，观察学生对中国标准 C-NACP 的认识程度，评价学生通过本次课学习在思想意识上潜移默化的改变和收获。

（五）创新与反思

思政案例的价值目标与党的二十大精神相结合，培养学生理解高质量发展的内涵和中国式现代化的发展路径，同时在教学全程中注重激发学生的爱国热情和学习精神。通过任务驱动教学法，强化学生对知识的理解运用，使学生在班级分组讨论和小组资料查找、对比实践中感受学习的快乐，将价值塑造与知识传授、能力培养有机统一。

汽车安全性测试项目有一定危险性，考虑到安全，有些项目以学生观摩为主。今后将考虑使用更多元的方式让学生有更多的直观学习机会，积极探索实现所有汽车安全性项目虚拟实训的可能。

四、选用教材与参考资料

（一）选用教材

潘浩，张强. 电动汽车整车性能检测与评价 [M]. 北京：北京理工大学出版社，2021.

（二）参考资料

1. 潘浩，张强. 汽车使用性能评价与选购 [M]. 北京：机械工业出版社，2017.

2. 党的二十大报告（深圳职业技术大学内部学习文档）

3. 东风襄阳试车场

https://baike.so.com/doc/1823178-1928235.html

4. 中国企业为世界定标准　彰显中国自信

https://www.sohu.com/a/199650610_99915714

5. C-NCAP

https://www.58che.com/terms/dic_102.html

6. 比亚迪官网

https://www.bydglobal.com/cn/index.html

案例编写人：潘浩　张强（汽车与交通学院）

"嵌入式实时操作系统"
课程思政教学案例

一、课程定位

本课程是电子信息工程技术专业的一门专业拓展课程，主要面向嵌入式系统工程师、嵌入式软件工程师等职业岗位，旨在培养学生爱岗敬业、勇于创新的劳动精神和精益求精的工匠精神，激发学生科技报国的家国情怀和使命担当，使学生掌握主流嵌入式实时操作系统的基本理论和工作原理，学会嵌入式系统编程思维方法，能够应用相关知识和技能解决综合性嵌入式系统问题，具备独立完成嵌入式系统设计、软硬件调试的职业能力和职业素养。

二、课程思政整体设计思路

（一）课程思政整体设计理念

电子信息工程技术专业坚持职业教育产教融合的办学特色，围绕粤港澳大湾区半导体与集成电路、智能终端、智能机器人等产业集群发展的人才需求，开展职业能力分析，归纳提炼基本、核心和拓展三层递进能力培养模型，重构课程内容，形成"岗课赛证"融合的专业课程体系。

电子信息工程技术专业教师党支部是"全国党建工作样板支部"，以党建引领专业建设，形成了新时代电子信息产业红"芯"人才培养模式，旨在为产业培养政治和业务双可靠的红"芯"人才。本课程以红"芯"人才培养模式为依托，按照深圳职业技术大学"六双并进"课程思政建设模式开发课程，贯穿以学生为中心的教育教学理念，紧紧围绕学生发展、学生学习和学习效果设计教学活动，坚持面向全体，照顾差别，分类施教，让每名学生都有所进步和发展。

（二）课程思政整体设计框架

本专业教师团队与龙芯中科技术股份有限公司、上海睿赛德电子科技有限公司等企业合作开发本门课程，聚焦半导体与集成电路、智能终端、智能机器人等产业交叉的智能硬件领域，对嵌入式软件开发工程师岗位能力要求进行分析，归纳提炼课程的价值、知识和能力的三维目标，以智能小车为教学载体，精选八个项目，每个项目分解为 2~5 个由简到繁的实践任务，每个项目的最后一个任务都是综合性任务。融入嵌入式边缘计算软硬件开发职业技能等级"1+X"证书（中级）的职业技能等级标准，把证书考核成绩兑换为课程考试成绩，实现课证融合。

本课程从价值、知识和能力三位一体的教学目标出发，立足价值目标核心，构建"一个中心，六大循环"模型，深入挖掘课程思政教育切入点。其中一个中心是指以学生为中心，紧紧围绕学生发展、学生学习和学习效果开展教育教学活动；六大循环是指围绕青春寄语、自主可控、朋辈合作、师生共长、勇闯敢创和工匠精神六个主题设计思政素材案例。本课程针对每一个项目进行思政素材与教学内容的整合优化，形成以价值塑造为精神内涵、以知识技能迁移为实践内涵的育人和育才相统一的课程教学内容体系，如图 1 所示。最终形成实践教学与课程思政有机结合的"双线互构，双向提升"教学模式。

三、课程思政教学案例

教学案例一 自主可控是必由之路——正确看待操作系统"卡脖子"事件，激发民族自信

（一）教学任务

项目二"智能小车声光系统设计"之任务 1：智能小车双闪灯控制。

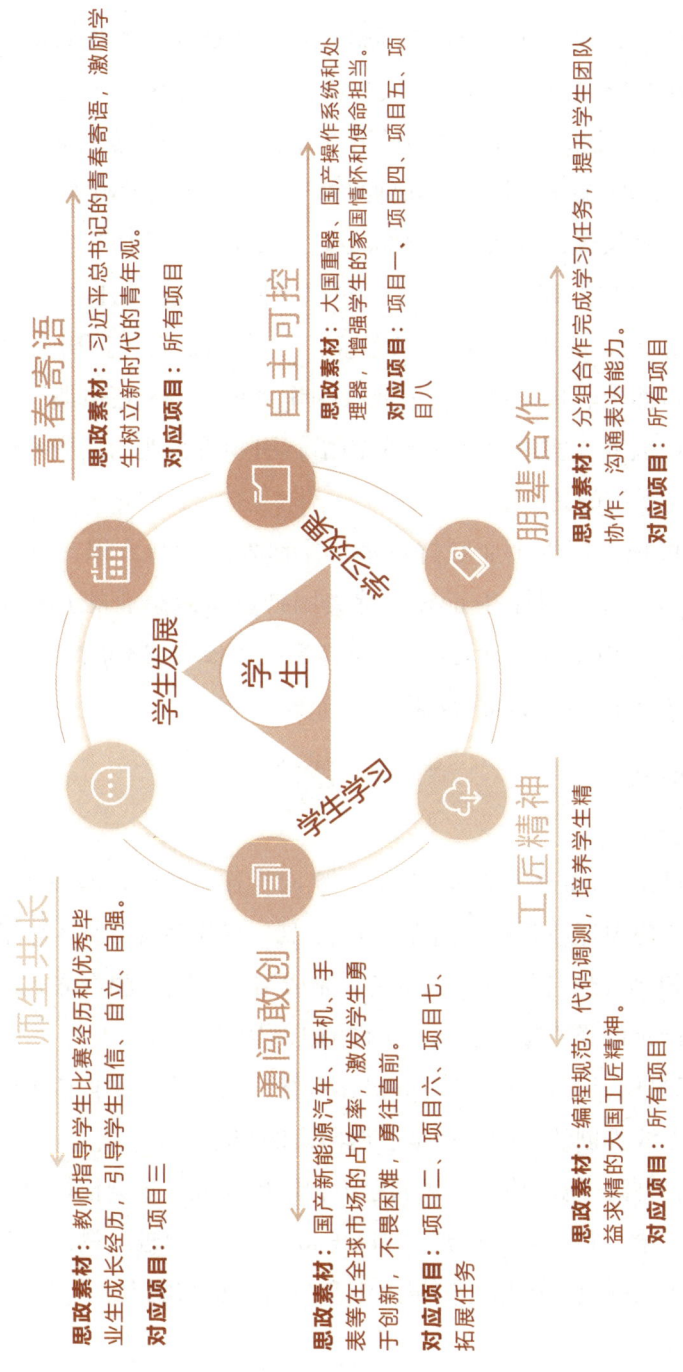

图 1 "嵌入式实时操作系统"基于课程思政的教学内容设计

（二）课程思政教学设计

本次教学任务是完成基于 RT-Thread 国产嵌入式实时操作系统的智能小车双闪灯控制，在介绍"什么是嵌入式实时操作系统"时引入课程思政案例。

RT-Thread 是一款完全由国内团队开发维护的集实时操作系统（Real Time Operating System，RTOS）内核与中间件组件于一体，中间件组件包括文件系统、网络框架、设备框架等，该系统具备低功耗、安全、通信协议支持和云端连接等能力，且较为完整，具有完全的自主知识产权。当前，RT-Thread 的装机量已经超过了 15 亿台，应用范围涵盖了车载、工业、航天、消费电子等众多行业领域，成为了市面上装机量最大的嵌入式操作系统之一，还击溃了很多国外竞争对手，站在了嵌入式实时操作系统的前沿，引领着行业的发展方向，是国产嵌入式实时操作系统的骄傲。

这个案例展现了国内企业坚持技术自主研发的创新意识，可激发学生的民族自豪感，进一步引导学生正确看待美国针对中国企业的 EDA（Electronic Design Automation，电子设计自动化）、操作系统等核心技术的封锁，脚踏实地，厚积薄发，树立技术强国的远大理想信念。

（三）教学实施

1. 教学目标

（1）价值目标：通过了解国产嵌入式实时操作系统的发展现状，树立民族自豪感，同时正确辩证地看待我国在 EDA 工具、操作系统等技术中的不足，树立科技报国的担当。通过使用开发环境，完成第一个基于国产嵌入式实时操作系统的程序设计，培养严谨、细致、协作的工匠精神。

（2）知识目标：了解 RT-Thread 操作系统发展历史，掌握嵌入式实时操作系统概念，掌握线程创建、函数参量、返回值的删除。

（3）能力目标：能以动态方式创建与删除单线程，学会使用 RT-Thread 编写第一段代码，学会将代码下载到 STM32F407 开发板上进行调试，观察程序运行情况，在动手实践过程中培养逻辑思维和分析与总结能力。

2. 教学方法

采用线上线下混合式教学，以任务驱动为核心，主要运用启发教学法、问题教学法和小组教学法，并辅以官方网站、视频资源、案例等多种资料。

3. 教学过程

第一步：任务引入——提出问题。

利用智能手机、汽车仪表盘等产品引出嵌入式实时操作系统在科技与生活中的重要性。引导学生观察并思考：国内外主流嵌入式实时操作系统有哪些？裸机与操作系统的区别是什么？

第二步：案例探究——小组讨论。

带领学生认识课程中使用的 RT-Thread，让学生先查找资料，然后以学习小组为单位讨论 RT-Thread 的发展历史、应用领域和未来发展方向。

第三步：教师讲解——思政点睛。

针对讨论结果，教师进行集中讲解，教师通过走访开发 RT-Thread 的公司，展示相关照片，向学生讲解该公司的创立发展过程，结合 RT-Thread 官网等资料，介绍 RT-Thread 的特点，并强调该公司的自主创新精神。

思政点睛：RT-Thread 站在了嵌入式实时操作系统的前沿，引领着行业的发展方向，是国产嵌入式实时操作系统的骄傲。目前，以美国为首的西方国家针对中国企业实施芯片、EDA、操作系统等核心技术的封锁。尽管我们面临了一定的困难，但像睿赛德这样的民族企业发挥了华夏儿女永不言败、自立自强的民族精神，更加坚定了我国自主研发的决心。我们清醒地认识到，只有拥有自己的知识产权与核心技术，才能够不受制于人。

价值引领：学生应该如何做好当下？怎样学好 RT-Thread、用好 RT-Thread？要壮大自主可控技术的使用范围。引导学生落脚到当下的教学任务，脚踏实地、一丝不苟、从易到难，逐渐掌握课程知识与技能，为今后科技报国打下坚实基础。

第四步：聚焦任务——知行合一。

动手实践：学生在教师的示范带领下，学会使用 RT-Thread 编写程序并下载到 STM32F407 芯片中，实现双闪灯控制。学生之间要注意协作学习，互相帮助完成任务。

总结升华：总结单片机的开发流程与调试基本手段，使学生体验学习获得感,掌握嵌入式实时操作系统开发技能,树立逻辑严谨、条理清晰的科学精神和精益求精的工匠精神。这是对工科学生的基本要求,也是学好课程的要求。

第五步:课后作业——巩固提升。

教师课后布置拓展任务。一是查阅 RT-Thread 官网,查找相关在线资料,拓展视野,为今后参加大赛、创新等做知识储备。二是控制 LED(Light-Emitting Diode,发光二极管)灯交替显示,提高动手能力和创新潜力。

4. 教学资源

(1)基本教学资源:RT-Thread 公司基本情况介绍、教师走访企业的图片、RT-Thread 产品图片及产品应用相关新闻和视频;线上教学平台全部微课视频;本次课教案、本次课教学课件、作业及测验题目等。

(2)拓展教学资源:RT-Thread 官网资料、特色微课"RT-Thread 实时操作系统发展之路"(融入思政案例的教学微课)等。

(四)教学评价

评价采用显隐结合的方式,以知识、能力、价值构建三位一体评价目标体系,从课前、课中、课后构建全流程评价体系。

1. 显性评价方式

在线上教学平台布置课前测试、课后作业,重点考核学生对知识点的掌握与理解;课中侧重以教学任务完成的情况进行实践能力的考核,小组互评与教师评价结合。

2. 隐性评价方式

对学生的编程规范度、作业整洁度、小组合作参与度进行评价,评价学生通过本次课学习在思想意识上潜移默化的改变和收获。

(五)创新与反思

结合课程教学项目,融入与课程息息相关的时事,不仅有效拓展学生的专业视野,而且激发学生的民族自信与爱国情怀。通过任务驱动、小组讨论等教学方法,强化学生对知识的理解和运用,使学生在动手实践中感受学习的快乐,做到知行合一,将价值塑造与知识传授、能力培养有机统一。

思政案例素材虽然引入了国产芯片、国产操作系统等自主可控技术,让国产技术走进课堂,但是还缺少对国产操作系统 RT-Thread 存在的不足的介绍。教师应鼓励学生发挥自身长处,补齐自身短板。

教学案例二　聆听习近平总书记的"青春寄语"——指引青年学生成长进步

(一)教学任务

项目四"智能泊车系统设计"之任务:消息队列应用。

(二)课程思政教学设计

本次教学任务是新建两个线程,一个线程用于发送消息,另一个线程用接收消息。在介绍"以什么作为消息内容"时引入课程思政案例。

2018 年 5 月,习近平总书记在北京大学师生座谈会上的讲话提到"追梦需要激情和理想,圆梦需要奋斗和奉献"。2019 年 4 月,习近平总书记在纪念五四运动 100 周年大会上的讲话提到"奋斗是青春最亮丽的底色"。指导学生以上述两句习近平总书记的经典青春寄语作为消息内容,进行消息发送和消息接收训练。以此指引青年学生不断刻苦学习、努力奋斗。

(三)教学实施

1. 教学目标

(1)价值目标:通过学习习近平总书记的青春寄语,树立正确的人生观,激励自己努力奋斗;通过编程实践,完成嵌入式系统消息队列程序设计,培养严谨、细致、协作的工匠精神。

(2)知识目标:了解消息队列的运作机制;掌握消息队列创建、删除、初始化,脱离消息队列函数的参量、返回值,发送、接收消息函数的参量、返回值。

(3)能力目标:能使用消息队列创建函数、删除函数,编写程序,实现蓝牙通信,观察程序运行情况,在动手实践过程中培养逻辑思维和分析与总结的能力。

2. 教学方法

采用线上线下混合式教学,以任务驱动为核心,主要运用启发教学法、问题教学法和小组教学法，并辅以官方网站、视频资源、案例等多种资料。

3. 教学过程

第一步：任务引入——提出问题。

教师演示示例功能，按下"KEY1"键，发送一条消息，在串口调试终端上显示"追梦需要激情和理想，圆梦需要奋斗和奉献"。引导学生思考并理解消息队列结构、消息发送操作函数功能、消息接收操作函数功能。

第二步：案例探究——小组讨论。

带领学生认识消息队列，让学生先查找资料，然后以学习小组为单位讨论并探究消息队列结构、消息队列操作函数功能及参量。

第三步：教师讲解——知识内化。

针对讨论结果，教师进行集中讲解，提问关于消息队列操作函数功能及参量的问题，观察学生是否能用自己的语言解释、表述所学的知识。

第四步：布置任务——思政点睛。

实训任务：新建两个线程，一个线程用于发送消息，另一个线程用接收消息。消息的内容为："奋斗是青春最亮丽的底色"和"追梦需要激情和理想，圆梦需要奋斗和奉献"。

思政点睛：思政案例与实训内容有机结合，把思政素材作为学生实训的内容，指导学生以习近平总书记的经典青春寄语作为消息内容，将思政元素潜移默化地融入实训环节，引导学生树立新时代的青年观，增强科技强国的家国情怀和使命担当。

第五步：聚焦任务——知行合一。

动手实践：学生在教师的示范带领下，学会使用消息队列、串口读写等技术，编写程序，实现串口调试终端上显示具有感染力的"青春寄语"。学生之间要注意协作学习，互相帮助完成任务。

总结升华：总结消息队列重难点，以及嵌入式系统的开发流程与调试基本手段，使学生体验学习获得感，树立逻辑严谨、条理清晰的科学精神和精益求精的工匠精神。这是对工科学生的基本要求，也是学好课程的要求。

第六步：课后作业——巩固提升。

教师课后布置拓展任务。一是运用紧急发送消息和发送消息功能，观察二者有什么不同，训练学生的逆向思维，拓宽学生视野，为学生今后参加大赛、创新等做知识储备，激发学生的动手能力和创新潜力。

4. 教学资源

（1）基本教学资源：习近平总书记关于青年的讲话的图文资料；线上教学平台全部微课视频；本次课教案、本次课教学课件、作业及测验题目等。

（2）拓展教学资源：OpenHarmony、FreeRTOS、UCOS 消息队列操作方法，特色微课"手机遥控车载屏显示"（融入思政案例的教学微课）等。

（四）教学评价

评价采用显隐结合的方式，以知识、能力、价值构建三位一体评价目标体系，从课前、课中、课后构建全流程评价体系。

1. 显性评价方式

在线上教学平台布置课前测试、课后作业，重点考核学生对知识点的掌握与理解；课中侧重以教学任务完成的情况进行实践能力的考核，小组互评与教师评价结合。

2. 隐性评价方式

对学生的编程规范度、作业整洁度、小组合作参与度进行评价，评价学生通过本次课学习在思想意识上潜移默化的改变和收获。

（五）创新与反思

结合课程教学实训任务，融入与课程相关的思政元素，将价值塑造与知识传授、能力培养有机统一，不仅能提高学生的专业技能，而且能达到育人目的，激发学生的斗志。通过任务驱动教学法，强化学生对知识的理解和迁移，做到知行合一。

当前在教学内容中引入的思政元素相对单一，应该在课前、课中和课后全过程融入思政元素。例如：在课前，可以向学生发送消息队列辅学资料，引导学生进行探究式学习；在课中，让优秀学生带领其他学生共同进步，并在过程性考核中设置朋辈合作活动的评价分值；在课后，设置拓展训练任务，引导学生不断创新。

四、选用教材与参考资料

（一）选用教材

杨黎，叶骐宁. 嵌入式边缘计算软硬件开发教程（中级）——龙芯 1B 处理器与 RT-Thread 开发实战 [M]. 北京：电子工业出版社，2023.

（二）参考资料

1. 人民日报：习近平总书记关于青年工作重要论述综述

https://baijiahao.baidu.com/s?id=1698791886430845829&wfr=spider&for=pc

2. 睿赛德：技术 + 生态 装机量第一的国产物联网操作系统 RT-Thread 如何炼成

https://v.qq.com/x/page/c3229vhx0d4.html

3. 培养有理想敢担当能吃苦肯奋斗的新时代好青年

https://baijiahao.baidu.com/s?id=1750070681972303815&wfr=spider&for=pc

案例编写人：杨黎 孙光（电子与通信工程学院）